저자 김광오

한국 최고급 호텔 신라를 마지막으로 호원대학교 교수로 변신에 선 그는 대한민국 조리 기능장에 오른 조리계의 명인!
일찍이 "나는 한시도 내 꿈을 버릴 수 없었고, 단 1분도 요리 이외의 다른 생각을 한 적이 없었다."는 꿈을 안고 프랑스로 유학을 떠나 파리 코르동블뢰에서 요리과정을 졸업했으며 다시 영국 런던 코르동블뢰에서 제과과정을 수료했다. 그리고 이탈리아로 건너가 ICIF 요리학교를 수료한 뒤, 프랑스 라 리콘La Licorne 레스토랑에서 근무한 것을 시작으로 런던 클라리지스 호텔Claridge's Hotel에서 실무를 쌓고 국내의 호텔 신라에 스카웃되었다. 국내에 들어와서도 경기대학교 관광대학원 식공간연출학과의 박사 학위를 받았으며 한국푸드코디네이트협회 사무총장, 요리사랑www.yorisarang.com, 진조인봉사단 대표 등으로 활발한 활동을 하고 있고, 대한민국 100대 식당 선발조사위원을 역임하기도 했다. 그는 호원대학교 식품외식조리학부 교수로서, 식공간연출가와 우수한 전문 조리사를 양성함으로써 우리나라 외식조리 업계에 기여하였다. 호텔 신라의 베스트 호텔리어Best Hotelier상을 수여한 바 있으며 《테이블 코디네이트》, 《푸드 코디네이트》, 《음료의 이해》, 《요리사가 말하는 요리사》, 《테이블 푸드코디네이트》, 《푸드 데코레이션》 등의 많은 저서가 있다. 현재 신성대학교 호텔외식조리과 교수로 재직 중이다.

위대한 요리장 110인의 인물로 본

세계음식문화

스타 셰프 110인의 생생한 삶과 세계음식문화

위대한 요리장 110인의 인물로 본

세계음식문화

김광오 지음

교문사

책을 펴내며

음식을 이해한다는 것은 해당 지역의 문화를 이해하는 것이다. 국제교류가 활발한 시대에 세계의 식문화와 매너를 익히는 것은 관광산업의 인적자원 교육에 있어 필수적인 요소라 할 수 있다. 따라서 세계 각국의 음식의 특징과 유형 그리고 매너를 학습하고, 프랑스 음식문화를 이해하여 그것이 어떠한 문화로 형성되어졌는지 알아보자. 이는 학습자로 하여금 글로벌 시대에 자신을 준비하게 하고, 또 서비스 기업에 진출했을 때 창의적인 인재로 성장하는 데 도움을 주고자 함이다. 따라서 세계의 유명 셰프 110인의 삶을 통하여 다음과 같은 학습목표를 세웠다. 세계의 다양한 식문화권을 설명할 수 있고 아울러 기후와 식생활을 설명할 수 있어야 한다. 또한 지역과 종교에 따른 식량구성과 식생활을 알고 식사도구에 따른 분류도 설명할 수 있다. 마지막으로 다양한 나라의 식문화 역사와 음식의 특징을 설명할 수 있도록 한다.

한 나라의 경제와 사회가 발전하면 할수록 식문화도 함께 성장한다. 지구상에서 식문화가 발달한 나라들의 공통점은 훌륭한 요리장이 많으며, 그들은 사회활동 범위가 넓고, 사회적으로도 상당한 존경과 대우를 받고 있다는 것이다.

2003년에 발생한 프랑스의 유명한 요리장 베르나르 루아조Bernard Loiseau의 자살사건을 기억할 것이다. 현존했던 세계 최고의 요리장 중 젊은층에 속하는 그가 자기 음식을 제대로 평가하지 못하는 뭇사람들을 원망하며 스스로 목숨을 끊었을 때, 프랑스는 시라크Chirac 대통령을 포함하여 전 국민이 애도를 하였다. 또한 전 세계의 미식가들이 큰 충격을 받고, 한결같이 그에게 애도의 뜻을 표하는 것을 보았을 때 그들의 문화가 은근히 부럽기도 하였다. 장례식장에는 세계 일급 요리사들을 비롯해서 2천 여 명이 넘는 인파가 운집하였고 문화부장관 장 자크Jean Jacque는 "그의 요리는 완벽의 경지에 이르렀다."고 애통해 했으며, 세계적 일간지 르 몽드Le Monde 지는 "사람은 사라졌지만, 그의 요리는 영원히 남아서 진화한다."며 루아조가 사용한 요리비법의 영속성永續性을 높이 평가하였다.

한국은 과연 한 사람의 유명 조리장의 자살 사건을 이렇게 특집으로 다룰 수 있을까?

이제 요리사들은 맛있는 음식들을 서비스하는 데 그치지 않고, 독자적인 사업수완을 발휘하여 자신의 브랜드를 살려 레스토랑을 경영하거나 사업에도 참여하여 비즈니스도 성공적으로 한다. 또한 자신의 요리비법과 경험을 살려 책을 출판하거나 TV에 출연하고, 홍보 및 광고에도 나가 많은 돈을 벌어들이고 있다. 뿐만 아니라 「바베트의 만찬」이나 「사브리나」처럼 훌륭한 요리사의 일대기를 소재로 하여 영화화하고, 자신들이 직접 주인공이 되어 출연하기도 한다.

파리에서 유학 중이던 시절, 퐁피두Pompidou 도서관에 가서 수없이 많은 유명한 조리명장들의 일대기를 보고 큰 감동을 받았으며, 이를 정신없이 복사하던 기억이 생생하다. 그러한 자료가 나의 길을 걷는 데 큰 힘이 되었고, 이것이 이 책이 탄생하는 원동력이 되었다.

이 책이 나오기까지 25년이란 세월을 보내야 했다. 바쁜 현장에서 일을 하면서, 석 · 박사 과정을 보내면서, 또한 대학 강사로 제자와 후배들을 가르치면서 자료를 수집하고 글을 쓰기란 여간 어렵지 않았다. 그러나 틈틈히 프랑스 원문자료를 찾고, 해독하는 일을 하며 한 장 한 장 쌓아온 위대한 요리장에 대한 자료는 귀중하지 않다고 할 수 없다. 또한 이들이 살아온 삶과 이들이 만들어낸 요리세계와 철학을 살펴보는 것도 요리사 후배들에게 유익한 교훈과 중요한 시사를 얻을 수 있을 것이라 확신한다.

이 책이 출간되기까지는 많은 분들의 도움이 있었다. 번역 및 자료수집, 글 교정에 도움을 주신 김현권 교수님, 물심양면으로 도움을 주신 여러 선 · 후배님과 사랑하는 아내에게 감사를 드린다. 또한 이 책의 출간을 기꺼이 허락해 주신 교문사의 류제동 회장님과 거친 원고를 다듬고 편집하느라 고생한 편집팀 및 디자인팀에게도 감사드린다. 마지막으로 작업으로 인한 오류와 미진한 내용은 추후 계속해서 보완할 것을 이 자리를 빌려 독자에게 약속드린다.

2020년 2월

저자 김광오

차 례

Part 02

근대 요리의 거장 16인

프랑스 정부에서 국보급 그랑 셰프로 인정받은 요리사

Part 03

현대 요리의 거장 46인

I love

Part 04

기타 유명한 미식가와 요리 전문가 21인

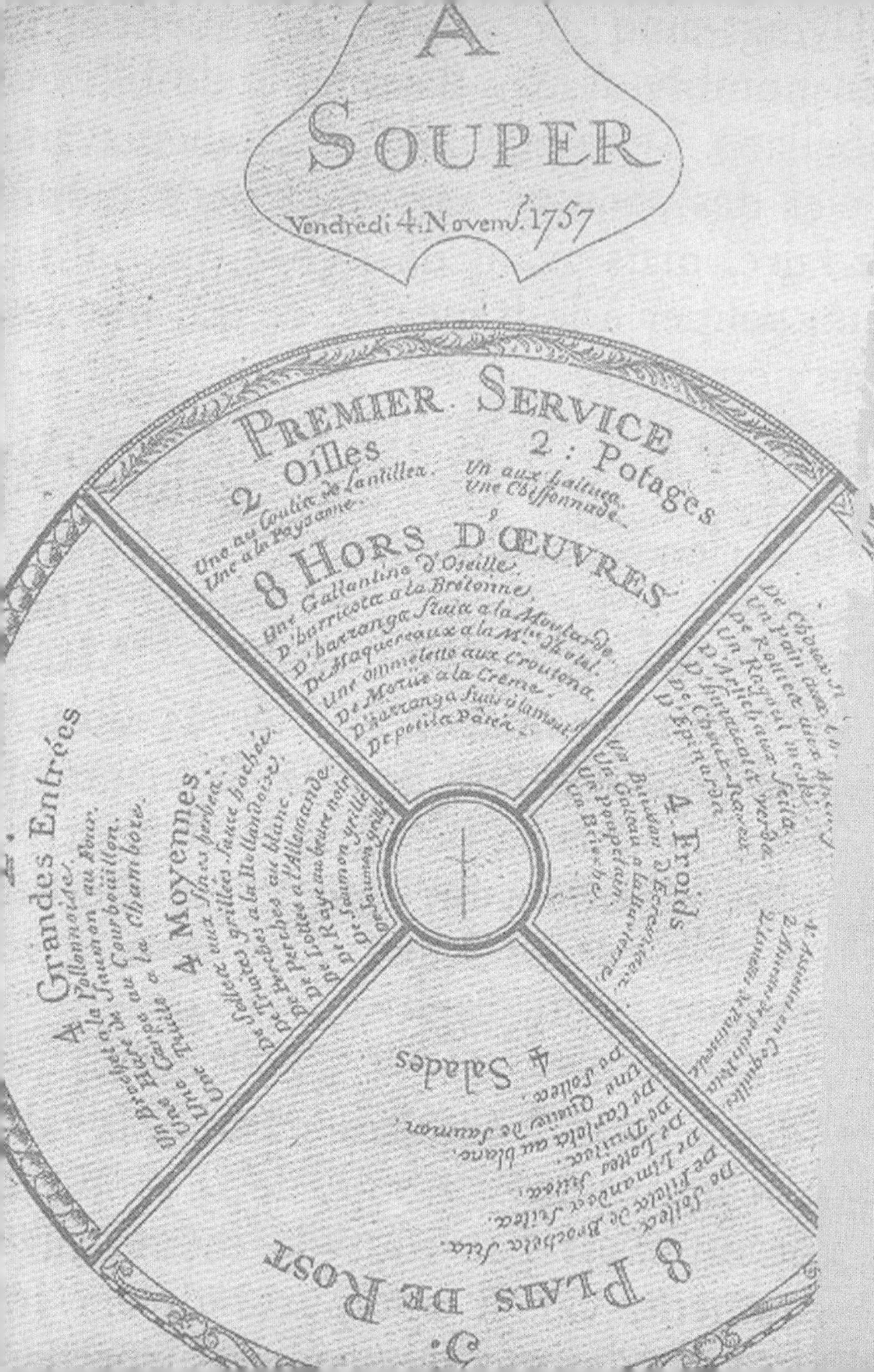

A

SOUPER

Vendredi 4. Novemb.re 1757

PREMIER SERVICE

2 Oilles
Une au Coulis de Lantilles.
Une a la Paysanne.

2 : Potages
Un aux Laitues.
Une Chiffonnade.

8 HORS D'ŒUVRES
Une Gallantine d'Oseille.
D'barricota a la Brétonne.
D'barranga frits a la Moutarde.
De Maquereaux a la M.tre d'hotel.
Une ommelette aux Croutons.
De Morue a la Crême.
D'barranga frits a l'amour.
De petits Pâtés.

4 Grandes Entrées
Un Brochet a la Pollonoise.
Une Hure de Saumon au four.
Une Carpe au Courbouillon.
Une Truite a la Chambore.

4 Moyennes
De Solles aux fines herbes.
De Truites grillées, sauce hachée.
De Perches a la Hollandoise.
De Perches au blanc.
De Lottes a l'Allemande.
De Raye au beurre noir.
De Saumon grillé.
De Saumon grillé.

4 Froids
Un Buisson d'Ecrevisses.
Un Gateau a la Baviere.
Un Poupelain.
Un Brioche.

4 Salades
De Solles.
Une Quenie de Saumon.
De Carlets au blanc.
De Truites.
De Lottes frites.
De Limandes et frites.
De Filets de Brochets frits.

8 PLATS DE ROST

서론

인류의 요리 역사를 이어온 수많은 요리장 중에서 명장을 선별하는 것은 결코 쉬운 일이 아니다. 과거의 산발적인 기록 내지는 그들이 남겨 놓은 서적에 의존할 수밖에 없기 때문이다. 그렇기 때문에 서론에서는 현재 세계 요리의 중심이 어디인가에 먼저 주목하고 그 안에서 요리의 역사를 살펴본 후, 위대한 요리장을 선별해 보려고 한다.

인간의 동작을 사육시기
인간의 음식을 먹는 방법
요리 명장의 역사적 배경

인간의 농작물 사육시기

인간은 기원전 12000년경 중근동과 카스피해 연안에서 밀을 재배하였다. 밀은 인도 북부 · 파키스탄 · 중동 · 중국 북부 · 북아프리카 · 유럽 · 북아메리카 등에서 주식으로 이용하였는데, 가루로 만든 다음 빵이나 국수로 만들어 먹었다. 밀 재배 지역은 건조하고 수확량이 적은 편이었지만, 목축이 많이 이루어져서 동물성 식품을 충분히 섭취할 수 있었다.

벼 재배지역은 서아시아 일부, 동남아시아, 동북아시아, 인도 동부와 방글라데시 · 미얀마 · 태국 · 라오스 · 캄보디아 · 베트남 · 말레이시아 · 인도네시아 · 필리핀 및 중국 중남부와 대만, 한국 · 일본으로, 쌀을 주식으로 생활한다.

멕시코가 원산지인 옥수수는 미국의 남부와 멕시코 · 페루 · 칠레 및 아프리카 지역에서 주식으로 먹는다. 페루나 칠레는 낟알 그대로 또는 거칠게 갈아 죽으로 먹고, 멕시코는 옥수수가루를 반죽하여 둥글고 얇게 펴 구워 먹는다. 아프리카에서는 옥수수가루로 만든 수프나 죽을 먹는다.

주식으로 사용하는 서류로는 감자 · 고구마 · 토란 · 마로 특별한 기술이 없어도 다량 재배가 가능해서 동남아시아와 태평양 남부의 여러 섬에서 주식으로 먹는다. 감자는 안데스 산맥이 원산지로 1550년경 유럽에 전파되었다. 현재 유럽 여러 국가가 밀과 함께 감자도 주식으로 먹고 있다.

품목	재배 개시시대	개시지역
밀	기원전 12000년	중근동, 터키
보리	기원전 7000년	카스피해 연안
벼	기원전 5000년	중국 운남성
옥수수	기원전 4800년	멕시코
고구마	기원전 2000년	멕시코
감자	기원전 500년	안데스 산맥

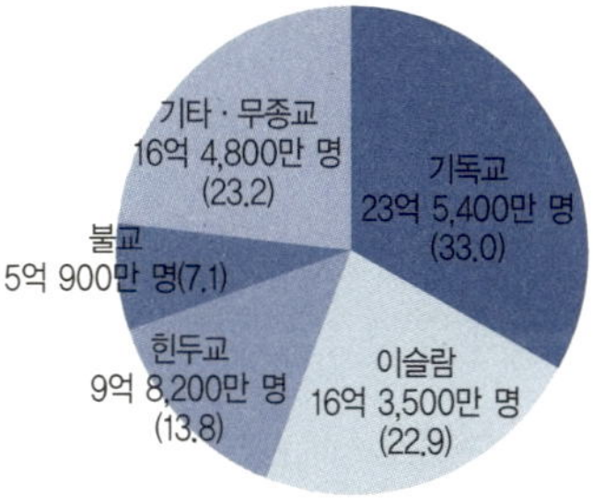

종교에 따른 금기식품

- 기독교: 세계의 33% 비중을 차지하는 종교로 각 종파에 따라 약간 다르지만 일반적으로 술을 금하고 채식을 위주로 한다.
- 이슬람교: 세계의 23% 비중을 차지하는 종교로 돼지고기를 먹지 않고 할라미트(도살의식을 거친 동물) 외에 고기와 피를 삼한다. 라마단[Ramadan, 아랍어로 '더운 달'을 뜻한다. 천사 가브리엘(Gabriel)이 무함마드에게 《코란》을 가르친 신성한 달로 여겨, 이슬람교도는 이 기간 일출에서 일몰까지 의무적으로 금식하고, 날마다 5번의 기도를 드린다.] 시기에는 낮동안 물과 모든 음식의 섭취를 금하고 흡연을 안 한다.
- 힌두교: 세계의 13.8% 비중을 차지하는 종교로 쇠고기와 술을 금하고 카스트 순위가 높을수록 채식을 더한다.
- 불교: 세계의 7% 비중을 차지하는 종교로 살생을 금하고 동물의 고기를 먹지 않으며 채식을 한다. 그림의 자료는 2019년 세계 종교별 인구(단위: %)이며 출처는 IBMR이다.

인간의 음식물 먹는 방법

손으로 음식을 먹는 문화를 일명 수식이라 한다. 이슬람권과 힌두교권, 동서아시아와 아프리카 등 전체 인구의 약 40%가 이 수식의 방법으로 음식물을 섭취하고 있으며 인간이 음식물을 먹는 방법 중 제일 많은 비중을 차지하고 있다. 음식의 온도를 체온으로 먼저 느끼고 먹는다는 점에서 지금까지 과학적으로 가장 인체에 적합한 방법이라고 알려져 있다.

수저로 먹는 수식 문화는 한국, 일본, 중국, 대만, 베트남, 태국 등 전체 인구의 약 30%를 차지하고 나이프와 포크를 사용하는 문화는 17세기 프랑스 궁정에서 확립되었으며 유럽, 러시아, 아메리카 등 전체 인구의 약 30%이다.

각 나라별 대표음식

국가명	첫 번째 대표음식	기타 대표음식
한국	김치	떡, 불고기, 비빔밥
일본	스시	소바, 사시미, 우메보시
중국	북경오리(베이징 덕)	교자, 마파두부
태국	톰얌쿵	솜탐
베트남	쌀국수	포(pho), 짜조
프랑스	에스카르고(달팽이)	푸아그라(거위 간), 바게트
영국	피시앤칩스	로스트비프

(계속)

국가명	첫 번째 대표음식	기타 대표음식
독일	소시지	맥주
스위스	퐁듀	치즈
이탈리아	피자	스파게티
스페인	파에야	셰리와인
인도	커리	난, 차파티, 달
터키	케밥	아이란
미국	핫도그	햄버거
멕시코	타코	토르티야
아르헨티나	마테차	아사도
브라질	페이조아다	슈하스코
러시아	크바스	보드카

세계 각국의 대표적인 술과 알코올 도수

국가명	대표적인 술(종주국)	알코올 도수(표준)
한국	막걸리	10
일본	사케(청주)	12
중국	고량주(마오타이)	40
몽고	소주	24
이탈리아	포도주	12
프랑스	샴페인	12
	코냑	40
영국(스코틀랜드)	위스키(스카치)	40
독일	맥주	4
포르투갈	포드와인	14
스페인	셰리와인	12
멕시코	테킬라(용설주)	40
러시아	보드카	40

요리 명장의 역사적 배경

오늘날 프랑스는 명실공히 세계 요리의 중심지이다. 수많은 명장이 이곳 출신이며, 한국인에게 서양 요리로 인식되어 있는 미국 요리도 사실은 프랑스의 영향을 받은 것이다. 우리가 지금도 사용하는 소스sauce나 소테sauté(주–기름이나 버터에 볶는 방법), 레스토랑restaurant 등 수없이 많은 요리 용어가 프랑스어라는 것만 보더라도 알 수 있다.

원래 요리 전문 서적이 최초로 발간된 것은 AD 1~3세기에 베니스Venice(주–이탈리아의 도시 베네치아Venezia, 북부 베네토 지방과 베네치아 주의 행정 중심지이며 세계적인 관광지, 운하도시)에 살았던 고대 로마의 유명한 식도락가 가비우스 아피키우스Gavius Apicius에 의해서였다. 일찍이 화려한 향연을 즐긴 아피키우스(주–라루스 대백과사전에 의하면 로마인으로서 동명이인으로 알려졌으나 아피키우스의 10권의 요리책을 저술한 사람은 세 사람 중 누구인지 알 수 없다. 맛의 식별에 뛰어난 감각을 지닌 미식가이자 대식가였다. 화려한 향연을 위해 자신의 모든 재산을 탕진, 결국 굶어 죽지 않기 위해서 자살했다고 한다)는 자신의 저서에

최초의 요리 서적을 발간한 아피키우스

로마인들이 평상시에 먹었던 음식의 요리법을 담았다. 이로서 당시 로마인의 식습관은 물론 즐겨 먹는 음식을 알 수 있는데 그의 저서에 의하면 로마인들은 양념이나 향신료 혹은 해산물, 가금류, 채소를 많이 사용했고, 맛은 주로 짜고 달았으며, 고기를 다져 생선이나 채소 속에 넣는 요리를 즐겨 먹었다고 한다.

이렇게 요리 전문서적이 발간될 수 있었던 것은 로마 시대가 식문화가 형성되는 시기였기 때문이다. 당시 로마는 연회나 식도락 축제가 부흥하여 수많은 요리법이 개발되고 널리 퍼져 요리가 크게 발전하였다. 음식을 먹기 전 손을 씻는 습관과 포크를 사용하는 것, 식사 후에 과일을 내놓는 것 등도 이 시기에 형성된 식문화이며, 수많은 요리기구들이 개발되었다.

로마 시대 이후 프랑스가 세계 요리의 중심이 된 것은 17~18세기 유럽 대륙을 정복했던 2천 년 로마의 역사를 정립하고 유럽의 중심지로 떠오르면서부터였다. 과거 모든 길이 로마로 통했던 것처럼 17~18세기 유럽의 모든 길은 파리로 통했다. 문화의 중심지로서 세계적으로 중요한 국제회의가 끊임없이 열렸고, 세계의 정치가, 외교관, 작가, 예술가들이 파리의 궁정, 회의장, 살롱 등의 레스토랑에서 각종 모임을 가졌다. 모임을 가지면서 파리의 요리를 접하게 된 세계인들은 자신들의 나라에 프랑스의 요리를 소개하였다. 또 프랑스 요리를 중심으로 한 수많은 요리책들은 세계로 그 맛을 전달하였다. 이렇게 프랑스 요리는 문화와 함께 국제적인 채널을 타고 자연스럽게 세계적으로 퍼져나가 유럽 요리의 중심으로 자리를 잡았던 것이다.

프랑스 요리가 제대로 모습을 갖춘 것은 14세기경인 1370년, 샤를 5세

Charles V(주-프랑스의 국왕, 현명왕 샤를. 백년전쟁으로 피해를 입은 프랑스를 회복시키고 영국과 맺은 굴욕적인 조약을 파기하였다)의 요리사 기욤 티렐Guillaume Tirel(타이방Taillevant이라고도 불림)에 의해서였다. 그는 프랑스 요리의 선두주자로 14세기를 주도했던 당대 최고의 요리사였다. 그는 샤를 4세와 5세, 그리고 당시 세력가인 귀족들의 전속 요리사로서 정통 왕실 요리를 구축했고, 《음식 *Le Viander*》을 편찬, 고기 요리에 대한 내용뿐만 아니라 이름이 뜻하는 대로 전통적인 요리, 식생활 습관에 대한 모든 것을 담았다.

또한 인류의 역사상 최고의 천재 중 한 명인 레오나르도 다빈치도 르네상스 시대의 빼놓을 수 없는 요리사이자 파티 플래너이다. 어려서부터 온갖 종류의 과자와 디저트를 만들어 주던 다정한 의붓아버지 덕분에 그는 일찍이 미각에 눈이 뜨였다. 다빈치는 밀라노의 부유한 가문이던 스포르차 Sforza의 궁정에 취직하여 수십 년간 연회요리를 하면서 귀족들의 음식문화를 관찰하고 준비하며 요리법을 기록하고 노동력을 줄이기 위해 기계를 발명했다. 그것 중 일부는 우리가 현재 사용하는 조리도구들로 진화되기도 했다. 이 시대의 다빈치는 처음으로 손님들에게 손수 제작한 개인용 냅킨을 제공하였다. 또한 두 조각의 빵 사이에 고기를 끼워 넣은 음식(지금의 샌드위치)을 개발하고도 그 이름을 어떻게 붙여야 할지 고민하였다.

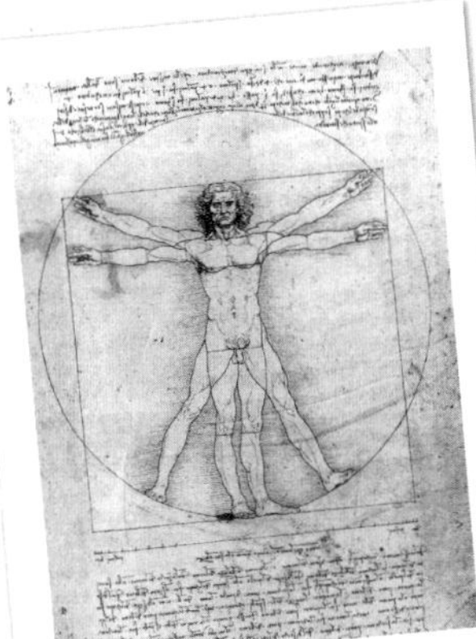

레오나르도 다빈치의 인체의 비율

16세기 초기까지도 프랑스 요리는 영국

요리처럼 상상력이 없었다. 그러던 것이 오늘날처럼 예술적 가치를 지닌 화려한 요리로 탄생한 것은 17세기 프랑수아 1세François I (주-예술과 학문의 르네상스 운동을 후원 한 프랑스의 왕. 기사왕으로 이탈리아를 원정하고 신성로마제국과 전쟁을 치렀다) 시절이다. 14~16세기 유럽 문화를 강타하고, 근대 유럽 문화 태동의 기반을 만든 문화부흥 운동인 르네상스의 세련미가 요리에까지 파급되면서 예술의 경지에 이르게 된 것이다. 또 프랑스 요리의 근대적 발달의 근본은 1533년 오를레앙Orléan 공작(나중의 앙리 2세)이 메디치 가의 카트린 드 메디시스Catherine de Medicis와 결혼하면서부터였다.

이탈리아의 미식가 가문 메디치가 출신인 카트린은 프랑스로 시집올 때 전속 요리사를 데리고 왔는데 당시 그녀를 맞이하기 위해 만든 길이 샹젤리제Avenue des Champs-Élysées(주-파리의 중심가에 있는 2킬로미터의 대로)

카트린 드 메디시스 Catherine de Medicis, 1519~1589

메디치 가의 카트린 공주는 소문난 미식가였다. 그녀는 프랑스 궁정 예절이나 식사 예법을 모두 '우아한 이탈리아식'으로 바꾼 장본인이다. 요리의 내용물보다는 아름다운 도구나 우아한 포크의 사용 등으로 식탁에서 쓰이는 도구나 장식물 및 식탁 예절이 훨씬 정교하고 세련되게 하였다.

그녀는 1519년 4월 13일 이탈리아 피렌체의 유명한 가문에서 태어나 1589년 1월 5일 프

앙리 2세의 왕비
카트린 드 메디시스

자료 : 위키백과.

랑스 블루아Blois에서 폐렴으로 사망했다. 또한 프랑스의 앙리 2세와 정략 결혼하여 1560년에 아들 프랑수아 2세 François II와 1574년에 샤를 9세 Charles IX, 1589년에 앙리 3세Henri III를 낳고, 공주로는 마르그리트 Marguerite de Valois와 엘리자베트Élisabeth를 낳았다.

카트린 드 메디시스와 앙리 2세 사이에서 태어난 앙리 3세

이다. 그 요리사들은 각종 향신료, 셔벗sherbet(주-프랑스어로는 소르베sorbet, 생선과 메인 요리 사이에 입가심으로 먹는다), 시금치, 특히 왕실 요리사들에게만 전수된 아이스크림을 제조하는 특급 비밀을 프랑스 요리사들에게 전수하였다. 요리 외에도 그녀는 손으로 음식을 먹었던 프랑스에 포크와 냅킨은 물론 정찬의 세련된 형식과 서비스 요령을 전수하였다. 이로서 프랑스 요리는 카트린이 가져온 이탈리아 요리 덕분에 큰 발전을 이뤄 근대 프랑스 요리의 기초를 마련하고, 자신들의 식문화에 맞게 독자적으로 발전을 거듭하게 된다.

앤 공주의 결혼식 장면(1581)

자료 : Restaurant de la tour d'argent, Media France, 1985, p.19.

이탈리아 요리의 유입 외에 주목해야 할 역사적인 사건이 또

세계 최초의 레스토랑 '투르 다르장'의 위치를 알려주는 지도

자료 : Restaurant de la tour d'argent, Media France, 1985, p.19.

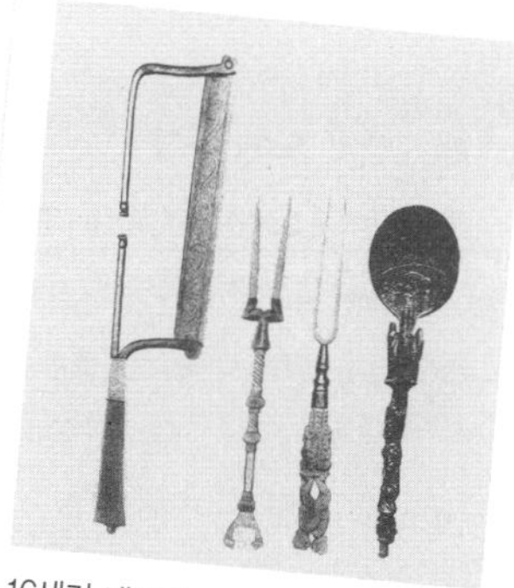

16세기 테이블 도구

자료 : H.Pariente G.De Ternant, La fabuleuse histoire de La Cuisine Fançaise, O.D.I.L, p.143.

있다. 이는 16세기 말인 1582년 파리, 레스토랑 '투르 다르장Tour d'Argent'의 개점이다. '은으로 만든 탑'이란 뜻의 이 레스토랑은 현재까지도 계속 운영되고 있는 프랑스에서 가장 오래된 레스토랑으로 세계 각국의 지도자들과 왕족 · 실업가 · 유명 예술가들을 단골로 둔 세계 최고의 레스토랑 중 하나이다. 개점 당시 프랑스 앙리 4세Henri Ⅳ(주-프랑스의 국왕, 1553~1610. 부르봉 가에서 처음으로 왕이 되었으며 프랑스에 번영을 가져다 주었다)의 단골 레스토랑이기도 한 이곳에는 앙리 4세가 당시 처음으로 포크를 사용하여 식사를 한 기록이 남겨져 있기도 하다.

프랑스의 국왕 앙리 4세

루이 13세 시대(1601~1643)에는 요리가 크게 발전한

레스토랑 유래

레스토랑의 어원은 프랑스어 레스토레Restaurer, 즉 '원기를 회복시키다' 라는 동사이다. 그래서 레스토랑Restaurant은 '원기를 회복시키는 곳'을 말한다. 1789년, 프랑스 대혁명(주–1789. 7. 14~1794. 7. 27에 프랑스에서 일어난 시민혁명) 때 루이 16세와 마리 앙투아네트가 콩코드 광장에서 단두대에 처형되고 2천 명이나 되는 베르사유 궁전의 요리사들이 샹젤리제 거리로 몰리면서 원기를 회복시킨다는 부용bouillon(주–스톡stock. 육류, 생선, 채소, 향신료 등으로 맑게 우려낸 육수)을 팔면서 생긴 단어였다. 레스토랑은 왕과 귀족 같은 대우를 받는 곳이라는 인식과 함께 프랑스의 식당을 가리키게 되었다. 현재의 프랑스에서도 레스토랑은 실로 다양하기 이를 데 없다. 가게의 등급과 요리의 종류, 음식값 등이 무수히 세분되어 있으므로 누구나 호주머니 사정과 기분에 따라 마음에 맞는 레스토랑을 고를 수 있다. 현대적인 초일류 레스토랑에서 전통을 자랑하는 '투르 다르장' 같은 오래된 음식점, 서민적인 비스트로Bistro, 브라스리Brasserie, 살롱 드 테Salon de Thé에 이르기까지 다양하다. 반면 영국에서 외식 습관이 유행하게 된 것은 산업혁명이 일어난 후인 19세기 말이다.

정통 레스토랑

자료 : 한정혜 · 오경화, 정통테이블세팅, 2005, p.12.

비스트로 가장 서민적인 파리의 모습과 분위기를 느낄 수 있는 곳이다. 가게는 작고 평범하게 꾸며져 있고 안에는 긴 카운터가 있어서 그 안에서 포도주를 마신다. 대개는 포도주만 마시지만 배가 고프면 안주를 먹기도 한다.

브라스리 비스트로보다 더 대중적인 가게로 맥주 홀이라는 뜻이지만 한국의 대포집에 가깝다. 비스트로보다는 규모가 크고 주로 맥주를 취급하지만 안주와 간단한 요리도 판다. 맥주와 함께 먹고 싶은 것들을 주문하여 부담 없이 먹을 수 있다.

살롱 드 테 1533년 카트린드 메디시스의 영향으로 젊은 여성들이 이야기를 주고받으며 시간을 보낼 수 있는 가게이다. 다방과 제과점을 합친 일종의 찻집이다. 분위기는 카페보다 우아하며 유명한 곳은 예약을 하지 않으면 안 된다.

것이 없었으며, 1651년 라 바렌에 의해서 요리의 법칙과 조리법을 체계적으로 기술한 《프랑스 요리사 *La Cuisinier Français*》가 간행되면서, 이를 기본으로 비약적인 발전을 하게 된다. 또 1654년에 니콜라스 드 본 퐁스Nicolas de Bonne Pons가 《시골의 진미 *Le Delica de la Champagne*》를 집필, 음식의 맛은 복잡한 요리로 인해 가려져서는 안 되는 아주 단순한 자연적인 요리여야 한다고 주장하였다. 하지만 이 주장은 당시에는 생각으로만 그쳤고, 17세기 말에 이르러서야 코코아, 아이스크림 등의 출연으로 빛을 보게 된다. 또 포도주의 영역에도 커다란 변혁이 이루어졌는데 이는 동 페리뇽Dom Pérignon이 샴페인을 발명한 것을 말한다.

루이 13세의 식사 장면

자료 : Grande et petite Histoire des Cuisiniers, 1989.

사실 거품이 있는 포도주는 수년 전 영국에서 이미 개발되었다. 하지만 '악마의 술'이라 부르며 저주 받은 술이라 생각하고 만드는 방법을 기피하였다. 1715년, 루이 14세가 죽고 며칠 뒤 76세의 나이로 세상을 떠난 동 페리뇽은 실명 속에서도 "난 밤하늘의 별을 보았다."라는 명언을 남겼으며, 입안의 거품을 별로 표현하는 그의 상상력은 지금의 세계 최고의 샴페인을 탄생시켰다. 그가 사망한 지 100년이 지난 후에 '모에 & 샹동Moët & Chandon' 사는 그의 이름은 기려 동 페리뇽 브랜드를 만들었다.

거품 포도주 동 페리뇽 Dom Pérignon

동 페리뇽 샴페인

최고의 샴페인champagne을 고르라면 누구나 주저 없이 동 페리뇽을 고를 것이다. 동 페리뇽은 오늘날 우리가 마시는 샴페인의 조상이라 할 수 있는 거품 포도주를 예술적 경지로 끌어올린 공로자의 이름이자 최고의 맛을 자랑하는 샴페인 브랜드이기도 하다. 이 샴페인은 지금으로부터 300여 년 전 젊은 수도승 피에르 페리뇽Pierre Pérignon(1638~1715)의 이름에서 유래되었다.

중세에서 근대로 넘어가는 시기의 프랑스는 전쟁이 없는 평화로운 생활이 영위되던 시대였다. 귀족인 지주들은 자신의 성Château을 호화롭고 우아하게 지어 장식하고 사치스러운 연회를 몇 날 며칠씩 열었다. 귀족들이 누리는 최상의 생활은 사교를 위한 화려한 파티였고, 사교계에서 으뜸이 되기 위해서는 연회에 초대된 손님들에게 최고의 환대와 접대를 하는 것이었다.

그렇기 때문에 매일 밤의 파티는 마치 요리 콩쿠르 같아서 능력과 재주가 있는 일급 요리사는 연금과 생활이 보장되었다. 따라서 요리사는 요리의 연구와 발전을 위해 열심히 요리만 할 수 있는 최상의 환경에 있다.

요리가 연회의 중요성을 평가하는 이러한 환경은 요리 명인들의 탄생을

● 젊었을 때의 오류는 매우 좋은 것이다. 다만, 그것을 노인이 될 때까지 끌어서는 안 된다. 〈괴테〉

17세기 주방의 모습 (벨라스케스 작)

자료 : Grande et petite Histoire des Cuisiniers, 1989.

불러일으켰다. 막강한 권력이 뒷받침된, 지나칠 만큼 좋은 환경은 천재 요리사를 배출했고, 그들에 의해 만들어진 각종 최고급 요리는 유럽 각국의 모든 요리를 제패했다.

이렇게 시작된 프랑스 요리의 중흥은 17세기 중반, 태양왕이라 불리는 루이 14세Louis XIV(1638~1715) 시기에 이르러 황금시대를 맞이한다. 당시는 문화예술의 보호정책에 힘입어 베르사유Versailles 궁전이 완성된 시기이다. 루이 14세는 하루에 닭 50마리, 포도주 20리터를 먹는 대식가로 자신의 궁전을 유럽의 모든 왕족과 귀족이 드나드는 최고의 사교장으로 만들었다. 궁전에서는 매일 밤 아름답고 먹음직스럽게 장식한 요리로 연출된 호화로운 분위기의 연회가 열렸다. 왕이 먼저 음식에 손을 대는 것을 신호로 연회가 시작되었고 며칠씩 계속되는 때도 빈번했다.

루이 14세의 식사 장면. 그는 하루에 닭 50마리, 포도주 20리터를 먹는 대식가였다.

자료 : Henriette Pariente, La Cuisine Francaise, 1981.

1634년 당시의 프랑스 귀족의 식사 모습

자료 : H.Pariente G.De Ternant, La fabuleuse histoire de La Cuisine Fancaise,O.D.I.L, p.157.

루이 14세의 요리사

자료 : H.Pariente G.De Ternant, La fabuleuse histoire de La Cuisine Fancaise, O.D.I.L, p.200.

귀족들은 화려한 연회에서 요리를 맛있게 먹으며 궁정과 깊이 결탁하였고 왕은 자신의 부와 권력을 과시하기 위하여 요리를 이용했다. 당시 프랑스 요리사는 국왕과 귀족들에게 대우받았고 왕족을 국외로 수행해서 그 나라의 특유한 요리를 배웠다. 그리하여 체류한 국가의 국왕에게 발탁되는 일도 많았다.

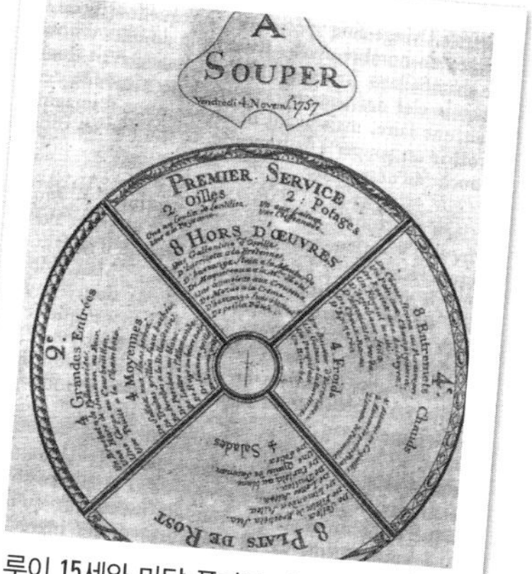

루이 15세와 마담 퐁파두르(Madame de Pompadour)의 메뉴

자료 : Grande et petite Histoire des Cuisiniers, 1989.

17세기 그 화려했던 왕을 비롯한 귀족들의 향연은 18세기에 이르러 곧 종말을 맞이하게 된다. 루이 14세의 사치스런 궁정 생활의 처리를 맡은 루이 15세Louis XV는 재정적 위기에 몰렸고, 루이 16세Louis XVI는 프랑스 대혁명으로 왕비 마리 앙투아네트Marie-Antoinette와 함께 파리 시민의 손에 단두대guillotine에 보내져 생을 마감하였다.

루이 16세

자료 : Restaurant de la tour d'argent, p.52.

17세기 요리에 대한 아이디어들이 실제로 실천된 것은 18세기였다. 당시 요리는 단순성을 지향하였는데 이러한 상황이 요즘 말하는 누벨 퀴진Nouvelle Cuisine의 바탕이 된 것이다. 이 시기에는 최초로 음식을 만드는 여자 요리사와 무엇인가를 발명할 수 있는 남자 전문 요리사를 구별하게 되었는데 요리 역사에서 볼 때 큰 변혁임에 틀림없다. 그리고 이 시기에 각 지방별 토속요리 안내서가 출간되어 식도락, 여행자의 편의를 도모했다. 프랑스 요리의 명칭 중에서 프랑스 이외의 국명, 지명, 산물이 à la, au(x)의 형태로 많이 나오는 것도 이런 이유 때문이다.

국명	Crème Anglaise 영국식 크림요리, Café Anglais 카페 앙글레
지명	Salade de saison aux Xéres vinaigrette 헤레스(스페인 도시) 드레싱을 곁들인 계절 샐러드
사람 이름	Crêpe Suzette 크레프 쉬제트(디저트의 일종)
à la	Crevettes à la sauce de citron 레몬소스를 곁들인 새우요리
au(x)	Salade de homard aux mangues et au basilic 망고와 바질향의 바닷가재 샐러드

명랑하고 쾌활한 프랑스인들이 점차 어두운 길을 걷던 중에도 프랑스 요리는 점차 근대에서 탈피, 현대 요리의 틀을 잡아간다. 그 시작은 바로 1784년에 태어난 프랑스 요리의 아버지 마리 앙투안 카렘Marie-Antoine Carême에 의해서였다. 카렘은 요리 이론에 관한 수많은 명저를 통해 요리를 미학의 입장에서 생각하고 예술적인 작업으로 승화시켰으며, 맛의 중요성을 강조하였

카렘이 그린 뷔페 상차림

자료 : Grande et petite Histoire des Cuisiniers, Robert Laffont, 1989.

다. 덕분에 17세기의 외형보다는 맛에 치중한 요리를 개발해 프랑스 요리를 세계 최고의 수준으로 끌어 올렸으며, 이와 같은 그의 노력은 후세에도 높이 평가되어 현재 프랑스에서는 훌륭한 요리사의 자격으로 카렘상을 수여하고 있다.

18세기 카렘의 노력으로 현대 요리의 기초를 마련한 프랑스는 19세기 세계 정복의 꿈을 이루기 위해 타국과의 전쟁을 일삼은 정복자 나폴레옹

마리 앙투안 카렘 Marie-Antoine Carême

카를 슈토이벤Charles Steuben이 그린 카렘. 유일하게 알려져 있는 카렘의 초상화

18세기 말부터 19세기 초까지 활약한 카렘은 빈곤한 가정에서 태어나 무지한 사람이었으나 여러 맛들의 조화로운 배합을 할 줄 알았으며 불필요한 내용물을 없애는 요리를 만든 최초의 인물이었다. 로랑 타일라트Laurent Tailhate는 그를 '숯과 고기 굽는 기구로 천재성의 불꽃을 발휘하는 요리장'이라고 평했고, 알렉산더 1세는 "카렘은 우리가 알지 못하고 먹던 것이 무엇인가를 알게 만들었다."고 술회하였으며 그를 가리켜 "왕들의 요리사요, 요리사 중에 왕"이라고 하였다. 그는 요리책, 제과책, 요리 이론서를 통해서 요리 역사에 커다란 공헌을 하였다. 그리고 요리를 통해서 프랑스 요리의 깊이와 그 예술성을 그 시대의 분위기에 적합한 화려한 구성, 중심부 장식 그리고 시간에 따른 요리 연출에 대해 기술하였다. 오늘날 그는 고전 프랑스 요리의 창시자로도 추대받고 있다.

코스마다 다른 요리를 내놓은 위르뱅 뒤부아의 러시아식 요리 서비스

시대에 이르러 새로운 국면을 맞이했다. 1818년에는 위르뱅 뒤부아Urbain Dubois가 태어났는데, 그는 오랜 기간에 걸쳐 러시아 황제를 섬겼고 프랑스식 요리 서비스의 결점인 예술적 감각과 호화로움만을 주장해 따뜻한 요리와 차가운 요리를 동시에 다 늘어놓는 방식을 피하고 식사 코스마다 다른 요리를 내놓는 러시아식 요리 서비스를 보급시켰다. 그러나 승승장구했던 나폴레옹의 전쟁은 시간이 지날수록 패배를 거듭하게 되고 마침내 대영 제국에 패하고 만다. 이로서 파리는 세계의 중심이라는 패권을 런던으로 넘겨주게 된다.

파리에게 패권을 넘겨받은 런던은 국제정치와 외교의 중심지로서 부흥기를 맞이한다. 런던에서 개최되는 수많은 국제회의와 모임, 연회를 위해 사보이Savoy · 그래브너 하우스 · 칼턴 타워Carlton Tower · 로체스터 Rochester · 클라리지스Claridge's 등이 들어서게 된 것이다. 이 호텔들은 현재도 런던에서 역사와 전통을 자랑하고 있으며, 세계 최강국인 영국의 국력과 산업혁명으로 발전된 기술력을 바탕으로 한 현대적 설비를 갖추고 있다. 이와 같은 호텔의 설립으로 프랑스에서 활약하던 일류 요리사들은 속속 런던으로 거처를 옮겨 런던을 더욱 빛나게 했다. 그 요리사 중 하나가 바로 에스코피에이다.

프랑스 요리의 왕 에스코피에

프랑스 요리의 왕으로 불리는 오귀스트 에스코피에Auguste Escoffier는 1847년에 태어났다. 에스코피에는 19세기 중반부터 20세기 중반까지 현역으로 활동한 요리사로 사보이 호텔의 요리장을 비롯해서 여러 유명 호텔에서 요리장을 지냈으며, 오늘날 명장이라 불리는 요리장을 배출하기도 했다. 지금까지 미국의 대형 특급 호텔에서 근무하는 요리장의 대부분이 그의 수제자이다.

에스코피에는 카렘의 업적을 이어받았으나 아무리 훌륭하고 예술적인 장식이라도 먹지 못하는 물건들은 요리에서 제외시켰다. 그는 이를 '낭비하는 품위'라고 표현, 자신의 신념을 프랑스 요리의 모든 분야에서 관철시켰다. 오늘날 우리가 접하는 주방 시스템의 창시자였으며 프랑스 식당의 운영이 부분화되어 있던 것을 통합 · 조정하여 성공시킨 것도 그의 아이디어였다. 또한 뒤부아Dubois의 러시아식 요리 서비스를 도입하여 현재의 음식 순서를 창안하기도 했다. 에스코피에는 프랑스 정부로부터 1920년에 레지옹 도뇌르Légion d'Honneur 훈장을 수여받았으며, 후에 귀족 단체의 정회원이 되어 모든 요리사의 사회적인 지위와 명예를 높이는 데도 큰 공헌을 하였다(주–1966년에는 그가 태어난 생가를 요리 · 예술 박물관으로 개조하기도 했다).

레지옹 도뇌르 Légion d'Honneur 훈장

프랑스 정부가 수여하는 국가 최고 훈장으로 1802년 나폴레옹 1세가 제정했으며 코망되르Commandeur, 그랑 오피시에Grand officier, 슈발리에Chevalier의 3개 등급이 있다. 레지옹 도뇌르는 프랑스의 정치, 문화, 경제 분야에서 공적이 있는 인물에게 서훈한다. 특히 영예로운 삶을 산 인물에게 수여되는 성격이 강하다.

레지옹 도뇌르 훈장

오늘날 저명한 요리 전문가 및 미식가, 요리 연구가, 요리책을 쓰는 요리 저술가 그리고 요리를 직접 만드는 요리사까지 그가 만들어 낸 요리법을 이용하지 않는 사람은 단 한 사람도 없다. 그는 고전적인 프랑스 요리를 현대에 맞도록 분류하고 그 체계를 간소화하여 요리장 내에서 이루어지는 요리인의 업무들을 세분화 · 분업화하였다. 또 보존식품으로 통조림과 병조림을 고안했다. 그가 저술한 수많은 요리책 중 《요리 가이드 *Le Guide Culinaire*》는 요리사들이 바이블과 같이 소중히 여기는 훌륭한 입문서이다.

이렇게 과거에서부터 발전을 거듭한 요리는 현대에 와서 점점 더 간편하고 가벼운 음식(비만 예방)을 향해 가고 있다. 알랭 샤펠Alain Chapel과 같은 유명한 요리사를 선두로 간편하고 가벼운 요리를 지향하는 누벨 퀴진nouvelle cuisine이 시작된 것이다. 그러나 진정한 요리사는 어떠한 경우에도 그들의 경험과 비밀 그리고 전통과 함께 지나간 옛 시대를 잊어서는 안 된다는 사실을 알고 있다. 요리는 인문, 사회, 과학, 기술, 예술의 진보가 가져다 준 혜택의 선물이다. 모든 요리는 요리사가 정성을 다해서 먹는 사람을 위하는 진정한 마음으로 만들어야 한다.

요리사는 맛의 세계에서 질서와 미를 추구하며 미각에 역점을 두어 맛을 창조하는 진정한 지휘자이다. 금방 잡은 싱싱한 생선을 주방에서 더운 요리로 만들어 제공하고 저녁에 예술적인 감각에 가득 찬 요리를 전통적인 요리법으로 생산하는 것을 공장에서 기계적으로 대량으로 생산하는 상품으로 대신할 수는 없다. 과학이 발전하고 스피드 시대가 와도 예술의 요리를 감식할 미식가는 영원히 존재할 것이며 훌륭한 요리장은 계속 양성되어 나올 것이다.

진정한 문화인

"문화인은 3대가 문화인이어야 진정한 문화인"이라는 프랑스 속담이 있다.

2011년 3월 11일 일본 아키타현에 발생한 규모 9.0, 10m 높이의 쓰나미가 발생했을 당시 중앙일보 특파원이 본 대재앙 속 '일본의 힘'은 다음과 같다.

1. 대피소의 양보	우동 10그릇, 50명이 서로 "먼저 드시죠."
2. 남 탓은 안 한다	원망하거나 항의하는 모습 TV에 안 보여
3. 재앙 앞 손잡기	의원들 정쟁 중단, 작업복 입고 현장으로
4. 침착하고 냉정	일본 전역에서 약탈 보고 한 건도 없어
5. 남을 먼저 생각	"내가 울면 더 큰 피해자에게 폐 된다."

자료 : 중앙일보, [동일본 대지진] 일본은 있다…대참사 앞에서 배려의 '메이와쿠문화'…세계가 놀랐다

S. Germani a pratis N. 26

y comence le viandier taillevant ma 2
istre queux du roy nostre s.

p our ordener les viandes qui cy apres se
nsuivent   Premierement

p our dessaller tous potages sans y riens
mettre ne oster prenez une nappe blan
che et mettez sur vostre pot et la tournez souv
ent et tirez arriere le pot du feu

p our oster l'arsseure de tous potages vuidez
un pou de levain et le liez en un drapel
et metez ou pot et ne li lessiez gueres

our cuire de grosse char c'est porc buef
mouton cuit en eaue et sel et mengie
aux aulx blans ou vers ou au vin vermeil se
elle est freiche et sallee a la moustarde

ericoq de mouton tout cru et le mettez fri
re ou sain de lart depecie par menues pie
ces aux oignons menus et deffaictes du
boullon de buef du vergus persil ysope
et sauge et boullez tout ensemble et puis
pouldre d'espices

Part 01

역대 요리의 명인 20인

요리 역사에 있어서 기록으로 남아 있는 요리서를 중심으로 비교적 자료가 많은 요리장을 선택하였고, 그것은 서양요리의 원천이라고 할 수 있는 프랑스를 중심으로 지금까지 영향 있는 역대 요리 명인 20인을 선정하였다. 원고의 순서는 태어난 연대를 중심으로 나열하였고, 당대에 개발된 요리법과 유래 등을 함께 첨부하였다.

1. 아피시우스 Apicius or Marcus Gavio, A.D.1~2
2. 기욤 티렐 타이방 Guillaume Tirel Taillevent. 1310~1395
3. 라 바렌 La Varenne. 1615~1678
4. 프랑수와 바텔 Franois Vatel. 1635~1671
5. 앙투안 보빌리에 Antoime Beauvilliers. 1754~1817
6. 브리야 사바랭 Brillat-Savarin. 1755~1826
7. 마리 앙투완 카렘 Marie Antoime Carme. 1783~1833
8. 아돌프 뒤글레레 Adolphe Duglr. 1805~1884
9. 쥘 구페 Jules Gouff. 1807~1877
10. 알렉시스 수와이에 Alexis Soyer, 1809~1858
11. 위르뱅 뒤부와 Urbaim Dubois. 1818~1901
12. 오귀스트 에스코피에 George Auguste Escoffler. 1846~1935
13. 조제프 파브르 Joseph Favre. 1849~1903
14. 아폴롱 카이야 Apollom Caillat. 1857~1942
15. 필레아스 질베르 Philas Gilbert. 1857~1942
16. 에두아르 니뇽 Edouard Nigmon. 1865~1944
17. 앙리 폴 펠라프라 Henri Paul Pellaprat. 1869~1933
18. 앙드레 픽 Andr Pic. 1893~1984
19. 알렉상드르 뒤멘 AlexAndr Dumaine. 1895~1974
20. 페르노 푸엥 Fermaud Poimt. 1897~1955

세계의 음식문화 한국편

한국은 한반도 북위 33~43°에 위치하고 남북은 950km 길이로 걸쳐 있다. 농경지와 산이 있고 삼면이 바다로 되어 있으며, 기후는 온대이고 사계절의 구분이 확실한 것이 특징이다. 또한 한국의 기온, 습도, 강우량은 농사와 축산에 적합하다고 할 수 있다. 여름철은 고온과 장마가 있으며 일조 시간이 많고 건조한 계절은 밭작물을 기르기에 적합한 환경이다.

역사적으로는 삼국시대 후기부터 밥을 주식으로 하였고 부식으로는 반찬을 먹는 식생활이 형성되었다. 한국의 대표 음식은 채소를 소금에 절여먹는 김치이다. 통일신라시대에는 국가적으로 불교 숭배정책이 있었기 때문에 육식은 쇠퇴하고 채소음식과 차가 발달하였다. 고려시대에는 북쪽에 송과 여진, 몽고와 교역이 활발하였다. 당시에 소금, 후추, 설탕이 들어왔다. 조선시대에는 유교문화가 정착되었으며 효를 근본으로 조상을 섬기고 가부장제도에 따른 식생활을 중요시하게 되었다.

한국 음식의 특징은 준비된 음식을 한 상에 모두 차려놓고 먹으며, 밥이 주식이고 부식으로 반찬을 구성한다는 것이다. 또한 찜, 전골, 국처럼 국물이 있는 음식을 먹고 구이, 전, 조림, 볶음, 편육, 숙채, 생채 등을 반찬으로 하며 젓갈, 장아찌, 김치, 장 등 발효식품을 많이 섭취한다. 조미료와 향신료를 써서 복합적인 맛을 내며 재료를 잘게 썰거나 다져서 한입에 먹기 좋은 형태로 만든다. 또한 음양오행사상에 입각하여 오색재료나 오색고명을 사용한다는 것도 특징이라 할 수 있다.

한국의 지방별 대표음식

지방	첫 번째 대표음식	기타 대표음식
서울	설렁탕	탕평채, 신선로
경기도	보쌈김치	조랭이떡국
충청도	청국장	민물고기
강원도	오징어순대	산나물, 감자밥
전라도	젓갈	콩나물밥, 비빔밥
경상도	헛제삿밥	물고기, 상어 · 고래 고기
제주도	전복	옥돔
울릉도	삼나물	오징어, 독도새우

김치의 종류

한국의 김치는 배추김치 25종, 무김치 63종, 오이김치 10종, 기타 채소김치 54종, 해조류 김치 5종, 동물성 재료를 사용한 김치 21종 등 총 187종에 이른다.

하지만 우리가 일상생활에서 자주 먹는 김치는 배추김치, 깍두기, 총각김치, 열무김치, 동치미, 오이소박이, 나박김치 등 7종 정도이다.

한식의 식사예절

- 식사 중에 자리를 떠나지 않고 식사 중에 말을 많이 하지 않는다.
- 어른이 먼저 수저를 든 다음에 아랫사람이 들도록 한다.
- 밥그릇이나 국그릇을 들고 먹지 않는다.
- 먹을 때 소리를 내지 말고, 수저가 그릇에 부딪쳐 소리가 나지 않도록 한다.
- 반찬이나 밥을 뒤적거리지 않고, 털어내고 먹지 않는다.
- 다른 사람과 먹는 속도를 맞춘다.

세계 최초로 요리 전문 서적 발간

아피키우스

Garvius Apicius or Marcus Gavio, A.D. 1~2

미식가이자 최초로 요리서를 발간한 전설적인 요리장

고대의 유명한 대가들이 그 당시의 요리에 대해 언급하기는 했지만 처음으로 요리에 대해 전문적으로 접근하고 책까지 발간한 사람은 AD 1~3세기에 베니스Venice에 살았던 로마인 아피키우스Apicius이다. 라루스 대백과사전Grand Larousse encyclopédique(주–프랑스의 대표적인 백과사전. 1만 페이지 속에 16만 5,270가지의 항목을 수록)에 의하면 당시 로마인 중에는 아피키우스라는 이름을 가진 자는 모두 세 명이다. 하지만 요리 전문 서적을 저술한 사람이 그들 중 누구인지는 확실하게 알 수 없다.

일찍이 화려한 향연을 즐긴 아피키우스(주–화려한 향연을 위해 자신의 모든 재산을 탕진, 결국 굶어 죽지 않기 위해서 자살했다고 전해진다)는 자신의 저서에 로마인들이 평상시에 먹었던 음식의 요리법을 담았다. 그의 저서 속 요리법에 의하면 당시 로마인들은 양념이나 향신료 혹은 해산물, 가금류, 채소 등의 재료를 주로 이용했으며, 짜고 단맛을 선호했다. 또 다진 고기를 생선이나 채소 속에 넣어 먹는 요리를 즐겼다. 특히 이 요리에는 포도주와 식초를 사용하였는데, 당시 그들이 즐기는 포도주는 우리가 익히 알고 있는 포도를 숙성시켜 만드는 떫은 맛의 포도주가 아닌 향신료로 향을 내고 꿀을 첨가한 단맛의 포도주였으리라 추정된다. 하지만 아피키우스의 저서가 가지는 가장 큰 의의는 세계 3대 진미이자 프랑스의 대표적인 별미로 손꼽히는 푸아 그라를 이용한 요리가 기록되어 있다는 것이다.

그의 저서에 의하면 당시 로마인들은 무화과를 먹여 거위의 간을 살찌워 만드는 푸아 그라를 이용하여 다양한 요리를 만들어 먹었다. 그래서 푸아 그라foie gras의 이름도 '푸아foie', 즉 '무화과로 채운 간'을 의미하는 라틴어 '에주르 피카툼ejur ficatum'에서 유래되었다. 이처럼 아키피우스가 요리 전문서적을 낼 수 있는 것은 로마인들의 특별한 요리 사랑에서 비롯된다. 당시 로마인들은 독특한 맛을 내기 위한 요리법 연구를 최고의 가치로 여겼다. 또 연회나 식도락 축제가 크게 발전 · 부흥하였고, 수많은 요리법이 개발 · 보급되어 요리 문화가 크게 발전했다. 음식을 먹기 전 손을 씻는 습관이며 포크를 사용하거나 식사 끝에 과일을 내놓는 것도 이 시기에 형성된 식문화인데 수많은 요리기구들 또한 이 시기에 개발되었다.

물론 그리스 · 로마시대에 아피키우스보다 더 훌륭한 요리장들은 많았다. 그 대표적인 요리장으로는 수많은 요리법을 개발하여 후세에 전수시킨 시베리우스Syberius라는 요리 도시에서 훈련을 받은 팀브론Timbron, 테마키데스Themacides 그리고 아케스트라투스Archestratus이다. 그럼에도 불구하고 그들이 아닌 아피키우스를 다룬 건 활자화된 요리 전문서적을 세계에서 처음으로 만든 요리장이라는 사실에 중요한 의미가 있기 때문이다.

● 자기가 모르는 분야에 대해서는 겸손해야 한다. 〈조홍근 닥터〉

요리의 유래 세계 3대 진미

유럽인들이 최고로 치는 3가지 식재료들을 뜻한다고 알려진 식품을 말한다.

우연일지도 모르겠지만 육해공 요소가 다 들어가 있다.

- 육지: 트러플(Truffle)
- 바다: 캐비아(Caviar)
- 하늘: 푸아 그라(Foie gras)

1. **송로버섯Truffle** 영어 명칭인 트러플truffle, 프랑스어로는 트뤼플truffle, 이탈리아어로 타르투포tartufo로 알려져 있다. 고대 로마인들은 음식물의 맛을 내기 위해 사용한 트뤼플의 독특한 맛을 느낄 때마다 이 버섯은 최고의 신인 주피터가 벼락을 내린 나무 밑에서 자라는 것이 틀림없다고 믿었다. 19세기 이탈리아 음악의 거장 조아키노 로시니는 이 버섯을 "버섯의 모차르트"라고 불렀으며 미식가로 유명했던 프랑스 배우 제라르 드파르디외는 이탈리아 북부 알바지역에서 나는 흰송로버섯 경매구입에 나섰다가 홍콩의 거부에 밀리기도 했다. 당시 이 버섯은 1.5kg에 약 16만 달러에 팔렸다.

돌멩이와 비슷하지만 엄청난 가치를 지닌 트러플

2. **캐비아Caviar** 캐비아는 철갑상어의 알을 소금에 절인 것으로 이란산產, 러시아산產이 많으며 카스피해산產을 최고로 친다. 세계에서 가장 섹

시한 음식이라고 불리는 철갑상어의 알 캐비아는 전혀 조리되지 않은 천연의 맛이 처음에는 어색하지만 몇 번만 먹어보면 그 다음부터는 저항할 수 없는 그 맛에 이끌린다는 것이다. 페르시아의 시에서도 캐비아는 최음제로 등장하여 자극적 효능과 정력을 증가시키는 데 쓰인다고 나와 있다. 실제로 철갑상어의 척추 안에는 베시가라는 골수가 있어서 최음제로 취급된다. 중국에서는 베시가를 가루로 만들어 결혼하는 신부에게 먹이는 관습이 있다. 캐비아는 지방이 적으며 비타민과 단백질이 많고 칼로리가 낮은 완벽에 가까운 식품이다. 러시아에서는 캐비아가 건강식품으로 오래전부터 인기가 있었다. 요즘에도 수술 후 빠른 회복을 위해 환자들이 많이 먹고 있으며 캐비아에서 기름만 뽑아 마시는 것으로 야채를 많이 섭취하지 못하는 추운 지방에서 결핍되기 쉬운 비타민 역할을 대신한다.

3. 푸아 그라 Foie gras 잔혹하지만 거부할 수 없는 맛, 푸아 그라는 거위나 오리의 비대해진 간을 말한다. 양질의 단백질, 지질, 망간 등 스태미나 증강에 필요한 성분이 풍부하다고 알려져 있다. 프랑스 북동부 알자스 지방의 스트라스부르산産에서 생산되는 것을 최고로 친다. 푸아 그라란 크리스마스와 연초에 프랑스에서 먹는 음식으로, 고급전채요리의 대표적인 요리이다.

프랑스 알자스 지방이 대표적인 산지이고 이주한 유대인이 거위와 오리를 키우다가 자연스럽게 만든 요리이다. 오리에게 강제로 사료를 먹여 간을 크게 만드는 푸아 그라가 얼마나 잔혹한 과정을 거쳐서 생산되는 지는 이미 잘 알려진 사실이다.

푸아 그라를 직역하면 '비대한 간'.

푸아 그라의 본격적인 시작은 고대 로마로 거슬러 올라간다. 고대 로마의 미식가들은 거위를 사나운 동물로 생각하였으나 그 고기와 간은 아주 맛있어 했다. 그래서 그들은 포동하게 살지운 거위의 간을 뜨겁게 요리하여 건포도와 함께 즐겼다. 물론 거위 간을 즐기는 풍습은 로마 이전 이집트에도 있었다(주-노예들이 거위의 목을 잡고 억지로 먹이를 먹이는 모습을 묘사한 벽화를 쉽게 찾을 수 있다). 하지만 그들이 간을 어떻게 먹었는지 등에 대한 문헌이 남아 있지 않아 벽화를 보고 추정할 뿐이다. 고대 로마 시대의 문헌에 의하면 로마인들은 간을 비대하게 하기 위한 다양한 방법을 개발하였다(주-사료를 강제로 먹여 살찌우는 방법을 가바주gavage라고 한다).

거위가 움직이지 못하도록 컴컴하고 따뜻한 방에 가두면 간이 비대해진다는 사실에 근거를 두고, BC 15세기의 폼페이Pompeii의 미식가 메텔루스 Metellus Pius Scipio는 거위에게 무화과 열매를 잔뜩 먹여 거위의 간을 비대하게 만들었다(주-그는 갓 잡은 따뜻한 거위 간을 꿀에 탄 우유에 장시간 담갔다가 다양한 요리에 이용했다).

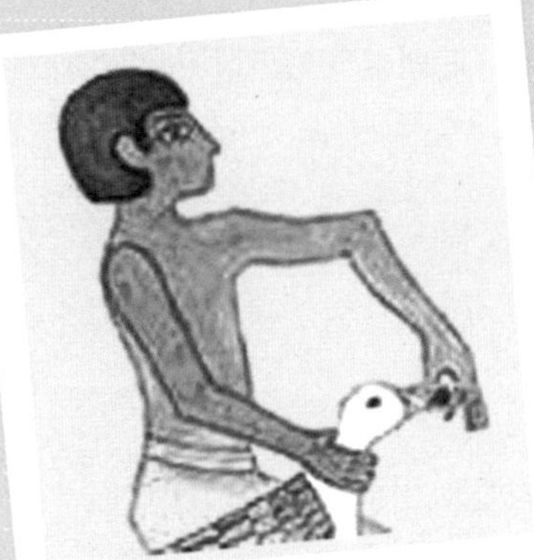

고대 벽화 속의 노예들이 거위에게 먹이를 주는 모습

현재 거위 간의 명산지는 프랑스의 도시 스트라스부르 Strasbourg, 툴루즈Toulouse, 가스코뉴Gascogne(주-프랑스 남서부의 옛 지명), 페리고Périgord 등이다. 특히 페리고 지방은 프랑스가 자랑하는 푸아 그라의 명산지이지만 생산량이 적은 편이라 시장 점유는 의외로 낮다. 오히려 남쪽에 인접한 가스코뉴 지방 쪽이 대량생산지로서 점유율이 단연 높다. 다만 푸아 그라의 명산지로 페리고 지방이 유명하게 된 것은 이 지방이 세계 3대 진미 중 하나인, 흑진주 또는 검은 다이아몬드라고 불리는 서양 송로버섯, 즉 트뤼플의 원산지이기 때문이다.

알퐁스 도데(주–프랑스 소설가, 1840~1897)의 아름다운 소설 《마지막 수업》으로 유명한 알자스 지방. 아이러니컬하게도 이곳은 앞서 말했듯이 거위 간으로 가장 유명한 푸아 그라 명산지이다(더불어 와인 명산지이기도 하다). 알자스Alsace 지방에서는 포동포동한 거위 간을 다음과 같이 만든다.

거위를 겨울 동안 사육장의 전등불을 끄고 운동을 하지 못하도록 다리를 묶어 놓고 강제로 먹이를 먹여서 크고 살찐 거위 간을 만들어낸다. 보통 크기의 거위 간도 이런 방법을 이용하면 기름기 많고 비대해진다. 단, 크기가 제한이 되기에 항상 거위의 건강을 잘 보살펴야 하고 병의 징조가 보일 때는 먹이 공급이 중단된다.

지금에는 투사기를 이용하여 기계적, 조직적으로 거위에게 먹이를 먹이지만 불과 얼마 전까지는 이 기계가 개발되지 않아 일일이 깔대기를 억지로 거위의 목구멍에 밀어 넣고 조금씩 옥수수를 넣었다.

살찐 거위 간은 마지막으로 공장에서 색, 크기, 밀도 등에 의해 분류되는데 부드럽고 분홍색이며 무게는 0.5그램~1.5킬로그램이 적당하다. 한 번 감식하는 사람이 판결을 내리면 그 제품에 대한 질은 더 이상 거론되지 않는다. 따라서 제품의 최종 품질을 결정하는 기술자는 20년 이상의 경험이 요구된다.

현재는 거위의 간을 비대하게 하는 방법이 거위에게 스트레스를 주기 때문에 비인간적이라는 비판도 있다. 그러나 거위 간은 비타민 A와 D가 풍부하고 잊을 수 없는 맛을 갖고 있기에 여전히 많은 이들로부터 사랑받고 있다.

그렇다면 알자스 지방이 왜 최고의 푸아 그라 명산지가 되었을까? 여기에 대해서는 다음과 같은 일화가 전해진다. 1762년, 루이 15세의 신하였던 콩타트 후작은 알자스 총독에 임명되어 스트라스부르에 부임되어 온다. 알자스 총독이 된 16년째에 후작은 '장 피에르 구로즈Jean Pierre Gourose'

푸아 그라를 얻기 위한 거위 사육

자료 : le foie gras. Robert Laffent. 1990. p.193

거위에게 깔대기로 옥수수를 먹이는 모습

라는 요리사를 고용한다. 당시 21세였던 구로즈는 뛰어난 재능을 발휘하여 두각을 나타내었고 이윽고 요리장에 발탁되어 저명인사 모임의 연회요리를 혼자서 책임지게 되었다.

그리고 1780년 경 어느날, 콩타트 후작은 요리장인 구로즈를 불러 내일 연회에는 특별히 중요한 손님을 초청하므로 흔한 요리가 아닌 한 번도 나오지 않은 진기하면서도 맛있고 감칠맛 나는 요리를 만들라고 주문했다. 구로즈는 고심 끝에 거위 간을 통째로 굽고 송아지고기와 돼지 지방을 파이 껍질로 감싸서 약하게 구운 요리를 선보였다. 이것이 바로 파테paté이며 구로즈 일생일대의 요리였다. 그 후 니콜라 프랑수아 두아옝이라는 요리사는 트뤼플을 푸아 그라의 파테에 혼합하는 묘안을 생각해 내어 실

구운 푸아 그라와 샴페인 소스 Sauteed Foie gras with Champagne vinaigrett

자료 : 호텔 신라 콘티넨탈

행에 옮겼다. 이렇게 '구로즈'와 '두아얭'이라고 하는 재능 있는 요리사의 창작품이 오늘날 세계 최고의 사치 요리라고 일컬어지는 '송로버섯을 넣은 푸아 그라 파테Paté de Foie gras Truffle'로 태어나게 된 것이다.

심줄을 제거한 푸아 그라 파테는 특별한 향신료를 섞어서 양념을 하고 트뤼플로 속을 채운 후 코냑Cognac(주-프랑스의 코냑 지방에서 생산되는 포도주를 원료로 한 브랜디. 정식 명칭은 '오드비 드 뱅 드 코냑Eau-de-vie de vin de Cognac')과 마데이라Madeira(주-대서양에 있는 포르투갈령 마데이라 섬에서 산출되는 달콤하고 독한 백포도주)로 끓이거나 오븐에 구워 만든다. 모든 요리장들은 푸아 그라를 요리할 때 저마다 특별한 방법을 가지고 있지만 결과적으로 보면 특별히 다르게 만들어지는 것도 없다. 푸아 그라는 유통될 때 신선한 캔이나 테린terrine(주-단지, 항아리라는 뜻. 요리에서는 요리 형태를 만드는 틀이나 그 요리를 말함)에 담아 판매한다.

요리법 푸아 그라 테린 Foie gras terrine 만들기

• **재료**

신선한 푸아 그라 1.2킬로그램, 서양 송로버섯 오일 적당량, 콘소메 젤리 200밀리리터, 소금 · 코냑 약간, 건포도 조금

콘소메 젤리 콘소메 1리터, 젤라틴 8장(16그램), 포트와인 100밀리리터

푸아 그라 테린

• **만드는 방법**

1. 거위간은 심줄을 제거하고 우유에 담아 핏물을 제거한다.
2. 와인, 소금을 뿌려 절인 후 천, 비닐 등으로 둥글게 감싸 실로 견고히 묶고 끓는 물에 30분 정도 삶는다.
3. 익힌 거위간을 테린 틀 속에 넣고 콘소메 젤리를 부어 굳힌다.
4. 식으면 꺼내어 콘소메 젤리로 곡선 면에 발라 마감한다.
5. 적당한 크기로 잘라 접시에 담고 취향에 맞는 야채 등을 곁들여 먹는다.

요리의 유래 테린과 파테 Terrine & Pâté

테린이라는 용어는 기본적으로 요리에 쓰이는 흙으로 만든 사각형의 용기를 뜻하는 말이다. 프랑스에는 이러한 질그릇의 용기에 여러 종류의 고기(돼지고기, 송아지, 여러 종류의 간), 생선, 가금류, 야채 등을 거칠게 혹은 곱게 갈아서 음식을 준비하였다. 이때 여러 가지의 향신료나 시즈닝, 다양한 종류의 기름이 주 재료와 섞여 보다 부드러운 질감의 테린을 얻게 된다.

다양한 종류의 고기와 야채를 파테Pâté(주-프랑스어로 Pie를 뜻함)로 싸서 요리할 수도 있는데, 이것은 흔히 '파테 앙 크루트Pâté en croûte'라고 한다. 같은 재료의 음식이라도 질그릇 용기에 담아서 요리하면 테린이라고 말할 수 있는데, 파테와 테린이라는 용어는 현재 큰 구분 없이 사용되고 있다.

테린 용기

요리의 유래 비프 타르타르 스테이크와 햄버거 스테이크
Beef Tartar Steak & Hamburg Steak

우리나라의 육회와 유사한 음식이 서양에도 존재한다. 비프 타르타르(또는 탈타르)가 바로 그것. 이 요리의 유래는 과거 몽골에서 찾아볼 수 있다. 1240년 유럽의 북동쪽을 정복하고 통치한 몽골족은 전쟁 중에 쇠고기를 말 엉덩이에 매달고 다녔고, 말의 흔들림으로 다져지고 부드럽게 된 고기에 채소를 넣어 날것으로 먹는 습관이 있었다. 이와 같은 습관이 유럽에 전파된 것이 비프 타르타르이다. 또 비프 타르타르가 전파될 당시 독일의 함부르크 항구의 냉장시설이 없는 배 안에서 상하기 쉬운 고기를 양파와 각종 향신료를 다져 넣어 구었다. 이것이 햄버거 스테이크Hamburg Steak의 시초이다.

비프 타르타르 스테이크

햄버거 스테이크

요리법 비프 타르타르 스테이크와 감자 그라탱 만들기

- **재료**(4인분)

쇠고기(우둔살 · 양지 · 설도) 각 200그램, 프렌치 피클 2.5큰술, 케이퍼 1.5큰술, 다진 파슬리 1.5큰술, 우스터 소스 1작은술, 소금 1/2작은술, 후추 1작은술, 양파 1/3개, 토마토 케첩 3큰술, 마요네즈 5큰술, 타바스코 소스 3방울

- **감자 그라탱**

감자 6.5개, 우유 0.5리터, 다진 마늘 1큰술, 휘핑 크림 1/2리터, 넛멕 가루 1/2작은술, 후추 · 소금 약간

- **만드는 방법**

1. 고기를 모두 잘게 다져 놓고, 양파, 프렌치 피클, 케이퍼, 파슬리도 1밀리미터 두께로 다진다.
2. 볼에 위의 잘게 다진 고기와 야채를 섞는다. 여기에 소금, 후추, 우스터 소스를 넣고 섞은 다음 마요네즈, 토마토 케첩, 타바스코 소스로 잘 버무려 타르타르 스테이크를 완성한다.
3. 감자 그라탱

   감자를 2밀리미터 두께로 썬다. 큰 팬에 우유와 크림을 붓고 넛멕, 소금, 후추, 다진 마늘을 넣고 저으면서 끓인다. 우유가 끓어오르면 썰어 놓은 감자를 넣고 한 번 더 끓을 때까지 젓는다.
4. 찜기에 버터를 바르고 3을 넣은 후 200도의 오븐에서 40분간 조리한다.
5. 모양을 낸 타르타르 스테이크와 감자 그라탱을 곁들여 낸다.

최초로 프랑스 요리를 문자로 체계화시킨 요리장

기욤 티렐 타이방

Guillaume Tirel Taillevent, 1319~1395

샤를 5세의 수석요리사 타이방

자료 : G. et G.Blond, Festins de tous les temps, 1967.

프랑스가 세계에서 최고 미식의 나라가 된 데는 다음과 같은 이유가 있다. 대부분의 나라가 음식 문화를 등한 시한 반면 프랑스는 쏟아지는 로마의 음식 문화를 고귀하게 예술화하였고 요리 책, 요리 사전 등을 출간하여 요리 문화를 정립시켰다. 때문에 전 세계가 사용하고 있는 소스, 소테, 레스토랑 등의 요리 용어를 프랑스어 그대로 사용할 수밖에 없다. 단어 하나를 새로 만들어 전국에 퍼트리려면 수십 년이 걸리는데, 이미 프랑스에서 수백 년 전에 요리 용어를 정립해 두었으니 어찌 그 단어를 사용하지 않고 요리 등 음식 문화를 얘기할 수 있겠는가?

그렇다고 프랑스 요리가 처음부터 다른 나라에 비해 훌륭한 음식 문화를 가지고 있었던 것도 아니다. 14세기 전만 해도 프랑스는 다른 나라에 비해 중세의 티를 벗지 못한, 왕성하게 식욕을 돋구며 요란하게 장식한 무거운 음식이 주류를 이루고 있었던 음식 문화의 후진국이었다. 즉 당시만 해도 프랑스인에게 요리라 함은 미식美食이 아닌 탐식貪食이었던 것이다.

그러던 프랑스 요리를 현재의 모습에 이를 수 있게 그 최초의 장을 연

《타이방, 프랑스 왕의 위대한 요리사》의 표지

자료 : Henriette Pariente, La Cuisine Francaise, 1981.

이가 있었으니 그는 다름아닌 유명한 기욤 티렐, 즉 타이방이다. 14세기 초 프랑스의 북부 노르망디 지방의 퐁 오드메르에서 4형제 중 장남으로 태어난 그는 1395년 사망하기 전까지 샤를 왕Charles le Bel의 4번째 부인인 잔 데브뢰Jeanne d'Évreux의 대관식 연회에서 초급 요리사의 주방 시동을 시작으로 필립 4세Phillipe Ⅳ, 노르망디 공Duc de Normandie, 샤를 5세 Charles Ⅴ, 샤를 6세 등 수많은 왕들의 요리사로서 뛰어난 요리장으로 실력을 갖췄을 뿐 아니라 프랑스 요리를 체계화하고 정립시킨 근대화의 발판을 만든 《음식 *Le Viandier*》이라는 중세 요리의 총체, 즉 고기 요리에 대한 내용뿐 아니라 전통적인 요리, 식생활 습관에 대한 모든 것이 서술되어 있는 요즈음의 요리백과사전을 집필했다.

그가 1490년에 집필한 《음식》은 최초의 요리책으로 총 12권으로 연회에 오르는 음식을 중심으로 설명되어 있어 일반인에게도 즐거운 눈요기로 널리 애독되었다.

물론 《음식》이 처음부터 책의 형태로 만들어진 것은 아니다. 그가 집필한 당시 14세기는 인쇄술이 없었기 때문에 텍스트로만 남겨졌으며 요한 구텐베르크Johannes Gutenberg(주–1397~1468, 독일의 인쇄술 창시자, 근대 활판 인쇄술의 발명자)에 의해 인쇄물이 발명한 이후인 1490년이 되어서야 책의 형태로 최초 발간되었고, 1520년까지 총 12권이 나왔다. 그가 손수 썼던 필사본 4권은 현재 유럽의 주요 도서관(주–프랑스 국립도서관, 마자린 도서관 Bibliothèque Mazarine, 생로Saint-Lô, 바티칸Vatican)에 소장되어 있다.

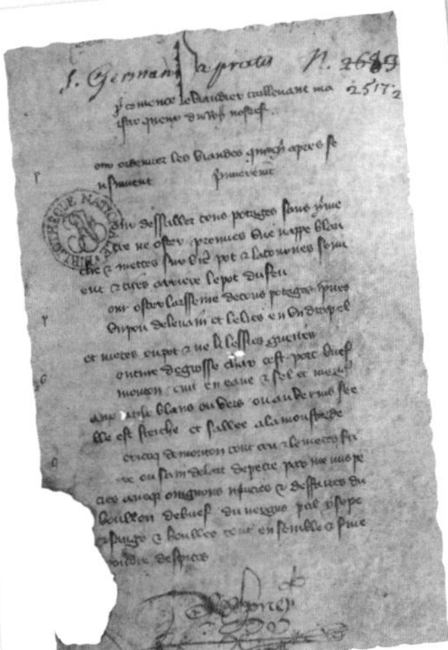

타이방이 작성한 친필 메뉴(파리 국립도서관 소장)

자료 : H. Pariente, G. De Ternant, La Fabuleuse Histoire de La Cuisine Fançaise. p.116.

물론 그가 단순히 요리장으로서는 이룩하기 힘든 획기적인 업적을 이룰 수 있었던 건 그가 요리만을 만들어내는 요리장이 아니었기 때문이다. 그는 요리장의 신분을 넘어 여러 왕이나 군주들과 친밀하게 교제했으며, 1378년에는 독일 황제를 맞이하는 환영 행사에 직접 참석하는 등 대단한 부와 명예를 두었다. 또 일설에 의하면 그가 연금술사였다는 이야기도 전해진다. 실제로 그가 왕으로부터 하사받은 왕과 귀족들만이 가문의 상징으로 쓸 수 있는 문양을 보면 솥 3개와 장미 6송이가 그려져 있는데, 연금술의 기호에 따르면 장미는 연금술사들이 가장 즐겨 사용했던 상징이며 숫자 6은 창조를 의미한다. 또 솥은 일상적인 요리기구이면서 연금술의 실험에 사용되는 금속 용기이고, 숫자 3은 마술적 힘을 지니고 있다고 한다.

솥 3개와 장미 6송이가 그려진 타이방의 문양

자료 : Grand et petite Histoire des Cuisiniers, Robert Laffont, 1989, p.70.

● 용서란 잘못한 사람이 반성할 때 주는 선물이다. 〈조정래 작가〉

요리의 유래 마들렌 Madeleine

프랑스 과자 중 마들렌이라 불리는 조개껍질 모양의 볼록하고 예쁜 과자가 있다. 파운드 케이크처럼 부드럽고 달콤한 맛의 이 과자는 마르셀 프루스트의 소설 《잃어버린 시간을 찾아서 *À la recherche du temps perdu*》에서도 중요한 소품이 되는 프랑스 대표 과자이다. 마들렌의 유래로는 여러 가지 설이 있지만 유력한 것은 18세기 루이 15세의 왕비 마리 레슈친스카Marie Leszczyńska에게서 비롯되었다는 것이다. 당시 루이 15세에게는 퐁파두르Pompadour라는 후궁이 있었는데 그녀는 왕의 총애를 받아서 정치까지 간섭을 할 정도로 대단한 권세를 누렸다.

상황이 이렇게 되다 보니 정작 왕비인 마리는 자연스럽게 뒷전으로 밀렸고 수많은 날을 혼자 눈물로 밤을 지새웠다. 이 소식을 들은 폴란드 왕인 친정아버지는 왕비의 이런 쓸쓸한 마음을 위로하기 위해 '마들렌'이란 이름의 하녀를 그녀의 곁으로 보내 과자를 구워주도록 하였다. 이 하녀는 조개껍질 모양의 과자를 구웠고 이 과자에 하녀의 이름을 붙여 '마들렌' 이라고 부르게 되었다. 이 마들렌은 프랑스 과자로 유명하지만 본고장은 폴란드인 셈이다.

루이 15세 왕비 마리 레슈친스카

자료 : 위키백과.

요리법 마들렌 만들기

• **재료**(12~14개 분량)

버터 100그램, 설탕 66그램, 달걀 100그램, 박력분 100그램, 베이킹파우더 2그램, 레몬 제스트 1/2분량, 레몬즙 · 바닐라향 · 럼주 각 5밀리리터

* 제스트zest–레몬, 오렌지 등의 껍질을 갈아 놓은 것.

• **만드는 방법**

1. 달걀을 풀어 설탕, 바닐라향, 럼주를 넣고 체 친 박력분과 베이킹파우더를 넣어 가볍게 섞는다.
2. 버터를 녹여 반죽에 혼합하고 수분 흡수를 위해 30분간 실온에 두었다가 짤주머니에 넣어 기름칠한 조개 틀의 반 정도만 채운다. 보통 오븐에 쓰는 틀에는 12개 정도의 조개 틀이 있는데 이 틀이 없으면 컵케이크용 기름종이에 넣어도 된다.
3. 180도로 예열된 오븐에 10분 정도 구워낸다. 꺼내어 뒤집으면 조개 모양의 마들렌 완성.

예쁜 조개 모양의 과자 마들렌

17세기 위대한 요리장

라 바렌

La Varénne, 1618~1678

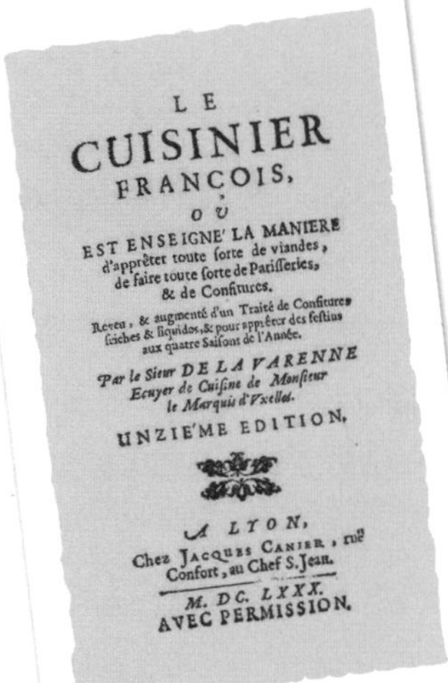

LE
CUISINIER
FRANÇOIS,
OU
EST ENSEIGNE' LA MANIERE
d'apprêter toute sorte de viandes,
de faire toute sorte de Patisseries,
& de Confitures.
Reveu, & augmenté d'un Traité de Confitures
seiches & liquides, & pour apprêter des festins
aux quatre Saisons de l'Année.
Par le Sieur DE LA VARENNE
Ecuyer de Cuisine de Monsieur
le Marquis d'Vxelles.
UNZIE'ME EDITION.
A LYON,
Chez JACQUES CANIER, ruë
Confort, au Chef S. Jean.
M. DC. LXXX.
AVEC PERMISSION.

라 바렌의 저서 《프랑스 요리사》

본명은 프랑수아 피에르 드 라 바렌François Pierre de La Varénne. 그는 1618년에 프랑스 디종Dijon에서 태어났고 1678년에 사망했다는 것 외에 사진은 물론 성장 과정에 대해서도 알려진 바가 거의 없다. 그러나 그는 17세기의 위대한 요리장이자 요리책 저술가로 당시 국왕의 신임을 얻어 고위관직에까지 오른 인물이다.

그는 1651년에 처음으로 알파벳 순으로 배열된 《프랑스 요리사 *Le Cuisinier Français*》를 지었고, 1653년에는 《프랑스 제과사 *Le Pâtissier Français*》라는 책을 저술하여 당대에 선풍적 인기를 끌었지만 동시에 많은 시민들에게 질시의 대상이 되기도 했다. 인쇄술의 발달로 요리책이 널리 읽혀 생겨난 이러한 현상은 이전 시대에서는 볼 수 없었던 당시에는 아주 새로운 사회적 현상이었다.

그의 요리책이 성공한 이유로는 책의 제목이 간결했고 또 '프랑스'라는 국가의식이 작용했다는 점을 지적할 수 있다. 그 후 그는 이 제목을 본떠

1664년에는 《완벽한 프랑스 잼 조제사 *Le Parfaict Confiturier Français*》를 연이어 출간했다.

라 바렌이 저술한 요리책의 장점은 시대의 변화상을 정확히 반영하여 이를 요리에 옮겨 담았다는 것이다. 즉, 빵을 나르는 나무판이 파이앙스 Faïence 접시(주–주석을 함유한 불투명한 유약을 발라 장식을 그려 넣은 도기. 마졸리카 도기의 주산지인 이탈리아의 파엔차에서 유래되었다)로 바뀌고 식탁에서 포크를 사용하였다. 이로 인해 미식美食 문화가 비약적으로 발전했는데 그는 이 시대의 흐름을 잘 간파하여 이를 요리에 잘 적용시켰다. 그는 기존에 알려진 요리법들을 단지 한곳에 모은 것이 아니라 그 당시까지 알려지지 않았던 진귀한 재료들을 찾아내어 새로운 요리를 만들어냈고 섬세한 맛을 낼 수 있도록 오랫동안 수십 차례에 걸쳐 요리 실험을 반복했다. 바로 이 점에서 그가 새로운 요리를 만들어낸 새로운 시대의 선구자로 평가되는 것이다.

루이 14세 Louis XIV

또는 태양왕 Le Roi Soleil, 1638~1715이라고도 불리는 루이 14세는 프랑스 최고의 전성기에 나라를 다스렸고, 고전시대의 절대왕정을 상징하는 존재로 남아 있다. 국제적으로는 1667~1697년에 벌어진 일련의 전쟁에서 합스부르크를 희생시켜 프랑스의 동쪽 경계를 늘렸고 그런 다음 자신의 손자를 스페인 왕위에 앉히기 위해 프랑스에 적대적인 유럽 동맹과 스페인 왕위계승전쟁을 벌였다.

루이 14세

궁정의 복식 문화가 일반 사람들의 삶 속으로 흘러들어 가듯이 바렌의 요리책 역시 궁정의 요리를 대중화하는 데 크게 기여하였다. 다시 말해서 그는 고급 요리사를 고용할 수 없었던 일반 대중들에게도 그의 진귀한 요리를 맛볼 수 있게 하여 모든 사람들로부터 찬사를 받았던 것이다. 또한 요리에서 재료 자체의 맛을 살리고 그것을 어떻게 적절하게 요리해야 하는지에 대해서도 처음으로 깊은 관심을 가졌던 요리장이다.

또한 바렌은 뒥셀d'Uxelles 후작의 주방을 맡고 있는 동안 뒥셀 버섯요리 Mushroom d'Uxelles(주–버섯, 양파 그리고 양념으로 이루어진 일종의 스터핑, 일반적으로 뒥셀의 기본에 토마토나 갈색 소스의 형태로 수분을 첨가한 다음 버섯이나 토마토 등을 채우는 데 사용한다)를 창안하기도 했으며 밀가루와 버터를 이용한 루 roux(주–밀가루와 버터를 1:1의 비율로 넣어 열을 가함. 이때 색에 따라 화이트 루와 브라운 루로 구분됨)를 창시하기도 했다. 또 그는 태양왕 루이 14세의 급사장이었던 루이 드 베샤멜Louis de Béchameil을 위하여 베샤멜 소스를 창안하기도 했다. 베샤멜 소스는 지금까지도 화이트 소스의 대명사로 사용되고 있다.

요리의 유래 베샤멜 소스 Béchamel Sauce

베샤멜 소스는 화이트 소스의 대표로 베샤멜이라는 은행가의 이름에서 따왔고, 그의 요리장 바렌이 만들었다. 그러나 실제로는 베샤멜이 태어나기 전부터 이 소스는 존재하고 있었다고 전해진다. 그것을 현재와 같은 형태의 소스로 만든 것이 바렌으로, 그가 주인 베샤멜 후작에게 경의를 표하기 위해 이 이름을 붙이게 된 것이 아닌가 생각된다.

오늘날 일반 요리장들은 화이트 루white roux에 우유를 넣어 농도를 짙게 하고 약간의 양념을 첨가해 사용하고 있다. 그러나 너무 진하거나 많은 향을 내는 베샤멜 소스는 피한다.

요리법 베샤멜 소스 만들기

- **재료**

버터 120그램, 밀가루 120그램, 우유 2컵, 월계수 1개, 다진 양파 1/4개, 넛멕(육두구) · 소금 2그램, 후추 약간

- **만드는 방법**

1. 밀가루는 체에 치고 버터는 실온에 두어 말랑말랑하게 준비하며 우유는 데워 놓는다.
2. 녹인 버터에 밀가루를 넣고 밀가루 냄새가 나지 않도록 잘 볶아준다. 이때 다진 양파도 함께 넣고 볶는다. 흰색의 루를 만들어야 하므로 색깔이 나지 않게 한다.
3. 루가 되면 일단 식혔다가 우유를 조금씩 넣으면서 계속 저어 준다.
4. 체에 거른 후 넛멕(육두구)을 넣고 은근히 끓인다.
5. 소금과 후추로 간하고 거른 후 실온에서 식힌 다음에 흐르는 물에 완전히 식혀 사용한다.
6. 보관 시에는 소스 표면에 버터를 발라두면 막이 형성되지 않는다.

베샤멜 소스를 이용한 닭요리

연회에 책임을 지고 자살한 비운의 요리장

프랑수아 바텔

François Vatel, 1635~1671

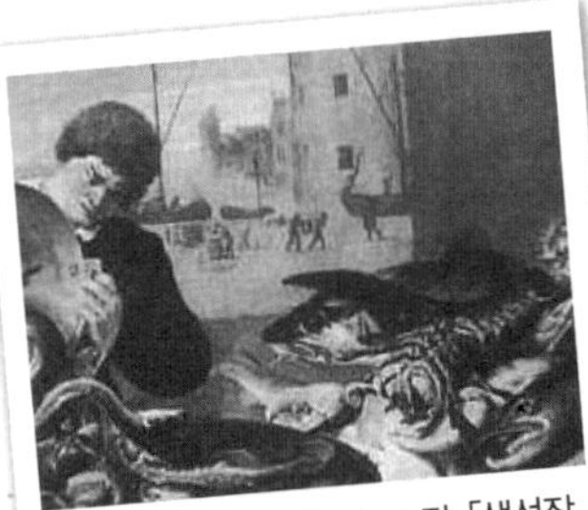

스니데르스 Frans Snyders 작 「생선장수 Les Marchands de Poissons」

바텔은 루이 14세 치하의 명재상名宰相 마자랭Mazarin과 인연을 맺고 재정 총감인 푸르케Fourquet의 주방에서 일하다가 그의 추천으로 콩데Condé 왕자의 요리장이 되었다. 그는 지금까지 사용하고 있는 샹티 크림crème de Chantilly(주–케이크 등의 장식으로 쓰이는 휘핑 크림)을 처음 창조한 요리장이자 왕자가 왕에게 바치는 연회를 준비하다가 생선이 늦게 도착하여 연회를 예정대로 할 수 없게 되자 책임을 지고 자살을 한 비운의 요리장으로 널리 알려져 있다.

바텔의 죽음과 관련해서 다음과 같은 일화가 전해진다. 1671년 4월의 어느 날 콩데 왕자가 부친인 루이 14세를 샹티Chantilly 성으로 초대하여 3천 명이 참석하는 대연회를 개최했다. 그때 연회를 맡은 사람이 바로 요리장 바텔이었다. 바텔은 완벽하게 요리를 준비하여 연회를 빛내려 온갖 노력을 아끼지 않았다. 그러나 그의 온갖 노력에도 불구하고 너무나 수많은 요리들 때문에 식사 도중에 두 식탁에 구운 고기가 제공되지 못한 불상사가 발생했다. 비록 왕의 식탁과는 거리가 멀었지만 바텔은 요리장으로서 매우 큰 수치심을 느꼈다. 그 다음날은 금육재(주–가톨릭에서 신자들의 도덕적 · 영적 향상을 위해 매주 금요일에 육식을 금하는 것)를 지켜야 하는 금요일. 더 큰 사건이 그를 기다렸다. 그는 이날 아침식사를 준비하기 위해 새벽 4시부터 일어나 생선이 오기를 기다렸지만 겨우 한 사람만이 고작 생선 두 상자를 가지고 온 것이다.

17세기 당시 노르망디Normandie 해안에서 샹티까지 마차로 생선을 수송해 온다는 것은 엄청나게 어렵고 힘든 일이었다. 그래서 바텔은 사전에 모든 항구에 연락하여 만찬에 필요한 해산물들을 준비시켰지만 날씨가 나빠서 생선도 별로 잡히지 않고 제 시간에 도착할 수 없다는 소식만 전해들었다. 바텔은 왕의 식탁에 올릴 해산물이 부족한 상황에 직면하자 자신의

비운의 요리장을 그린 영화 「바텔」

2000년 출시된 롤랑 조페Roland Joffe(1945~) 감독의 영화 「바텔」은 연회의 실패에 책임을 지고 자살한 비운의 요리장 바텔을 그린 실화 영화이다. 역사적 사실을 기초로 한 이 영화는 음모와 술수, 권력싸움이 치열한 프랑스 왕실과 그 주변 그리고 요리장 바텔의 성실한 인간성을 보여준다.

영화 「바텔」의 한 장면

정신없이 돌아가는 주방의 요리 준비과정과 화려한 연회 속에서 바텔은 점차 자신의 처지를 깨닫고 삶에 대한 의지를 놓아 버린다. 시대적 배경은 프랑스의 가장 황금기인 루이 14세 시대이기에 실내장식, 의상, 음식 등은 모두 화려함의 극치를 보여준다. 바텔을 데려가기 위해 내기를 제안하는 루이 14세와 이에 응하는 콩데 왕자 등 각종 에피소드와 볼거리가 가득한 영화이다.

운명을 칼에 맡긴 채 마지막으로 외쳤다. "나는 명예를 잃었다. 이런 충격은 견딜수가 없구나. 마음은 어지럽고…. 열두 밤 동안 한잠도 이루지 못했다."고 하며 큰 절망에 빠졌고 결국 자살을 감행했다. 요리장의 자존심을 죽음으로 지키려 했던 것이다. 그런데 아이러니하게도 그가 자살한 직후 바로 생선들이 도착했고 만찬은 예정대로 문제없이 진행되었다.

코르동 블뢰 훈장모양(지금은 요리학교 로고로 사용되고 있다)

이 소식을 들은 루이 14세는 바텔의 책임감에 감동하였고 이때부터 프랑스 궁전에서는 유명한 요리장이나 연회 책임자에게 훈장을 수여하였으며 이 훈장을 코르동 블뢰라고 하여 지금도 유명한 요리사를 코르동 블뢰 Cordon Bleu라고 칭하게 되었다.

마담 드 세비녜Mme de Sévigné(주-프랑스 루이 14세 때의 여류 문인, 1626~1696, 사교계의 중심이었으며 프랑스 문학사에서 서간집으로 유명함)는 바텔을 '한 나라를 돌볼 수 있을 만큼 머리가 좋은 사람'으로 평가했다. 그는 영리한 사람이었고 동시에 자신이 수행하는 요리 업무의 결과에 대해서도 완벽에 가까운 책임을 느끼는 요리장이라 만찬 준비가 제대로 진행되지 않았던 것에 대단한 수치를 느꼈던 것이다.

또 바텔 일화는 예외적이긴 하지만 요리사가 감내해야 하는 과도한 업무와 스트레스로 인해 생겨나는 중압감을 잘 보여준다고 할 수 있다. 그 당시 바텔은 왕의 만찬을 준비하느라 12일 동안 한잠도 자지 못한 상태였다고 전해진다. 그의 히스테리컬한 행동이 조금은 이해가 된다. 아무튼 이 훌륭한 요리장은 슬프게도 가톨릭 교리에 어긋나는 자살을 선택했기 때문에 비석도 없이 공동묘지에 묻혔고 아직까지 그의 무덤은 발견되지 않고 있다. 하지만 그의 이름만은 요리사들의 자존심으로 지금까지도 레스토랑 간판에 자주 오르내린다.

요리의 유래 푀이타주 Feuilletage와 밀푀유 Mille-feuille

푀이타주는 불어로 나뭇잎이라는 뜻. 기원은 1600년대까지 거슬러 올라가 영국을 중심으로 프랑스, 독일 등에서 처음 만들어 먹었다. 원래 푀이타주는 소맥분에 유지를 섞어 반죽하고 육류, 어패류, 과실류, 채소류들을 싸서 구운 요리로, 거의 주식처럼 애용되었다가 점차 과자류로 변화되었다. 원래 이 반죽은 한 요리사가 실수로 버터를 깜빡 잊어 어쩔 수 없이 나중에 버터를 첨가했는데 구워 보니 이런 형태가 되었다고 한다.

밀푀유mille-feuille는 1천 장의 나뭇잎이라는 뜻으로, 푀이타주 반죽을 여러 겹 겹쳐 만든 유서 깊은 프랑스 과자 스타일을 말한다. 나폴레옹 케이크 반죽이라고도 하며, 3단계 이상 쌓은 요리법 스타일을 밀푀유 법이라고 한다.

밀푀유 스타일로 만든 디저트

요리의 유래 크렘 샹티 Crème Chantilly

크렘 샹티는 설탕과 향, 레몬주스 등을 섞어 거품을 낸 크림으로 주로 과자나 아이스크림 등의 장식 또는 다른 과자의 밑받침 재료로 쓰인다. 또 딸기나 산딸기 같은 과일과 곁들여 먹기도 하고 그대로 커피에 넣기도 한다.

바텔이 콩데 가문의 소유인 파리 근처에 있는 샹티 성château de Chantilly에서 일하던 중 개발했다고 해서 샹티라는 이름을 붙였다.

요리법 크렘 샹티 만들기

- **재료**(큰 케이크 1개 분량)

생크림 300밀리리터, 슈거파우더 30그램, 레몬주스 1작은술

- **만드는 방법**

1. 차갑게 만든 생크림을 그릇에 담고 거품기로 천천히 저어 거품을 만든다.
2. 크림이 조금 굳어지려고 하면 슈거파우더을 넣는다.
3. 레몬주스나 술류를 넣으면 완성. 짤주머니에 넣은 후 과자 위를 장식한다.
4. 과자 자체에 강한 감미가 있을 때는 양주나 레몬 껍질같은 것으로 향미를 돋구어 사용한다.

크렘 샹티를 이용한 케익, 미셸루 작품

자료 : The Roux Brothes on Patisseue, p.178.

요리의 유래 달팽이 요리 에스카르고 Escargot

스테미너 식품으로 널리 알려진 달팽이 요리는 스페인의 '카라고레스' 요리의 재료가 되고 프랑스에서는 미식가들이 자주 먹는 요리로 알려져 있다. 달팽이 살에는 '뮤신mucin'이라는 점액이 있는데 이것은 조직의 수분을 유지시키고 혈관, 내장 등에 윤기를 준다고 과학적으로 밝혀져 있다.

달팽이 요리의 역사는 지금으로부터 500여 년 전으로 거슬러 올라가 15세기 프랑스에서 시작되었다. 당시의 대법관은 빈민구제를 위하여 자신의 농지를 포도밭으로 만들어서 백성에게 포도를 재배하게 하였다. 그러나 달팽이들이 포도의 잎사귀를 갉아먹었고 이 때문에 포도 농사는 막대한 피해를 입었다. 그래서 달팽이를 박멸시키기 위해 농민들로 하여금 달팽이를 잡아먹게 했는데, 바로 이것이 요리의 시초이다. 세계적으로 알려져 있는 부르고뉴식 식용 달팽이 요리Escargots de Bourgogne는 프랑스의 디종Dijon 지방의 특산물이며 어느 레스토랑에서나 맛볼 수 있는 별미이다.

15세기 포도재배모습

자료 : Encyclopedie des vin de france, 1993.

요리법 에스카르고 만들기

- **재료**(4인분)

파슬리 버터(60그램)

버터 40그램, 파슬리 10그램, 샬롯(주–작은 양파의 일종) 1개, 마늘 1개, 레몬 주스 1작은술, 브랜디 1작은술, 소금 · 후추 약간

달팽이 양념

달팽이 24개, 마늘 1개, 샬롯 2개, 화이트 와인 2작은술, 쇠고기 육수 2작은술, 월계수잎 1/2개, 브랜디 1작은술, 소금 · 후추 · 타임 약간, 빵가루 적당량

달팽이 요리 에스카르고

- **만드는 방법**

파슬리 버터

1. 실온의 말랑말랑한 버터를 휘퍼로 친다.
2. 샬롯, 마늘, 브랜디, 레몬 주스, 소금, 후추를 넣고 20~30분 정도 계속 친다.
3. 파슬리를 갈아 버터에 넣어 섞는다.

달팽이 양념

1. 마늘, 샬롯을 연한 갈색으로 볶은 후 달팽이를 넣고 볶는다.
2. 브랜디로 플랑베flambée를 하고 화이트 와인을 넣고 중불에서 30분 정도 조린다.
3. 쇠고기 육수를 넣고 간을 한다.
4. 용기에 파슬리 버터를 넣고 양념된 달팽이를 넣는다.
5. 다시 파슬리 버터를 위에 바르고 빵가루를 올린다.
6. 살라만더Salamander(오븐의 일종)에서 색을 낸 후 오븐에서 익힌다.

세계의 음식문화 중국편

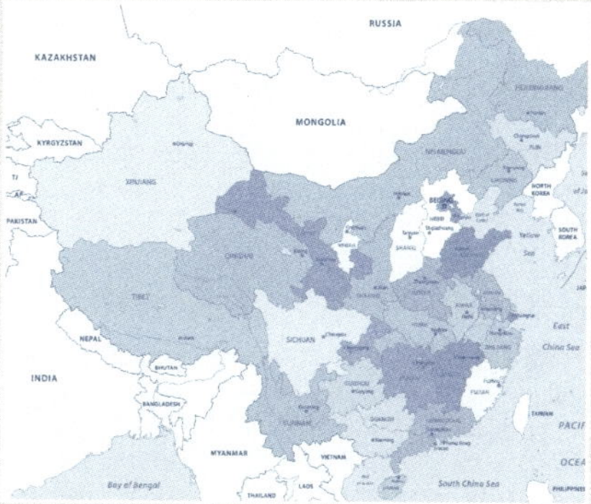

중국은 우리나라 남북한 전체 면적의 약 44배로, 생산하는 식품의 재료가 다양하고 풍부하다. 각 지역마다 지형, 기후, 풍토가 크게 달라서 지역에 따른 독특한 식문화가 형성되어 있다. 중국은 여러 민족으로 구성되어 있으며 관습이 다양하고 지역마다 특색 있는 식문화가 발달되었다. 중국 음식은 불로장수의 사상과 연결되어 발전되었고 거의 모든 동 · 식물을 사용하여 음식을 만든다.

중국의 지방별 대표음식

지방	대표 음식	특징
북경(베이징)	북경오리	중국의 수도로서, 궁중요리를 비롯하여 고급요리가 발달하여 사치스럽다. 중국 청나라 때 궁중요리가 기본이 되어 발달한 요리이다. 북방에 위치하여 높은 열량을 요구하기 때문에 육류를 이용한 튀김과 볶음요리가 발달하였다. 음식은 신선하고 부드러우며 담백한 맛이 특징이다.
광동	상어 지느러미/제비집	부드럽고 담백하며, 기름지지만 느끼하지 않다. 뱀, 쥐, 개, 원숭이처럼 기상천외한 동물요리가 많다. 재료를 지나치게 익히지 않고 싱겁게 하며, 기름도 적고 음식의 색채와 장식에 중점을 둔다. 달짝지근한 맛이 있으며 해산물을 이용한 요리가 많다.
상해	상해 털게(따자시에)/동파육	간장과 설탕으로 달콤하게 맛을 내는 찜이나 조림이 발달하였다. 기름기가 많아 맛이 진하고 양이 푸짐한 요리가 특징이다. 모양보다 깊은 맛에 중점을 두므로 화려한 장식은 일반적으로 하지 않는다.
사천	마파두부	마늘, 파, 생강과 매운 고추 등의 향신료를 사용하는 요리가 많다. 맵고 짜지만 느끼하지는 않아서 한국인 입맛에 맞고 채소와 육류로 볶음이나 찜 요리가 많다.

중국 음식문화의 특징으로는 재료의 선택이 매우 자유롭고 광범위하며 향신료와 조미료의 향을 잘 활용하고 익혀 먹는 음식을 기본으로 한다는 것이다. 또한 조리기구가 간단하고 사용하기 쉬우며 녹말물을 사용한다. 일반적으로 기름을 많이 사용하여 조리하고 우리나라에 비하여 조리법이 다양하다. 칼과 웍 같이 조리기구가 간단하고 또 사용하기 쉽다. 중국 음식은 특히 시각적으로 외관이 풍요롭고 화려함을 중요시한다.

중국의 술

1. 백주(증류주): 세계에서 가장 알코올 도수가 높은 술이다. 분주(汾酒), 마오타이주, 양천백주(瀼川白酒) 등이 있다.
2. 황주(양조주): 대표적인 것으로 샤오싱주(紹興酒), 라오주(老酒), 린판주(淋飯酒), 자판주(加飯酒), 산냥주(善釀酒) 등이 있다.

중국 술의 유래

중국의 고서 전국책(戰國策)~(주나라 안왕에서부터 진시황까지의 240여 년간의 역사를 기록한 책)의 여씨춘추(呂氏春秋)에 술에 대한 첫 기록이 있는데, '옛날 황제의 딸 의적이 술을 맛있게 빚어 우왕(하나라 왕)에게 올렸더니 우왕이 이를 맛보고서 후세에 반드시 이 술로 나라를 망치는 자가 있을 것이라고 말하며 술을 끊고 의적을 멀리하였다'고 하였다. 이는 하나라 때인 기원전 2000년경에도 이미 중국에 술이 있었다는 것을 말해준다.

중국의 명주 마오타이

상류층 부르주아를 고객으로 삼았던 최초의 식당 운영자

앙투안 보빌리에

Antoine Beauvilliers, 1754~1817

L'ART
DU CUISINIER,
PAR A. BEAUVILLIERS,
TOME PREMIER
A PARIS,

보빌리에의 저서 《요리사의 예술》

17세기에 발발한 서민들의 반란인 프랑스 대혁명은 과연 정치, 문화뿐 아니라 미식에도 커다란 혁명을 이끌어냈다. 혁명으로 귀족사회가 붕괴되고 귀족들이 외국으로 망명하자 이들이 개인적으로 소유했던 요리사들이 거리로 나왔고 먹고 살기 위해 레스토랑을 차리기 시작했으며, 그동안 귀족의 전유물로 여겨졌던 요리를 서민들도 가까이 즐기게 되었다. 이렇게 왕들의 요리사에서 최초 레스토랑 운영자로 부와 명성을 동시에 얻은 이가 있으니 그가 바로 《요리사의 예술 *L'Art du Cuisinier*》의 저자로 유명한 보빌리에이다.

보빌리에는 1754년 평민의 신분으로 태어났다. 천성적으로 요리에 뛰어난 감각을 지녔을 뿐 아니라 뛰어난 화술과 품위 있는 매너를 지녔던 그는 프로방스 백작(훗날 루이 18세가 된다)의 요리장을 지내면서 귀족 계급과의 교분을 두텁게 쌓았다. 그러던 중 프랑스 대혁명의 발발로 인생에 있어서 일대 전환기를 맞이한 그는 드디어 1782년 '런던 데 타번Tarerne de(s) Londres' 이라는 레스토랑을 오픈, 막대한 부를 축적한다. 그리고 보빌리에의 레스토랑을 필두로 1790년부터 1814년 사이에 파리 전체로 많은 레스토랑들이 오픈하였고, 큰 성공을 거두었다.

당시 프랑스인에게 레스토랑은 단지 수프만을 먹는 가벼운 곳이었다. 그는 이것을 훌륭한 식문화 공간으로 탈바꿈, 돈이라는 계급만 갖추고 있다면 평민이고 귀족이고 누구든 귀족 음식을 먹을 수 있게 했다. 그런 의미에서 그는 가히 현대적 감각을 지닌 요리사라 할 수 있다. 그는 자신의 레스토랑을 최고로 만들기 위해 고객을 왕처럼 대접했고, 최고의 맛을 즐길 수 있는 공간으로 연출하기 위해 최고의 서비스 기술을 선보였다.

레스토랑 '르두아얭Ledoyen'

르두아얭 레스토랑

샹젤리제Champs-Eysées 맞은편에 있는 고급 레스토랑이다. 파리에서 가장 오래된 식당들 중의 하나이며 유명세 또한 만만치 않은 곳이다. 파리의 '르 코르동 블뢰Le Cordon Bleu' 요리학교의 고급반 셰프인 장 클로드 부셰르Jean Claude Bouchère가 요리장으로 근무했던 곳이기도 하다. 처음에 이 레스토랑은 앙바사되르 카페Café de Ambassadeurs라는 작은 식당이었다. 1791년 미셸 르두아얭Michel Ledoyen이 데마쥐르Desmazure에게 이 식당에 대한 찬사를 보냈고 데마쥐르가 이 식당을 개조하여 주로 국민의회 의원들을 고객으로 맞았다.

당시에 샹젤리제 거리는 도로 상태가 매우 나빴지만 이 식당은 상류층 고객이 구름떼처럼 몰려들어 큰 성공을 거두었다. 후에 이곳은 쉬르프리즈 카페Café de la Surprise로 이름이 바뀌었으며 들랑주Delanges 가문이 지금의 위치로 식당을 이전했다.

그는 고객 한 사람, 한 사람을 귀하게 대했고, 테이블클로스가 깔린 테이블에 손님을 모시고 자신이 만든 요리를 직접 접대했다. 또 고객이 주문한 요리의 특성을 친절하게 설명하기도 하고, 엄선한 포도주를 고객의 취향에 맞게 권하였다. 특히 그는 매우 뛰어난 기억력의 소유자로 한두 번 자신의 식당에서 식사를 한 고객은 20년이 지난 뒤에도 잊지 않고 기억해냈다. 이 밖에 음식을 즐기는 공간의 경영자로서 인테리어에도 각별한 정성을 쏟았으며, 주방 설비와 포도주 저장 창고 등의 건축에도 많은 노력을 기울였다.

이를 두고 이 식당의 단골 고객 중 한 명인 프랑스 법률가이자 식도락가였던 브리야 사바랭은 '기품 있는 공간, 말쑥한 종업원, 고급 포도주 창고, 탁월한 요리 등 4가지 기본 요소를 모두 결합시킨 최초의 인물' 이라 평하면서 "그는 여기서 피해야 할 음식, 저기서 즉시 주문받아야 할 음식을 지정하고……, 지하실에서 와인을 가져오도록 시켰는데 한마디로 매우 우아하고 매력있는 분위기를 지녔으며 이 모든 서비스는 그가 베푸는 대단한 친절로 여겨졌다."고 평하기도 했다.

뛰어나다고 밖에 할 수 없는 이와 같은 보빌리에의 탁월한 레스토랑 운영 방식은 당시에도 좋은 반응을 얻었으며 그에게 부와 명성을 동시에 가져다주었다. 게다가 오늘날까지 전해져 현대의 수많은 요리사에게 좋은 귀감이 되고 있다. 물론 제 아무리 레스토랑이 서비스가 좋고, 인테리어가 훌륭하다고 하더라도 맛이 없어서는 아무 소용이 없다. 그는 맛에 있어서도 가히 선구적이었다고 할 수 있다.

오늘날 프랑스 사람들이 즐겨 먹는 메뉴 중 상당수가 그에 의해 만들어졌고, 에샬로트échalotte나 파의 일종인 시불ciboule, 엔초비anchois, 송로

꼬르동 블루 파리 16구에 위치한 이 요리학교는 100년의 역사를 자랑한다.

버섯처럼 향이 강한 프랑스적인 향료를 향신료 대신 사용하기도 했다.

이렇게 승승장구한 삶을 산 보빌리에. 물론 그에게도 시련은 있었다. 보빌리에는 귀족적 성향 때문에 프랑스 대혁명 시대에 왕가와 너무 가깝게 지냈다는 이유로 영국으로 피난을 가야 했고 혁명재판소 의장이었던 노데Naudet의 모략으로 식당을 모두 몰수당하기도 했다. 그 후 법정소송을 통해 자신의 식당을 되찾았지만 상호를 회복하기까지 갖은 고초를 겪어야만 했다.

음식 담는 법

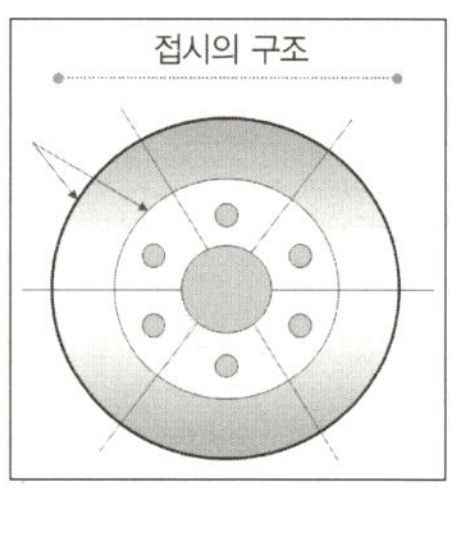

1. 자연에서 힌트를 얻어라
2. 모방은 곧 창조다
3. 계절을 활용해라
4. 지역에서 식재료를 찾아라(로컬 푸드)
5. 콘셉트를 활용하라
6. 접시 담기의 구성요소

- 접시Piate: 모양의 기본은 원형
- 균형Balance: 코스, 영양, 재료, 조리방법, 질감과 색상, 양
- 색Colors: 3색 조화 – 갈색, 골드, 그린 붉은 흰색(인공색 배제) 자연조화
- 모양Shapes: 재료의 수, 커팅의 영향
- 질감Textures: 부드러움과 단단함을 표현, 중복 배제, 크리미, 우디, 크라우디, 클리어
- 향Flavors: 중복 제한, 같은 재료 배제, 향과 맛의 구분

요리의 유래 양파 그라탱 수프 Oignon Gratin Soup

사순절 부활제 전 40일간은 가톨릭에서 고기를 먹는 것이 금지되었다. 그래서 미식가였던 규시 후작은 주방장에게 고기보다 맛있는 요리를 만들도록 명령했다. 이에 주방장은 양파를 얇게 썰어 오일에 볶고 설탕을 약간 넣어 갈색이 되게 한 다음 부용(주-고기, 채소 등을 넣고 맑게 우린 육수)을 첨가하여 끓인 후 먹었다. 그 후 제2제정(1852~1870) 당시 노동자들이 고향에서 먹던 양파 수프에 도시인의 입맛에 맞게 치즈를 넣어 그라탱 수프를 완성하였다. 요즘도 프랑스에서는 영화나 공연을 본 후 간이식당 비스트로bistro에서 이 음식을 즐긴다.

양파 그라탱 수프

요리법 양파 그라탱 수프 만들기

- **재료**(4인분)

양파 4개, 올리브오일 2큰술, 버터 3큰술, 녹말가루 1큰술, 닭육수분 1큰술, 물 1리터, 검은 통후추 1작은술, 소금 1큰술

- **만드는 방법**

1. 양파는 껍질을 벗겨서 1밀리미터 두께로 최대한 얇게 썬다.
2. 뜨겁게 달군 프라이팬에 올리브오일을 붓고 양파가 금갈색이 될 때까지 30분 이상 계속 저으며 볶은 후 버터와 소금, 후추를 넣는다.
3. 물 1리터를 붓고 녹말가루와 닭 육수분을 넣는다. 끓어오르면 불을 줄이고 20분간 더 끓인 후 오목한 접시에 담아낸다.

요리의 유래 **콩소메 수프 Consommé Soup**

프랑스 어느 주방장이 요리사에게 걸쭉한 수프를 만들도록 지시했다. 수프가 완성될 즈음 맛을 본 주방장은 맛이 없다며 큰 소리로 야단을 쳤고 요리사는 화가 나서 달걀 흰자와 고기, 채소를 한꺼번에 넣어 버리고 도망을 쳤다. 얼마 후 수프를 확인하기 위해 주방장이 돌아왔을 때에는 맑은 국물만이 끓고 있었다. 할 수 없이 국물을 걸러서 손님에게 제공하였는데 그것을 먹은 손님들은 그 맛에 반하였다. 채소와 고기의 에센스essence를 넣고 맑고 투명하게 만든 최초의 수프였던 것이다. 콩소메르consommer라는 말은 '소비하다', '완성하다'라는 의미가 있다.

요리의 유래 **콩소메 줄리앙 Consommé Julienne**

1785년 프랑스의 요리장 줄리앙이 만든 음식으로 맑은 콩소메에 야채를 넣은 수프이다. 줄리앙은 모든 유산을 가난한 사람에게 전부 남겨 줄 정도로 좋은 일을 많이 하였는데 생전에 가난한 결핵환자의 영양 향상에 노력하여 '어떻게 하면 영양 많은 음식을 그들에게 먹일 수 있을까?'

하는 생각 중에 야채를 잘게 썰어서 콩소메 수프에 넣어 환자에게 먹인 것이 지금의 콩소메 줄리앙이 되었다.

요리의 유래 크레프 쉬제트 Crêpes Suzette

옛날 영국 황태자 에드워드Edward의 요리장, 헨리 카펜터Henry Carpenter는 어느 날 크레프(주-팬케이크 같은 것)에 넣을 소스를 만들면서 실수로 리큐어liqueur를 엎질렀다. 소스에 불이 붙어 음식을 버리게 된 그는 시간도 없고 하여 하는 수 없이 혼날 것을 각오하고 그 소스를 크레프에 넣어 황태자에게 올렸다. 그런데 뜻밖에도 황태자는 이 소스의 맛을 진귀하다며 좋아했다. 황태자 에드워드는 이 진귀한 맛의 소스를 동석한 쉬제트 부인의 이름을 따서 크레프 쉬제트라고 명명하였다.

또 크레프 쉬제트에 대해서는 다른 유래도 전해진다. 파리의 코메디프랑세즈Comédie-Française에서 크레프를 먹는 단역을 열연하던 쉬제트를 위하여 팬의 한 사람이였던 요리사는 특제 크레프를 매일 그녀를 위해 만들었다. 나중에 유명한 역을 맡게 된 쉬제트는 그 요리사에 대한 답례로 그 특제 크레프에 자신의 이름을 붙여 크레프 쉬제트라고 했다고 한다.

크레프 쉬제트

요리법 크레프 쉬제트 만들기

- **재료**(50인분)

레몬(주스) 3개, 오렌지(주스) 3개

크레프 버터 버터 454그램, 레몬(제스트) 3개, 오렌지(제스트) 3개, 슈거파우더 1,050그램

오렌지 크레프 밀가루(박력분) 150그램, 달걀 6개, 설탕 100그램, 우유 500밀리리터, 오렌지(제스트) 1개, 레몬(제스트) 1개, 바닐라빈 1/2개, 정제 버터 30그램

- **만드는 방법**

1. 오렌지주스와 레몬주스를 팬에 끓이다가 크레프 버터를 넣어 녹인다.
2. 오렌지 크레프을 펴서 넣은 후 맛과 향이 배면 부채꼴 모양으로 접는다. 그리고 접시에 놓는다.
3. 소스를 뿌린 후 바닐라 아이스크림을 올린다.

크레프 버터

1. 버터를 미리 실온에 두어 물렁해지면 믹서에 돌린다.
2. 레몬과 오렌지의 제스트에 슈거파우더를 녹여 넣고 1과 잘 섞는다.

오렌지 크레프

1. 밀가루, 달걀, 오렌지 제스트, 레몬 제스트, 바닐라빈을 믹서기에 넣고 돌린다.
2. 설탕을 우유에 넣고 따뜻하게 데운 후 믹서기에 넣고 섞는다.
3. 정제된 버터를 넣고 팬에 굽는다.

요리의 유래 샌드위치 Sandwich

야채 샌드위치

빵과 야채를 한꺼번에 섞어서 먹는 형태의 음식은 이미 로마인들이 2,000년 전에 먹기 시작했으며, 유럽 쪽에서도 이와 비슷한 요리형태는 있었다. 그러나 가장 확실하게 샌드위치의 형태를 갖춘 것은 18세기 초이다.

18세기 초반에 영국 태생인 정치가 존 몬태규 샌드위치 4세John Montagu Sandwich IV(주-1718~1792, 미국 독립전쟁 때 활약한 영국 해군장관)는 카드놀이를 무척 좋아해서 가끔 식사시간을 잊기도 하였다. 1718년 11월 3일도 몇 번이나 하인이 부른 후에야 마지못해 일어섰다.

하지만 차려놓은 식사를 먹는 시간조차 아까웠던 그는 주방으로 직접 가서 호밀빵의 가운데를 자르고 팬에 그냥 올려서 굽고 야채와 베이컨 몇 조각을 그 위에 올려서 덮은 다음 바로 돌아와서 게임을 하였다. 지금과 달리 당시의 그런 식사법은 귀족층에서는 보기 힘든 일이었다.

그렇게 하여 만들어진 샌드위치를 도박장에 있던 귀족들이 따라하였고 이 식사법은 점차 퍼져나갔다. 주위에서 그 요리 이름이 무엇인지 묻자 사람들은 그냥 샌드위치 백작이 만들어 먹는 것을 보고 따라했다고 해서 백작의 이름을 붙였다.

요리에 과학적 용어를 적용한 미식가

브리야 사바랭

Jean Anthelme Brillat-Savarin, 1755~1826

《미각의 생리학》의 저자인 브리야 사바랭(1775, Bertall 작)

자료 : Philippe Sers, La Cuisine Avant, 1914. p.203.

브리야 사바랭은 1755년 4월 2일에 프랑스 동부의 벨레Belley에서 태어났다. 그의 가문은 17세기 초부터 법률계에 있었고 그의 부친 마르크 앙텔므 브리야Marc Anthelme Brillat는 벨레 대법관 재판소의 검사장이었다. 그는 집안의 가업대로 법학 공부를 했고, 1800년에는 대법원에 임용되어 법률학자가 되었다(주-그는 법관이자 정치가로 추방되어 스위스와 미국에서 피신 생활을 하기도 했다).

법률학자로서 사교계에 널리 알려진 명사였지만 정작 널리 후세까지 그의 이름을 알린 건 요리 비평가로서이다. 요리에 남다른 감각을 지닌 미식가였던 그는 1825년 요리는 단순한 기술이 아니라 과학이라는 자신의 생각을 담아 《미각의 생리학 *Physiologie du Goût*》이라는 책을 죽기 몇 달 전에 출간하였다. 총 8권으로 구성된 이 저서는 출간 이후 현대까지 계속 재판을 거듭하는 요리학 분야의 최고 베스트셀러 중 하나로 진정한 미식美食 문헌이다.

이렇게 《미각의 생리학》이 진정한 미식 문헌이 될 수 있었던 것은 이 책을 통해 화학과 요리는 같은 원리라는 자신의 생각을 담아 요리 분야에 과학 용어를 처음으로 적용시켰기 때문이다. 하지만 완성도는 그리 높지 못했다. 그럼에도 불구하고 《미각의 생리학》에 담겨 있는 미각이나 식욕, 음식물의 영양가에 대한 당시 유행했던 생리학적 분석과 요리와 관련된 일화 및 추억담은 요리사들에게 폭발적인 인기를 얻음과 동시에 요리사로 하여금 과학자를 자신들의 모델로 삼게 만드는 데 큰 역할을 했다.

물론 이런 그의 역할에도 불구하고 당시에 좋은 평가만 내려졌던 것은 아니다. 발자크Honore Balzac(주-1597~1654, 프랑스의 소설가로 방대한 양의 장편 및 단편소설로 이루어진 '인간 희극'이라는 연작을 발표, 가장 위대한 소설가 중의 한 사람으로 꼽힌다)는 그를 두고 '언어를 돋보이게 할 줄 아른 사람'이라 하며 대찬사를 아끼지 않은 반면, 보들레르Charles-Pierre Baudelaire(주-1821~1867, 프랑스의 시인)는 그다지 좋은 평을 내리지 않았다.

이러한 상반된 평에도 불구하고 그의 명성이 오늘날까지 이어질 수 있었던 건 사바랭이 자신의 저서 《미각의 생리학》을 통해 요리와 과학을 처음으로 연관시켰기 때문이다. 즉 요리는 과학이라는, 오늘날까지 세간의 입에 오르내리는 서양요리의 정의에 대한 토대를 마련했다는 의미에서 그는 오늘날까지 이어져 오는 요리 비평의 새로운 장을 연 사람임에는 틀림이 없다.

사바랭과 같은 계열의 요리 비평가로 《파리의 식탁 *Paris à table*》을 쓴 외젠 브리포Eugène Brifault, 1860년에서 1864년까지 《미식가 연감 *Almanach des Gourmands*》을 쓴 샤를 몽슬레Charles Monselet(1825~1888), 처음으로 신문에 음식 칼럼을 쓴 브리스 남작Baron Brisse, 《요리 대사전》을 집필한 페르 뒤마Alexandré Dumas(1802~1870), 《19세기 말의

● 나의 노후는 우리 자식들의 미래이다. 〈강창희 미래와 금융연구포럼 대표〉

식탁 풍경 *Vie à table à la fin du XIXe siècle*》을 쓴 샤티옹 플레시스 Chatillon Flesis, 마지막으로 퀴르농스키Curnonsky(1872~1956) 등이 있다.

1826년 2월 2일, 사바랭은 책의 성공을 오래 누리지 못하고 폐렴으로 사망하였고 위인들이 묻힌 파리 시내의 묘지 페르 라 쉐즈에 묻혔다.

요리의 유래 샤토브리앙 Chateaubriand

샤토브리앙은 소 1마리 중에서 2%밖에 구할 수 없는 최고급 부위로 안심 중에서 가장 부드러운 부분. 19세기 프랑스의 샤토브리앙 자작이 즐겨 먹었다고 해서 붙여진 이름으로 그의 요리사 몽미레유가 주인을 위해 준비한 특별한 스테이크에서 유

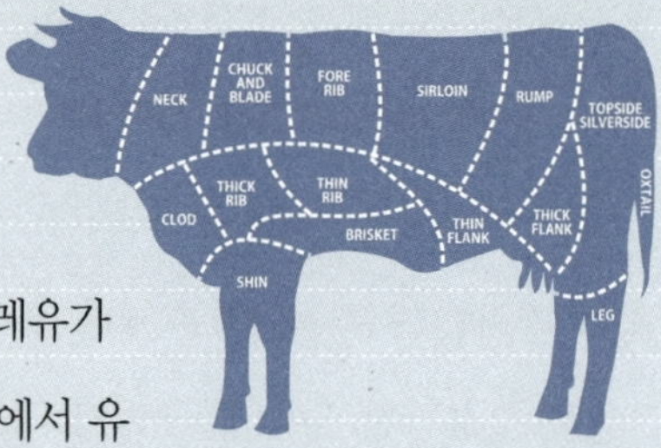

샤토브리앙 자작(1768~1848)

샤토브리앙 스테이크

래되었다. 샤토브리앙으로 스테이크를 만들 때는 3~5센티미터 두께로 둥글게 잘라내 숯불에 그릴을 한다.

요리의 유래 티본 스테이크 T-bone Steak

이 스테이크는 소의 안심과 등심 사이 T자형의 뼈 부분에 있는 스테이크라서 티본이라고 부른다. 350그램 정도의 크기로 요리되어 안심과 등심을 한꺼번에 맛볼 수 있는 별미요리이다.

요리의 유래 서로인 스테이크 Sirloin Steak

영국 국왕 찰스 2세(1660~1685)는 어느날 자신이 즐겨 먹던 비프스테이크를 두고 시종에게 "내가 항상 먹는 것이 고기의 어느 부분이냐?"고 물었다. 시종은 로인(주-소의 허리 등심 부위) 부분이라고 대답하였다. 그러자 국왕은 "그렇다면 그 로인이라는 고기가 매일 식사 때마다 나를 즐겁게 하므로 내가 그 공적에 보답하는 의미로 나이트knight 작위를 수여하노라." 하였다. 그 후부터 이 스테이크의 이름은 서로인sirloin이 되었다.

요리의 유래 마요네즈 소스 Mayonnaise Sauce

프랑스의 리슐리외Richelieu(1766~1822) 후작의 요리장이 마혼Mahon섬 점령 축하연 때 달걀, 식초, 식용유를 섞어서 만든 소스이다. 원래 마혼네즈Mahonnais(주-스페인 발레아레스 주이며 지방인 발레아레스 제도의 메노르카 섬의 주요 도시)라고 불렀으나 세월이 지나면서 발음하기 쉽게 마요네즈로 바뀌었다.

한국 호텔의 등급

우리나라에서 최초로 호텔 등급제가 생긴 것은 1971년도이다. 초기에는 교통부 관리 아래 특1급, 특2급, 1급, 2급 3급으로 총 5등급의 무궁화로 표기하였다. 우리나라가 점차 고도로 성장함에 따라 호텔 등급제에도 새바람이 불기 시작하였고, 관리기관은 한국관광공사로 바뀌었다. 한국에 방문하는 외국인 관광객들을 위해 등급제 마크는 2016년 무궁화에서 국제적으로 많이 통용되는 별로 변경되었다.

기존		개정안	
특1등급	➔	★★★★★	5성급
특2등급	➔	★★★★	4성급
1등급	➔	★★★	3성급
2등급	➔	★★	2성급
3등급	➔	★	1성급

호텔 별 등급 매기는 기준

등급	기준
1성급	객실, 욕실, 조식 가능
2성급	1성급 기준 + 식음료 부대시설
3성급	2성급 기준 + 1개 이상의 레스토랑, 로비, 라운지, 휴식공간
4성급	3성급 기준 + 고급 시설, 비즈니스 센터, 2개 이상의 레스토랑, 연회장, 국제회의장, 12시간 이상 룸서비스, 휘트니스센터
5성급	4성급 기준 + 3개 이상의 레스토랑, 대형 연회장과 국제회의장, 24시간 룸서비스

요리의 유래 우리나라의 서양요리

우리나라에서 서양요리의 역사는 그리 짧지는 않다. 먼저, 일본인들이 1888년 인천에 우리나라 최초로 외국인을 대상으로 한 대불大拂호텔을 건립하였다. 하지만 기록상 1890년 처음으로 궁중에 커피가 소개되었고, "러시아 공관에 있던 독일인 손탁Sontag, 孫澤이라는 여인이 고종황제께 서양요리를 진상하여 극진히 시중을 드니, 그후 고종황제께서 그녀에게 호텔을 지어 주었다"라는 기록이 남아 있다. 이것이 1902년 10월에 지금의 이화여고 정문 앞 손탁Sontag호텔이다. 최초의 서양요리 식당인 셈이다. 그리고 1909년에는 이화여고 정문 앞에 하남何南호텔이 건립되었다.

1883년(고종 20년)에 주미駐美 전권공사全權公使로 미국에 간 민영익閔泳翊과 그 수행원 유길준兪吉濬 등이 서양요리를 맛본 최초의 인물이었고, 1895년에 러시아 공사 베베르의 부인이 서양요리를 손수 만들어 러시아 공사관에 파천 중이던 고종에게 바쳤다는 기록이 있다.

궁중에 서양요리의 바람이 일어난 것은 손탁의 영향 때문이었고, 1897년 이후에 그녀가 손탁호텔을 경영하면서부터는 상류사회까지 서양요리가 보급되어 주미 대리공사를 지낸 이하영李夏榮은 집에 서양요리 숙수를 고용할 정도였다.

우리나라에 근대 서양식 조리가 유입된 경로는 대부분 외국인의 손에 의해서 이루어졌기 때문에 한국인 주방장의 자료는 남아 있는 것이 거의 없다.

1914년 3월에 비로소 본격적인 서구식 호텔인 조선호텔이 생기면서 방켓banquet이라는 연회의 경험도 쌓게 되었고, 철도 식당인 서울역 내의 그릴grill이 1925년에 탄생하여 오늘날까지 서양요리의 조리기술을 향상시키는 데 크게 기여하였다.

1936년에 대중용 상용 호텔 양식을 지닌 목정木町호텔이 개관된 후 우리나라에 대형 호텔이 속속 건립되면서 구미의 유수한 호텔 체인의 기술을 습득하여 우리의 서양식 조리는 날로 발전을 거듭하였다. 그리하여 1988년 서울올림픽의 급식사업을 외국의 협조 없이 독자적으로 수행하게 될 정도로 우리의 조리기술은 괄목할 만한 수준으로 성장하였다. 1930년에는 국내 최초로 서양요리책이 발간되었고(경성서양부인회 편), 일제 강점기에는 각급 학교 가사시간에 서양요리를 가르쳤다. 8 · 15 광복 이후 서양요리는 오늘날까지 우리 식생활에서 큰 비중을 차지하게 되었다.

일제 때에 서양식당이 운영되기도 하였으나, 극히 제한적이었다. 그러

나 6 · 25를 겪으면서, 유엔군의 주둔으로 미국식의 서양요리가 일반에게까지 보급되기에 이르렀다. 그 이후로 경제발전과 국제개방화의 영향, 그리고 '86 아시안게임, '88 올림픽을 치르면서 서양식 요리와 식생활은 대중화되기에 이른다.

최근에는 국가대표팀과 다수의 호텔대표팀, 그리고 개인 자격으로 세계 유수의 요리대회에 조리작품을 출품하여 입상을 한다. 또한 국제요리전시회가 서울에서 개최되고 있다. 이제는 단순한 모방의 단계를 뛰어넘어 우리의 창조적 서양요리 개발과 보급이 이루어지고 있다.

왕들의 요리사, 요리사의 왕

앙투안 카렘

Antoine Carême, Dit Antonin 1783~1833

역대 프랑스 최고의 요리장 카렘

자료 : THURIES, No.113. 1999.10월호. p.12.

오늘날 요리사라면 반드시 알아야 된다고 여겨지는 요리계의 최고 거장이 있다. 그가 바로 카렘Carême이다. 카렘은 과연 과거에서부터 현대까지 한 명 나올까 말까 하는 요리계의 천재 거장이다. 이렇게 그의 평판이 하늘을 찌를 듯 높은 이유를 열거하자면 하루종일 걸릴 수 있는 그의 업적 때문이다. 몇 가지로 정리하자면 우선 그는 노력을 아끼지 않는 천재 요리사였다. 프랑스, 영국, 러시아, 독일을 넘나들며 수백 가지의 수프를 개발하고, 정교하고 고급스러운 프랑스 요리의 새로운 전통을 세웠다. 또 요리책 분야에도 영원히 남을 공헌을 세웠는데 《19세기 프랑스 요리법》은 여러 가지 새로운 요리와 양식들을 분리하여 정리했고 최초로 소스 계보를 만든 프랑스 요리에 관한 완벽한 입문서로 평가받는 수작이다. 또 《수석 요리사》라는 책을 통해서 프랑스식 서비스와 러시아식 서비스에 필요한 부분들을 조화시켜 그릇이나 접시의 연출을 강조하기도 했다.

하지만 그가 위대할 수밖에 없는 가장 큰 이유는 이 모든 영광을 자신의 노력으로 이루어냈다는 것이다. 많은 요리사들의 대부분은 요리사 가문에서 배출되는 데 반해 그는 10살에 길거리에 버려진 최악의 어린 시절을 보냈고 스스로의 노력으로 최고의 명장의 자리에 올랐기 때문이다.

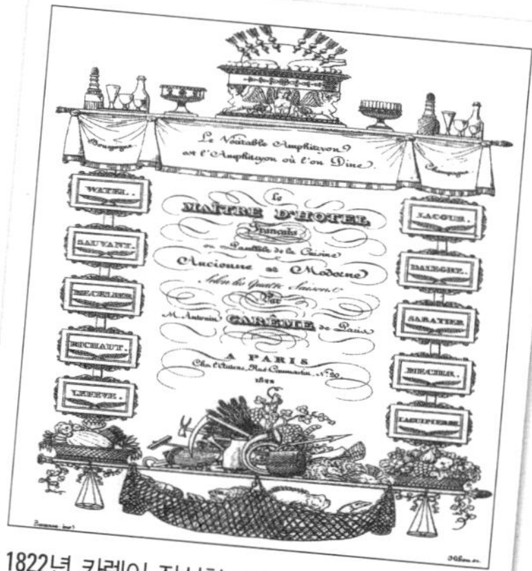

1822년 카렘이 작성한 메뉴

자료 : Grande et Petite Histoire des Cuisiniers. 1989.

그는 1783년 6월 8일 파리에서 가난한 석공의 15번째 막내아들로 공사장 건물에서 태어났다. 카렘의 부친은 그에게 파리 근교의 작은 요리점에서 마지막 저녁식사를 사주고 어린 그를 길거리에 버렸다. "비참한 것이 우리의 운명이다. 가거라, 아가야. 어느 훌륭한 집에서 너에게 문을 열어 줄지도 모른다." 이렇게 부모에게 버림 받은 카렘에게 문을 열어준 건 작은 음식점이었다. 유명 요리사인 프로스페르 몽타뉴에 의하면 이를 두고 '운명은 그를 어느 싸구려 음식점으로 인도했다.' 고 표현하기도 했다. 그 후 그는 작은 음식점을 전전하다가 멘Maine(주-프랑스 서부 마옌사르트 주를 둘러싼 역사적 지역)이라는 성문 근처에서 한 요리사로부터 요리의 기초를 배웠고 16세에 파리 비엔Vienne에 있는 바이Bailly(주-당시 외무장관 탈레랑이 자주 드나든 제과점이자 주인의 이름)의 가게에 수련생으로 들어갔다. 그리고 그 집 제과업자였던 바이에게 수년간 요리를 배웠다.

카렘은 재능과 의지를 인정받아 빠른 속도로 승진하여 18살이라는 어린 나이에 그 어렵다는 1급 파이기술자pie tourtier가 되었고, 계속해서 요리

공부를 할 수 있도록 각종 편의를 제공받았다.

클라식 스타일의 피에스 몽테 케이크

자료 : www.chestofbooks.com

그는 이 시기에 제과점의 힘든 환경을 뒤로 하고 이따금 국립도서관을 찾아 혼자 책을 읽고 공부를 하면서 고대 요리와 외국 요리를 조사했다. 특히 고전 건축에 관심이 많았던 그는 '요리와 건축은 매우 비슷한 예술'이라고 생각하며 많은 시간을 들여 전 세계 기념물들의 세부 모습을 그대로 옮겨 그려가며 탐구했다. 이러한 그의 노력에 대한 결실이 그 유명한 피에스 몽테Pièce Montée라 불리는 웨딩 케이크 장식용 과자이다. 설탕, 누가, 편도과자, 머랭 등으로 세계 기념물 모형을 만든 이 장식용 과자는 나폴레옹 1세를 비롯해 세간에 폭발적인 인기를 얻었고 당시 연회의 인기 품목으로 빠져서는 안 되는 필수품이 되기도 했다.

오랫동안 고위관직에 있었던 탈레랑 페리고르

이렇게 어려운 환경에서도 최선을 다해 열심히 일하여 최고의 실력을 쌓아간 카렘. 신이 그의 눈물 겨운 노력에 보답한 것일까? 단순히 어느 제과점의 일 잘하는 제과업자로서 평생을 살게 될지도 모를 그에게 일생일대 최고의 기회가 찾아온다. 그것은 다름 아닌 나폴레옹 집정 당시 대시종장과 외무장관을 맡았던 탈레랑(주–샤를 모리스 드 탈

나폴레옹 보나파르트 Napoléon Bonaparte, 1769~1821

황제 나폴레옹 1세

프랑스 혁명기의 군인이자 정치가로, 훗날 프랑스 제1제정의 황제 나폴레옹 1세(재위 1804~1815)로 즉위한다. 또한 라인동맹의 보호자 겸 이탈리아의 왕이기도 하였다. 혁명 시기에 여러 전투와 원정으로 명성을 떨쳐 당시 유력한 정치군인으로 부상하였다. 그는 혼란스러웠던 프랑스 혁명 후의 프랑스에서 쿠데타로 정권을 잡고 안정시킨 후 국민투표를 통해 군주제로 전환하였다. 그러나 '나폴레옹 전쟁'이라고도 불리는 전 유럽을 상대로 한 전쟁을 벌이다가 패한 뒤 유폐되어 비극적인 최후를 맞이하였다.

나폴레옹의 가장 큰 업적은 유럽 대륙 전체에 프랑스 혁명의 정신을 전파한 것이다. 또한 나폴레옹 법전은 세계 각국의 법 체계에 큰 영향을 미쳤으며 1798년의 이집트 원정 중에 발견한 로제타석(주-로제타 마을에서 진지 구축 중 발견하게 된 흑색 현무암 비석 조각)은 근대 이집트학이 탄생하는 계기가 되었다. 그가 건설을 명령한 개선문은 에펠탑과 더불어 파리의 가장 유명한 상징물로 남아 있다. 그 때문에 일반 사람들은 그를 프랑스를 대표하는 영웅이자 세계 역사상 가장 많은 영향을 끼친 인물 중 하나로 보고 있으나 정작 프랑스 사람들은 그를 군사 독재자라면서 비판적으로 보기도 한다.

나폴레옹의 전속 요리장으로는 카렘 이외에 장 뒤낭Jean Dunand과 르파주Lepage가 있다. 그들은 나폴레옹의 유배지인 생 엘렌Saint Helene(주-영국의 영토로 앙골라 서쪽 해안으로부터 2,800킬로미터 떨어진 곳에 위치함) 섬까지 동행하여 그에게 훌륭한 식사를 제공하였다.

레랑 페리고르Charles-Maurice de Talleyrand-Perigord, 1754~1838, 프랑스 대혁명과 나폴레옹 시대를 거쳐 루이 필립 통치까지 고위관직을 지낸 정치가)과의 만남.

미식가로 널리 알려진 탈레랑은 힘든 집무에서 벗어나기 위해 미식을 즐기는 나폴레옹의 요리를 준비하는 임무를 맡고 있었다. 당시 국가 최고의 권력자의 음식을 준비한다는 건 높은 신뢰를 얻고 있는 자가 아니면 감히 수행할 수 없는 임무로, 탈레랑은 그만큼 나폴레옹의 신임을 전적으로 얻고 있었으며 동시에 부와 명예의 상징이 되기도 했다. 그런 탈레랑의 눈에 성실함과 재능을 두루 갖춘 카렘이 들어온 것이다. 그는 카렘에게 자신의 밑에서 일할 것을 제안했고, 이에 카렘은 그의 요리장이 되어 근 20년간 최고의 전성기를 맞이하게 된다. 튈르리Tullerie 궁정(주–카트린 드 메디시스가 건축가 들로름을 시켜 1560년대에 세운 루브르 궁전 서쪽의 왕궁) 외무부에서 주최하는 대형 만찬, 시청 · 엘리제궁 등에서 열리는 나폴레옹 치하의 주요 행사에 참가하여 나폴레옹 1세와 귀족, 정부 요인, 외교사절 등 사회 유력 인사에게 요리를 접대했고 1807년에는 나폴레옹의 동생 제롬 보나파르트Jérome Bonarparte의 결혼 피로연에 요리장으로 참석하였다. 또 1810년에는 나폴레옹과 마리 루이 도트리슈Marie-Louise d'Autriche의 결혼 피로연에서 요리를 주관하기도 했다.

그는 이로서 요리장으로서 큰 명성을 얻었고 프랑스에서 가장 뛰어난 요리장들과 함께 일을 하였다. 특히 카렘은 지나친 기교와 요리를 무겁게 만드는 과도한 향신료의 사용을 절제하는 우아함과 엄격함을 내세우는 고전적 스타일의 요리장이었다. 그는 텔레랑과 일을 하면서 의전儀典의 상세한 절차들을 익혀 가면서 요리가 단지 요리하는 것만으로 끝나는 것이 아닌 종합적인 의식儀式이라는 것을 깨달았다.

탈레랑은 보수적인 식사예절로 까다로웠다. 그는 자신이 만든 요리를 대접할 때 지위를 엄격히 따졌다. "폐하, 제게 쇠고기를 대접할수 있는 영광을 주시겠습니까?", "전하, 괜찮으시다면 쇠고기를 한 번 즐겨보시겠습니까?", "각하, 쇠고기를 드시겠습니까?", "쇠고기를 들어보시지요."

이 말은 음식은 시간과 분위기에 따라 그에 맞는 메시지를 전달해야 한다는 것이다. 즉, 가까운 사람들과의 친밀한 저녁 식사에는 강렬한 감정과 비밀스러운 기쁨을 주어야 하며, 공식적인 연회에는 초청한 사람의 위력을 보여줄 필요가 있고, 대형 무도회에서는 웅장함과 환상적 면모를 연출해야 한다는 것이다. 이에 따라 카렘은 식기와 테이블보를 놓는 법까지 구체화시켰을 뿐 아니라 엄격히 시행되었던 예법들을 모두 터득하였다.

젊은 시절의 카렘

그리고 1803년 말 혹은 1804년 초에는 특별 디저트 제작으로 번 돈을 이용하여 새로이 재개발된 파리의 라페 거리Rue de la Paix에 제과점을 열었다. 어쩌면 탈레랑이 금전이나 임대 문제와 관련해서 도움을 주었는지도 모른다. 반세기가 넘게 지속된 이 제과점은 1863년 《조안Johannes의 가이드》(주-당시의 유명한 식도락 잡지)에 언급되기도 했다.

이후 카렘은 나폴레옹이 러시아 원정에서 패한 후 러시아 황제 알렉산드르 1세Alexandré I(1777~1825)가 엘리제궁에 입성하게 된 시기에 탈레랑과 같이 이 차르Tzar(주-러시아의 통치자를 일컫는 칭호)를 위해서 요리를 만들었다. 그러나 나폴레옹이 백일천하를 보낸 후 러시아 차르가 다시 엘리제궁에 왔을 때 카렘은 자신이 섬겼던 옛 황제를 그리워한 나머지 일종의 파업을 시도했고, 이를 괘씸하게 여긴 차르는 카렘을 징발하여 승리를 기념하는 연합군 연회에서 강제로 요리를 시켰다. 이후 그는 타의에 의해 차르를 따라 러시아의 수도 상트페테르부르크St. Peterbourg에 가서 일하기도 했다.

알렉산드르 1세는 탈레랑에게 "카렘은 우리가 알지 못하고 먹던 것이 무엇인가를 알게 만들었다."고 술회하였으며 그를 가리켜 '왕들의 요리사요, 요리사 중의 왕'이라고 칭송하였다.

또 카렘은 자신의 정치적 성향을 따라 영국으로 가서 영국 황태자Prince des Galles를 섬기기도 했다. 특히 그는 이 시기에 독특한 경험을 하게 된다. 황태자의 건강을 회복시키기 위해 그는 음식이 건강에 미치는 효과들에 대해 관찰할 기회를 얻은 것이다. 그리고 그는 이곳에서 음식을 약과 치료의 한 방편으로 이용했다. 프랑스 귀국 후 조지 6세George VI라는 이름으로 왕이 된 옛 주군이 그를 궁정의 요리사로 불렀으나 그 제의를 사양했

가장 유명한 유럽의 은행가 로칠드 가문 Rothschild Family

이 가문은 약 200년 동안 유럽 경제에 커다란 영향을 끼치면서 정치사에도 간접적으로나마 큰 영향을 주었다. 이 가문을 세운 사람들은 마이어 앙셀 로칠드(1744~1812)와 5명의 아들인 앙셀 마이어(1773~1855), 살로몬 마이어(1774~1855), 나단 마이어(1777~1836), 칼만 마이어(1788~1855) 그리고 제임스(1792~1868)이다. 이들은 프랑크푸르트의 한 은행으로부터 출발하여 1820년대에는 런던, 파리, 빈, 나폴리에 지점을 둔 국제은행가로 성장하였다.

다. 그 후에도 카렘은 생 페테르부르그, 빈, 파리를 오가면서 일했다.

1821년 카렘이 오스트리아 빈의 대사관저에서 요리를 할 때 지금의 '요리사 모자'가 탄생되었다. 카렘은 챙이 있고 둥근 형태의 높은 모자를 쓰고 있었는데 지금까지 주방에서 쓰던 나이트캡과는 다른 모습이었다. 주인이 이유를 묻자 요리사가 병상에 누워 있는 환자차림을 해서는 안 된다고 대답했다. 이때부터 빳빳하게 세운 흰 모자를 고집한 카렘의 방식은 먼저 빈의 요리사들에게 전파되었고, 이후 파리로 그 다음에는 모든 지역에서 퍼져 나갔다. 아울러 카렘은 요리사 제복도 개조하였다.

그리고 1823년, 카렘은 당시 유명한 은행가 제임스 드 로칠드James de Rothschild의 가문에 들어갔다. 이 부유한 은행가의 식탁은 그 당시의 영향력을 행사하던 모든 인물들의 만남의 중요한 장소였다. 여기서 카렘은 쇼팽Chopin, 로시니Rossini, 앵그르Ingres, 라미Lamy, 들라크루아Delacroix 등의 예술가들을 만났다. 그는 말년을 로칠드 남작의 집에서 보냈다. 1830년 건강이 나빠진 그는 요리책의 집필에 전념하기 위해 요리 현장에서 은퇴했는데, 장결핵에 걸려 1833년 1월 12일에 사망했고 파리 시에서는 1894년 6월 21일에 그를 기념하기 위해 앙투안 카렘 거리를 만들었으나 1970년에 사라졌다.

카렘의 친필

자료 : Robert Laffont, Grande et petite Histoire des Cuisiniers, 1989.

카렘은 단순한 요리사가 아니었다. 모든 것을 책임지는 최고의 호텔장Maître d'hôtel이었고, 말 그대로 식사를 연출하는 식공간 연출가였다. 또 요리 이론가이기도 했으며, 역사에 대한 일가견도 가지고 있었다.

카렘은 직접 만난 유명 인사들에게는 별 관심을 두지 않았지만 요리장들에게는 찬사와 감사를 보냈다. 실제로 저서 《프랑스 요리 예술 *L'Art de la Cuisine Française*》의 서두를 자신의 스승이었던 라 귀피에르La Guipière에 대한 시詩로 시작하기도 했다. 카렘은 당시 보수파에서 가장 유명했던 라 귀피에르와 함께 일했는데 그는 나폴레옹이 모스크바에서 비참하게 퇴각할 당시 추위로 목숨을 잃었다. 카렘은 이 찬사를 통해 자신의 온갖 노력과 재능에 대해 변호하기도 했다. 또 그는 정상의 위치에서 받을 수밖에 없는 시기와 모략에 대해 자기가 이룬 성공의 열쇠는 온전히 자신의 노력뿐이었다는 것을 강하게 피력하였다.

카렘에 대한 미식전문가들의 평가는 한결같다. 카렘은 나폴레옹처럼 음식 분야의 민법Code civil을 만드는 동시에 현대 서양요리의 기초를 세웠다(주—그가 만든 새로운 요리에서 현대 서양요리가 나왔다).

그는 근대 요리의 출발 시기를 프랑스 대혁명으로 생각했고, 그 기준을 향신료의 사용으로 들었다. 그는 향신료의 사용을 반대해 왔는데 이는 카트린 드 메디시스가 프랑스 궁정에 올 때 강한 향료를 사용하는 이탈리아 음식을 들여오면서 향신료를 쓰기 시작했고, 강한 향료는 이탈리아와 같은 더운 기후에서는 적합하지만 프랑스 기후에서는 그렇지 않다는 것이다. 하지만 여러 가지 사실로 볼 때 이러한 카렘의 주장은 개인적 취향을 반영한 것으로 보인다. 왜냐하면 중세와 비교해 볼 때 당시는 더 많은 향신료를 사용하고 있었으며, 이미 16세기 때부터 향신료를 적게 사용한다는 측면에서 프랑스 요리는 주변 국가들의 요리와 구별되고 있었다.

카렘은 여러 권의 요리책을 저술했다. 1815년 《파리의 왕실 파티시에》

를 시작으로 1833년에 《19세기 요리 예술 *L'Art de la Cuisine au 19ème Siècle*》을 마지막으로 저술하였다. 《19세기 요리 예술》은 총 5권으로 되어 있으며 마지막 2권은 그의 제자인 플뤼메레Plumerey가 대필하였다. 그의 저서는 위엄 있고 장중한 문체로 집필되어 이를 애독한 황제, 왕, 공주 및 요리장들을 화려한 식탁으로 안내하고 있다.

요리의 유래 뵈프 스트로가노프 Boeuf Stroganoff

이 요리는 쇠고기를 얇게 썰어서 양파와 피망, 양송이를 볶은 후 스파이스로 향을 가미한 음식으로 러시아가 원조이다. 나폴레옹 황제가 통치를 하던 19세기 후반, 알렉산더 3세의 신하이자 유명한 미식가로 알려진 폴 스트로가노프 백작의 파티에서 첫 선을 보였다. 예상보다 손님이 많이 와서 요리 재료가 부족하게 되자 남은 쇠고기와 야채를 이용하기로 하고 고기를 잘게 썰어서 숫자를 늘리고 옆에 있던 양파와 양송이를 넣어 볶은 후 스파이스로 맛을 낸 사우어 크림에 버무려 손님들에게 냈다. 의외로 파티 손님들은 그 맛에 경탄하며 무슨 음식이냐고 물었고, 백작은 자신의 이름을 따서 즉석에서 '뵈프 스트로가노프' 라고 불렀다. 오늘날 이 요리는 세계인이 즐기는 요리로서 각 국의 메뉴에 등장하고 있다.

요리법 뵈프 스트로가노프 만들기

- **재료**(4인분)

쇠고리 안심 200그램, 양송이버섯 8개, 파프리카가루 2작은술, 생크림 2작은술, 화이트 와인 3큰술, 레몬즙 2작은술, 우스터 소스 1작은술, 다진 마늘 약간, 다진 양파 약간, 허브 소금 약간, 후추 약간

우스터 소스 다진 마늘 1큰술, 다진 양파 1/2개, 저민 양송이 8개, 생크림 1/2컵, 브라운 그레비 믹스 1봉지, 물 1컵

* 브라운 그레비 믹스-시중에 파는 갈색 육즙 소스

- **만드는 방법**

스트로가노프 백작이 개발한 뵈프 스트로가노프

1. 직사각형으로 썬 쇠고기를 소금과 후추로 간하고, 밀가루와 파프리카를 1 : 1로 섞어 버무린다.
2. 기름을 두른 팬에 다진 마늘과 다진 양파를 넣고 볶다가 1의 고기를 넣고 화이트 와인을 뿌려 향을 낸다.
3. 소스는 우선 냄비에 레몬즙을 짜놓고 물 한 컵에 브라운 그레비 믹스 한 봉지를 넣고 고르게 섞는다. 다진 마늘과 양파, 저민 양송이버섯을 넣고 볶다가 생크림을 넣고 조린다.
4. 소스에 1, 2를 넣고 약간의 파프리카로 색을 조정한 후 소금과 후추로 간을 맞춘다. 레몬즙을 넣고 우스터 소스를 넣는다.

요리의 유래 마렝고 Marengo

이탈리아의 피에몬트Piémont에 있었던 마렝고의 전투(주-1800년 6월, 제2차 동맹전쟁 때 나폴레옹이 프랑스에 대항한 유럽 국가들에게 가까스로 이긴 전투)에서 나폴레옹군의 보급차량은 전선부대까지 도착하지 못했다. 나폴레옹은 배가 고파서 먹을 것을 구해 오라고 부대사병들을 내보냈고 그들은 암탉 1마리, 달걀 3개, 토마토 4개, 가재 6마리를 구해왔다. 전속요리사 장 뒤낭은 마늘과 기름을 약간 섞어 요리한 다음, 빵과 브랜디

한 잔을 곁들여 나폴레옹에게 바쳤다. 나폴레옹은 크게 만족하며 전투가 끝난 다음에도 항상 그것을 병사들에게 먹이도록 명령하였으며 지금까지도 당시의 이 요리 방법 그대로 전 세계에서 요리되고 있다. 이것이 바로 마렝고이다.

마렝고 전투

자료 : Restaurant de la tour d'argent, Melia france, 1985, p.55.

요리법 치킨 마랭고 Chicken Marengo 만들기

• **재료**

오일 1큰술, 닭가슴살 60그램, 정사각형 모양의 양파 30그램, 얇게 저민 마늘 2개, 치킨 스톡 1컵, 화이트와인 3/4컵, 토마토 페스트 1/4컵, 작은 양송이 40그램, 파스타나 쌀 2컵, 밀가루 약간, 오렌지 제스트(껍질), 타임, 타라곤 소량씩

밥이나 면에 같이 곁들이는 마랭고

• **만드는 방법**

1. 넓은 소스 팬에 오일을 넣고 달군 후 닭고기, 양파, 마늘을 넣고 5분 정도 익히며 닭고기가 갈색이 될 때까지 기다린다. 밀가루를 조금 집어넣고 5분간 더 볶는다.
2. 와인으로 플랑베하고 토마토 페스트를 넣고 양송이 오렌지 제스트를 넣고 소테하다가 치킨 스톡을 붓는다.
3. 타임과 타라곤을 넣고 걸쭉하게 농도를 맞춘 후 밥이나 파스타와 함께 낸다.

요리의 유래 소스 Sauce

소스는 라틴어의 sal에서 유래되었으며 소금을 의미한다. 중세 요리에도 소금, 후추, 설탕이 이용되었으며 17세기경에 미식가들은 하나의 요리에 하나의 소스를 사용하도록 하였다. 예나 지금이나 훌륭한 요리사는 그가 만든 소스에 의해 요리의 질이 정해졌다. 위대한 요리장인 카렘은 "요리에서의 소스는 언어에서의 문법이고 음악에서의 멜로디와 같다." 고 말하며 소스의 중요성을 강조하였다. 18~19세기의 영국은 버터, 크림, 달걀을 많이 사용했으며 소스의 감칠맛을 위해 생선 · 송아지 · 닭의 육수를 사용하였다. 20세기 에스코피에는 요리의 과학화를 주장하면서 겉만 화려하고 맛이 없던 요리의 환상적인 장식과 걸쭉한 소스를 피하고 조금 더 간단한 표현을 창출해야 한다고 주장하였다.

소스를 위한 각종 도구

원래 소스는 냉장 기술이 발전하지 못했을 때 음식이 약간 변질된 것을 감추기 위해 요리사들이 만들어 낸 것이라 한다. 하지만 고기의 질과 냉장기술이 발달된 오늘날에도 소스는 요리의 풍미를 더해주고 맛과 외형 그리고 수분을 돋우기 위해 그 중요성이 강조되고 있다. 소스를 사용할 때 향신료가 음식의 맛을 압도하면 안 되고 소스의 농도가 너무 묽으면 원래 요리의 맛을 떨어뜨릴 수 있다.

소스 농도의 기본은 크림 정도가 좋고 색은 반짝반짝해야 하며 덩어리 없이 주르르 흘러야 한다. 소스의 구성은 육수와 농후제liaison(주-소스의 농도를 내주는 것)로 되어 있으며 다른 재료의 첨가에 따라 변형된 소스로 만들어진다. 그러므로 와인, 육수, 부재료 등 모든 구성요소들이 조화 있게 결합하여 그 소스의 맛을 낼 수 있다.

마지막으로 소스를 맛있게 만들려면 좋은 재료로 만든 육수가 관건이 된다. 이 육수로 만든 기초(모체) 소스에 따라 파생 소스의 맛이 좌우되며 결국 요리의 맛이 결정된다.

소스는 종류가 많기는 하지만 기초 소스 14가지 정도만 완벽하게 이해하면 나머지 파생 소스는 쉽게 응용할 수 있다. 소스를 응용하려면 처음 요리를 배울 때 기본을 철저히 익혀야 할 뿐더러 많은 경험과 기초 요리의 원리 및 기본 요리법을 잘 익혀야 한다. 좋은 소스를 만든다는 것은 하나의 기술이며 경험과 이론을 바탕으로 요리를 만드는 데 임해야 한다.

소스는 일반적으로 색에 의한 분류, 용도에 의한 분류, 기초 소스에 의한 분류, 주 재료 사용에 의한 분류로 구분할 수 있다. 국제적으로 가장 많이 사용하는 색에 의한 분류는 다음과 같다.

모체 소스의 종류

분류	내 용
갈색 데미글라스	갈색 육수를 주재료로 만든 소스인데 데미글라스, 에스파뇰, 브라운소스, 폰드보 등을 모체로 사용함
블론드색 벨루테	흰 육수를 이용한 소스로 닭, 생선 등에 많이 이용됨
흰색 베샤멜	흰색 루에 우유를 주재료로 한 흰색 소스로 생선, 채소에 많이 사용됨
적색 토마토	토마토를 주재료로 이탈리아 요리에 많이 이용되고 돼지고기에도 많이 사용됨
노란색 홀란데이즈	노른자와 기름을 주재료로 한 소스로 생선, 채소 등에 많이 이용됨

또한 주 재료로는 갈색 육수 소스, 흰색 육수 소스, 토마토 소스, 유지 소스 등으로 분류할 수 있다.

요리를 만들 때 포도주를 넣는 습관은 고대로 거슬러 올라간다. 포도주는 요리의 가장 좋은 동반자로, 질이 떨어지는 포도주로 소스를 만들어 사용하면 음식의 재료가 신선하더라도 최상의 요리가 나올 수 없다. 하지만 그것을 빌미로 값비싼 와인을 요리에 사용한다는 것도 문제가 있다. 소스를 만들 때 포도주의 선택은 그 지역에서 생산되는 포도주를 이용하는 것을 원칙으로 하고, 포도주를 마실 때는 소스에 들어간 포도주와 비슷한 종류의 포도주를 선택해서 마시는 것이 이상적이다. 포도주를 주 재료로 한 소스는 많다.

와인과 음식의 조화

요리에 주로 사용되는 와인

- 단맛이 있고 소스가 많이 사용되는 육류 요리에는 타닌 성분이 많고 풍미가 있는 와인
- 양념을 많이 사용했으나 소스가 진하지 않고 마늘이 첨가된 요리는 풍미가 있는 와인, 스파이시한 와인
- 양념이 거의 없고 부드러운 고급 육질의 요리는 숙성이 잘 되어 거친 맛이 없고 부드러우며 섬세한 와인
- 흰색 육류에 양념을 많이 한 경우는 타닌 성분이 약한 레드 와인, 양념을 적게 한 경우는 가볍고 섬세한 화이트 와인
- 고급 생선구이는 저감미 로제 와인이나 산미와 떫은맛이 적당히 있는 고급 성분의 화이트 와인

소스에 많이 사용되는 와인

- **부르기뇽 와인** 뵈프 부르기뇽에 사용되는 소스에 넣는다.
- **마데이라 와인** 포르투갈의 마데이라 섬에서 만들어지는 이 포도주는 포도를 재배하기 위해서 산림에 화재를 냈는데 모두 7년에 걸쳐 탔다고 한다. 마데이라 소스는 가장 많이 사용되고 있는 갈색 소스이며 모체 소스에 가까울 정도이다.
- **노일리 와인** 프랑스 리옹에서 루이 노일리라는 사람이 1813년 창업한 이 와인은 향이 좋고 드라이하여 요리에 자주 사용된다.
- **포트Port 와인** 포르투갈 북부에서 생산되는 와인이며 세계에서 가장 유명한, 디저트에 알맞은 단맛의 포도주이다.

- 리큐르Liqueur 디저트 소스를 만들 때 사용되는 증류수이며 종류가 다양하다.
- 셰리Sherry 와인 셰리는 가장 유명한 스페인 포도주이다. 뚜껑을 개봉하면 맛이 금방 달아나며 식욕촉진제로 마시고 요리 중에는 수프에 많이 사용한다.

프랑스 요리와 어울리는 와인

- 새우튀김 요리 부르고뉴의 샤르도네 마콩 빌라주Chardonnay-macon-village
- 참치, 가리비, 청가재, 새우살 요리 캘리포니아산 샤르도네Chardonnay, 샤블리 지방의 샤블리Chablis
- 도미 · 광어 · 대구 요리 신맛이 나는 중감미의 아주 고급 화이트 와인 샤블리 크루Chablis Cru
- 안심 요리 소스의 종류에 따라 변동되지만 일반적으로 카베르네 소비뇽Cabernet Sauvignon이 다량 함유된 고급 레드 와인
- 거위 간 구이 리슬링, 부드러운 샤르도네
- 치즈 부드러운 브리와 카망베르에는 메를로Merlot가 많은 와인, 생테밀리옹Saint Émilion 지방 와인, 피노 누아Pinot Noir 품종의 와인
- 단단한 치즈 풀 바디의 레드 와인, 메독Médoc의 와인
- 블루 치즈 종류 록포르Roquefort, 블루 드 브레세Bleu de Bresse, 달콤한 와인인 소테른Sauternes
- 전복 구이 아주 드라이한 샤블리나 그라브 지방의 쇼비뇽 블랑
- 사과 조림과 아이스크림 아이스 와인, 샤토 디켐Château d'Yquem
- 초콜릿과 머랭 포트 와인, 아주 단맛이 나는 리슬링
- 사바용 과일 그라탱 소테른 와인
- 훈제연어 요리 드라이한 리슬링, 샤블리

- 표고버섯의 관자 구이 호주의 샤르도네
- 시저 샐러드 쇼비뇽 블랑, 샤블리
- 달팽이 요리 부르고뉴 알리고테Aligoté, 부르고뉴의 샤블리
- 프랑스식 개구리 요리 샤르도네
- 연어 구이 버건디의 피노누아 레드, 샤블리
- 해산물 구이 풀 바디한 타입의 드라이한 화이트
- 바닷가재 요리 샤블리, 캘리포니아산 샤르도네, 드라이한 리슬링
- 송아지 요리 메를로가 많은 와인
- 오리 가슴살 요리 샤토 뇌프 뒤 파프Château neuf du Pape, 생테밀리옹, 호주의 시라즈Shiraz
- 양갈비 구이 포약Pauillac의 와인, 샤토 뮤통 로칠드Château Mouton Rothschild, 샤토 라피트 로칠드Château Lafite Rothschild

와인 상식

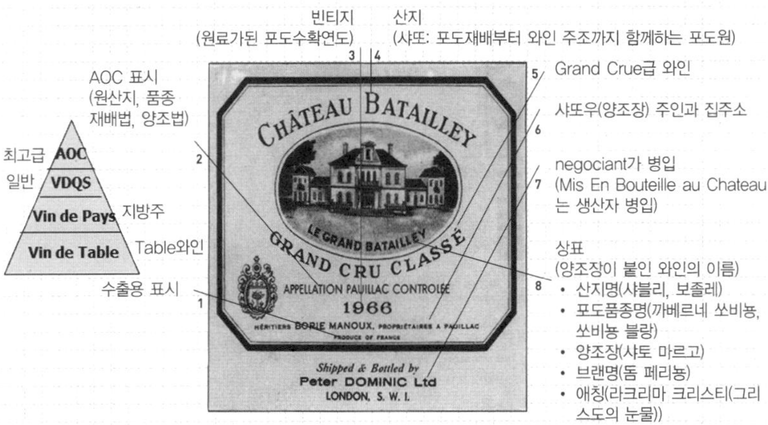

카렘의 제자, 카페 앙글레의 수석 요리장

아돌프 뒤글레레
Adolphe Dugléré, 1805~1884

뒤글레레가 개발한 테이블 서비스 시연(클로드 모네 작)

아돌프 뒤글레레 하면 떠오르는 단어가 세 가지가 있다. 가장 먼저가 카렘Carême, 그 다음이 카페 앙글레Café Anglais, 마지막이 만찬이다. 카페 앙글레는 '영국식 카페' 라는 뜻으로 19세기 가장 유명했던 영국 레스토랑(주-영국 사람들이 이 식당을 많이 찾는다고 해서 붙여진 이름)이다. 1848년 델롬Delhomme이라는 사람이 이 카페를 새로 인수하면서 두 가지 조치를 취했는데 그 하나는 '대박Grand Seize' 이라는 카지노를 설치한 것이고, 또 다른 하나는 아돌프 뒤글레레를 주방장으로 임명한 것이었다.

아돌프 뒤글레레는 이곳에서 주로 생선살을 토마토와 함께 익힌 후 크림으로 만든 소스를 곁들여 내는 가자미 뒤글레레 요리와 포타주 제르미니라는 유명한 수프를 개발하였고, 지금까지 사용되고 있는 '폼므 안나Pommes Anna' 를 비롯한 수많은 요리 창작품을 내 놓았다. 또한 일명 '세 황제를 위한 정찬' 이라는 이름으로 만찬을 치루기도 했다. 이 정찬은 만국박람회 참석차 파리를 방문한 러시아의 차르 알렉산드르 2세와 그의 아들이자 후일 알렉산드르 3세가 될 차레비치, 나중에 최초의 독일 황제가 된 프로이센의 빌헬름 1세를 위한 만찬으로 크림을 넣은 닭고기 수플레, 파리식 바닷가재 요리, 루앙식 새끼오리 요리 등 8가지 다양한 요리를 포도주와 함께 내 놓은 것이다. 카페 앙글레는 1913년 문을 닫았지만, 이 정찬에 사용되었던 식탁 일체는 레스토랑 '투르 다르장Tour d'Argent'에 옮겨 전시되고 있다.

그렇다면 카페 앙글레의 요리사로서 요리 역사에 한 획을 그은 아돌프 뒤글레레는 과연 누구일까? 이탈리아 음악가 로시니Rossini는 뒤글레레를 '프랑스 요리의 모차르트'라고 불렀고, 기자들은 그를 엑토르 베를리오즈Hector Berlioz라고 불렀다. 이처럼 뒤글레레는 당대의 훌륭했던 요리장 중 한 사람이었지만 미술과 음악 등의 감각도 가지고 있었던 것이다.

이러한 그가 일했던 카페의 유명세와 몇몇 지인들의 높은 평판에도 불구하고 몇 가지 일화, 말년의 행적을 제외하고는 그에 대한 자료가 많이 남아 있지 않다. 겸손하고 조용한 성격의 소유자로 여느 요리사들과 달리 글을 남기지 않았기 때문이다.

가장 유명한 일화로는 알렉상드르 뒤마Alexandre Dumas가 1873년에 《요리 대사전 *Le Grand Dictionnaire de Cuisine*》을 저술하기 위해 그에게 자문을 구했다는 것이다. 그리고 1805년 6월 3일 프랑스 남부 보르도Bordeaux에서 태어나 그곳에서 요리 수습 생활을 마치고 파리로 올라와 로칠드Rothschild 가문에 요리장으로 들어가 카렘을 만났다. 일설에 의하면 그는 이곳, 로칠드 가문에서 카렘에게 많은 요리를 배웠다고 한다(이 둘은 나중에 카페 앙글레에서 다시 만난다). 그리고 1848년에서 1866년 사이에는 프로방스의 세 형제Trois Frères Provençaux, 카페 앙글레에서 수석 책임자로 일했으며 은퇴 후에는 카페 드 라 페Café de la Paix, 카페 앙글레에서 요리 고문으로 일했다.

이처럼 그에 대한 자료가 부족한 까닭에 그는 자신의 업적에 비해 이름이 지금까지 널리 알려지진 않았다. 다만 그가 일했고, 그가 정성을 들였던 카페 앙글레의 명성만이 지금껏 전해지고 있을 뿐이다.

영화 「바베트의 만찬」 Babette's Feast

가브리엘 악셀 감독에 스티븐 오드란과 비비 안데르센이 주연한 영화로 1987년에 제작되었다. 한 상 차린 프랑스 요리를 마음껏 볼 수 있는 정통 음식영화이다. 프랑스 최고의 식당 '카페 앙글레' Café Anglais의 요리장 바베트가 조용한 해변 마을에 찾아와서 만찬을 베푼다는 소박하고 행복한 내용이다.

프랑스 요리의 진수를 보여주는 영화

맛있는 음식은 자연스럽게 사람들의 마음을 어우러지게 한다는 발견을 일깨워 준다. 덴마크의 어느 바닷가 작은 마을에 신앙과 봉사를 천직으로 여기며 살아가는 두 자매 마티나와 필리파가 있다. 어느 날 필리파의 연인이었던 파판의 편지를 품에 안은 바베트라는 여자가 이 두 자매를 찾아온다. 자매는 그녀를 가족으로 맞아들이고 평화로운 생활을 해 나간다. 그런데 바베트가 엄청난 액수의 복권에 당첨되는 기적이 일어나고 한때 카페 앙글레에서 최고의 요리장으로 명성을 날렸던 바베트는 자신을 받아 준 마을 사람들을 위해 최고의 만찬을 준비한다는 내용이다. 만찬에 초대된 장관 중 한 사람이 대접된 음식을 보고 옛날의 카페 앙글레의 음식을 연상하는 모습은 매우 감동적이다.

요리법 폼므 안나* Pommes Anna

폼므 안나

• **재료**

감자(대) 3~4개, 옥수수 전분 10그램

• **만드는 방법**

1. 감자를 3밀리미터 정도로 얇게 썰고 모양 틀(지름 2센티미터의 몰드)로 찍어내어 170~180도에서 반 정도 튀긴다.
2. 감자의 끝에 옥수수 전분을 바르며 붙여서 원 모양을 만들고 위쪽부터 팬에 지진다.
3. 사진과 같이 요리로도 사용되지만 메인 요리 등에 가니시ganish(주—음식의 맛을 돋우고 외형을 돋보이게 하기 위한 부재료 장식)로 더 많이 사용된다.

* Pommes는 불어로 사과를 뜻하나 여기서는 pomme de terre, 즉 감자를 의미한다.

요리의 유래 투르 다르장의 오리 요리 Canard à la Présse

19세기 초 파트리크 쥐스킨트의 《향수–어느 살인자의 이야기》에서 지세프 발디니가 그르누이를 데려오기 위해 그리말과 협상을 했던 장소로 등장한 바 있는 투르 다르장은 오리 요리로 세계적인 명성을 갖고 있는 초일류 레스토랑. 원래 이 요리는 19세기 초 루앙Rouen에 있는 메샹 레스토랑에서 시작되었으며 샤르트르Chartres의 한 공작에 의해 파리로 전해졌고, 당시 유명한 요리사인 프레데릭에 의해 투르 다르장 레스토랑에 소개된 것이다.

오리 요리가 명물로 자리잡게 된 건 맛도 맛이지만 오리 요리 주기표 때문이다. 주기표란 몇 번째 오리 요리를 먹었는지 알리는 순번으로 2006년에 약 60만 번째를 기록하고 있다(주-1890년에 방문한 에드워드 7세Edward VII를 비롯한 영국 황태자는 328번, 미국의 루즈벨트 대통령은 33,642번, 영국 엘리자베스 공주는 185,387번, 찰리 채플린은 253,652번이다).

이렇게 특별한 주기표를 부여하는 데는 그 이유가 있다. 그것은 오리를 질식시키면서 피가 빠지지 않게 굽는 프레데릭만의 특별한 비법이 있기 때문이다.

프레데릭의 특별한 작업 과정을 두고 당시 파리에 살던 알퐁스 도데의 아들이자 프랑스 왕당파의 지도자였던 레옹 도데Léon Daudet는 다음과 같이 이야기했다. "살지고 통통한 오리가 꽥꽥거리는 소리, 이미 냄비 속에 넣어진 플랑베flambé(주-독한 술을 부어 불을 붙인 후 잡냄새를 날려 보내는 요리법)를 한 오리 소스의 준비 과정은 클로드 모네Claude Monet(주-1940~1926, 프랑스의 인상파 화가)의 그림처럼 정갈해 보였다. 안경을 쓰고 은색 머리를 한 진지한 자세의 그는 신중한 심판관이나 정밀한 수학자의 모습으로 맛을 창조하고 있었다."

오리 주스를 짜는 기계(Corard à la presse) 오리 고기를 먹고 몸통뼈를 통채로 넣은 후 돌려 주스를 짜서 먹으면 손님에게 주기표가 제공된다.

이렇게 레옹 도데가 소스 준비 과정을 표현할 수 있었던 건 오리 주스가 '오리 극장

Théatre du Canard'이라는 방에서 손님이 보는 가운데 오리 전문 주방장에 의해서 이루어지기 때문이다.

오리 요리는 이렇게 만들어진다. 오리의 허드레 살 부분은 정성들여 손질한 후 조린 레드 와인과 함께 뜨거운 테이블 위에서 센 불로 익히고, 다리 살을 제외한 나머지 살은 그릴에 익힌다. 이렇게 구운 오리고기에 코냑, 버터, 와인과 함께 조린 오리고기 국물을 넣어 섞으면 완성된다.

뚜르다르장 와인 라벨

뚜르다르장 레스토랑 전경(파리 센느강이 창밖으로 보인다)

세계의 음식문화 일본편

일본의 자연환경은 4개의 섬과 여러 개의 작은 섬으로 이루어져 있다. 남북으로 길게 위치하였기 때문에 열대부터 한대까지 기온의 차이가 큰 편이다. 섬나라의 특성상 국토 전체가 바다로 둘러싸여 있어서 신선한 해산물을 많이 활용한다.

일본은 12~14세기에 육식을 금하는 불교의 영향으로 곡물과 채소로 만든 요리가 자연스럽게 발달하게 되었다. 당시부터 일본의 요리는 채소, 버섯, 콩, 해조류, 생선을 위주로 한 음식문화가 형성되었다. 음식문화의 일반적인 특징은 우리나라와 마찬가지로 주식과 부식으로 나누어져 있고 주식은 쌀밥이다. 일본은 두부, 유부, 미소, 간장, 낫토처럼 음식에 콩 제품을 많이 활용하였다. 일본 음식의 식기는 기본적으로 1인분씩을 사용하고 소식하며, 음식을 먹을 때 젓가락만 사용한다.

일본의 대표적인 음식으로는 스시(초밥), 돈부리(덮밥), 우동, 소바(메밀국수), 시루모노(국물요리), 사시미(생선회), 야키모노(구이), 아게모노(튀김), 니모노(조림), 나베모노(냄비요리) 등이 있다. 지역별 대표적인 음식으로는 관동지방에 초밥, 덴푸라, 민물장어, 메밀국수가 있고, 관서지방에는 교토의 담백한 채소나 건어물요리, 오사카의 실용적이고 합리적인 생선요리가 주종을 이룬다. 또한 설날에는 카가미모찌와 토시코시 소바를 먹는다.

일본은 손님 접대를 위한 요리를 카이세키요리(정찬요리)라고 하며, 생선 맛을 느끼며 생선초밥을 먹는 요령은 간장을 생선 쪽에만 살짝 묻혀 먹는 것이다. 초밥에는 이미 간이 되어 있으므로 간장이 묻지 않도록 주의한다.

일본의 식사예절은 식사 전에 반드시 잘 먹겠다는 인사를 하고 젓가락을 들어야 하며 식사가 끝나면 뚜껑이 있는 그릇은 덮고, 젓가락은 상의 제자리에 가지런히 놓는 것이다.

초밥 먹는 법

1. 초밥의 시작은 흰살 생선부터: 한정식에도 먹는 순서가 존재하듯, 초밥에도 엄연히 먹는 순서가 존재한다. 밥 알갱이와 생선 살로만 구성된 초밥은 밥 위에 올려지는 생선의 종류에 따라 먹는 순서가 달라지는데 생선마다 고유의 맛을 느껴야 하므로 가능한 한 담백한 맛의 흰 살 생선부터 시작해서 풍미가 진한 붉은 생선 순으로 먹는 것이 좋다.
2. 초밥을 집을 때는 옆으로 눕히고 간장은 생선에만: 대부분의 사람이 하는 가장 큰 실수는 밥알을 간장에 찍어 먹는 것이다. 이렇게 하게 되면 뭉쳐 있던 밥알이 모두 흩어질 뿐만 아니라, 간장을 필요 이상으로 흡수하게 돼서 짠맛이 강해질 수 있다.
3. 생선살이 혓바닥에 맞닿도록 : 초밥을 입속으로 가져갈 때는 밥알이 생선의 풍미를 방해하지 않도록 하는 것이 중요하다. 그래서 생선 살이 혀에 닿도록 완전히 뒤집은 다음에 입안에 넣어주어야 한다. 그래야만 생선과 밥알의 조화를 잘 느낄 수 있다. 초밥은 반드시 한입에 먹어야 한다.
4. 초생강은 일종의 시작을 알리는 벨: 초밥을 시키면 초생강이 반찬으로 나오는 이유가 있다. 초생강은 새로운 종류의 초밥을 먹기 전에 항상 한 조각씩 먹어줘야 한다. 초생강은 입안을 개운하게 만들 뿐만 아니라, 입안에 남은 생선의 잔향을 지워주기 때문에 반드시 초밥과 함께 나온다. 그래서 종류가 다른 초밥을 먹기 전에는 반드시 초생강으로 입안을 헹궈 주는 것이 꼭 필요하다.
5. 결국 초밥을 맛있게 먹는 가장 좋은 방법은 셰프와 함께 호흡하며 먹는 것

카렘의 전통을 이은 요리장

쥘 구페

Jules Gouffé, 1807~1877

카렘의 수제자 쥘 구페

카렘의 직계 제자인, 쥘 구페는 1807년 파리 중심의 레알Les Halles 부근에서 태어났다. 그는 요리장이 되기에 비교적 훌륭한 환경에서 자라났다. 그의 형제 역시 모두 걸출한 요리사가 되었다. 그의 아버지는 제과장이었고, 형 알퐁스Alphonse는 훗날 영국 왕실의 식사관리관officier de bouche이 되었으며, 또 다른 형 이폴리트Hippolyte는 러시아의 수도 상트페테르부르크Sankt Peterburg에서 수바로프Souvaroff 왕자의 요리사가 되었다.

이런 환경에서 구페는 직접 아버지의 가게에서 제과를 배우며 자라났다. 그러던 어느 날 구페에게 요리장으로서 클 수 있는 일생일대 최고의 기회가 찾아왔다. 그것은 다름 아닌 우연히 가게 앞을 지나가게 된 카렘이 제과점의 진열장을 보고서 감탄하고는 곧장 가게 안으로 들어가 주인의 솜씨를 칭찬하면서 그의 아들을 데려가 함께 일하겠다고 제안한 것. 평소 카렘이 칭찬에 인색하다는 사실을 감안한다면 이례적인 사건이 아닐 수 없다. 이렇게 해서 16살의 나이에 그는 파리 시가 앙굴렘Angoulême 공작을 위해 베푼 무도회 만찬 준비에서 처음으로 카렘을 보조하게 되었다. 그리고 7천 명이 초대된 행사를 무사히 마친 카렘은 구페를 데리고 오스트리아 대사관에서 다시 일한다. 이렇게 해서 구페는 7년을 카렘과 함께 일했고 튈르리Tullerie 궁전에서 모든 대연회를 담당하기도 했다.

당시 튈르리 궁전의 요리사들이 일하는 모습

자료 : Grande et Petite Histoire des Cuisiniers, 1989.

구페는 15년간 요리사로서 활동한 후 1846년 포부르생토노레Faubourg-Saint-Honoré가에서 제과점을 열었다. 이 제과점은 4년 뒤에 28명의 종업원을 두게 될 정도로 큰 성공을 거두었다. 그러나 류머티즘으로 고생하던 끝에 그는 이 가게를 트로티에Trottier라는 사람에게 넘기게 된다. 구페는 식품 박람회의 심사위원 활동을 마지막으로 1877년 파리에서 사망했다.

구페의 요리는 대연회와 장식 요리라는 측면에서 카렘의 전통을 이어가면서도 그와는 구별된다. 요리에 붙여지는 기상천외한 이름들을 싫어하고

저서 《요리책 *Le Livre de Cuisine*》

저서 《통조림책 *Livre des Conserves*》

음식이 어떤 것인지를 바로 알려주는 그런 이름을 항상 원했다. 또한 요리에 과학적 방법을 도입했다. 1867년에 출판하자마자 대성공을 거둔 《요리책 *Livre de Cuisine*》에서 요리와 관련된 기본적 사항들을 기록할 때마다 언제나 시계와 저울을 이용하여 지시를 했다고 적고 있다. 이러한 경향은 이미 카렘에게서도 볼 수 있다.

요리 기구개발에 구체적인 제안을 한 《수프와 포타주 책》

카렘은 요리 과정에서 음식물이 어떻게 변화하는지를 이론적으로 밝히려고 했다. 요리에 실증적 과학을 접목시키려는 이러한 시도는 카렘에게서 출발하여 구페, 베르나르, 뒤부아를 거쳐 에스코피에 이르러 체계화된다. 이러한 시각에서 그는 종래에 나온 요리책들이 기존의 요리법을 베끼는 것을 비판하였다. 구페는 《요리책》 이후에 《통조림책 *Livre des Conserves*》(1869), 《제과책 *Livre de Pâtisserie*》(1873), 《수프와 포타주 책 *Livre des Soupes et Potages*》(1875)을 차례로 저술했다.

요리를 효율적으로 하기 위하여 구페는 《수프와 포타주 책》에서 보는 바와 같이 요리기구 개발에 많은 관심을 기울였다. 그때까지 전통화덕은 벽난로를 개량한 것으로서 벽돌로 만들어져 있었고 불을 이동 금속판을 통해 조절했다. 덕분에 이 전통 화덕은 연기를 배출시키는 데 많은 어려움이 있었다. 이러한 난점은 주물화덕이 나오면서 상당 부분 개선되었다. 가스 배출이 잘 되었고 요리작업이 한결 쉽게 이루어졌다. 그러나 상대적으로 화력을 오래 간직하여 서서히 뿜어내는 벽돌에 비해 주물은 열이 너무 강하게 전달되는 단점이 있었다. 이러한 문제점을 해결하기 위해 구페는 벽돌로 화덕을 만들면서도 상부판을 주물로 만들었다. 연료로 나무와 석탄을 모두 사용할 수 있었고, 화덕의 왼쪽에는 석탄을 사용한 열기가 나오는 구멍을 마련하여 소스나 캐러멜 등의 요리에 이용할 수 있도록 했다. 또한 구페는 당시 대부분의 요리사들과는 달리 1860년대부터 나타나기 시작한 가스 요리 기구에도 관심을 가졌다. 이 기구는 제2차 세계대전 이후에 보편적으로 이용되기 시작했다. 또한 그는 1차 요리와 2차 요리, 즉 전문가 요리와 가정 요리를 구분하였다. 이 구분은 그의 《요리책》에도 잘 나타난다. 총 800페이지 분량의 이 책은 500쪽은 전문가 요리로 약 300쪽은 가정용 요리로 구성되어 있다.

요리의 유래 수플레 Soufflé

프랑스어로 '부풀어 오르다' 라는 뜻의 suffler에서 유래되었으며 '부풀어 오른 디저트' 를 말한다. 수플레는 디저트 중에서 가장 맛이 개운한 것으로서 풍미를 돋우는 재료와 거품을 낸 달걀흰자만으로 만든다. 또한 수플레에 없어서는 안 되는 중요한 것은 공기이다. 달걀흰자의 거품을 낼 때 스며든 공기는 오븐의 열에 의해 데워지면 팽창하여 수플레 전체를 부풀린다. 즉, 수플레를 잘 만들고 싶으면 달걀흰자에 되도록 많은 공기를 넣어야 한다.

수플레는 절대로 천천히 대접할 수 없는 요리이다. 부드럽고 달콤한 이 요리는 식으면 부푼 것이 가라앉으므로 오븐에서 꺼낸 즉시 따뜻하고 잘 부푼 상태에서 먹어야 한다.

요리법 그랑 마니에르 수플레 만들기

• **재료**

기초 반죽 50그램, 그랑 마니에르* 1작은술, 달걀 흰자 1개, 설탕 2작은술, 슈거파우더 약간

기초 반죽

밀가루 120그램, 버터 100그램, 우유 500밀리리터, 설탕 70그램, 바닐라빈 1/2개, 달걀노른자 8개

잘 부푼 수플레

요리 : 호텔 신라 콘티넨탈.

• **만드는 방법**

1. 그릇에 기초 반죽과 그랑 마니에르를 넣고 고무주걱으로 잘 쳐서 섞는다.
2. 달걀 흰자에 설탕을 넣고 거품기로 쳐 올린 후 기초 반죽에 조금씩 넣어가며 섞는다.
3. 수플레용 그릇*에 담아 160도의 오븐에서 15분 정도 굽는다. 위에 슈거파우더를 뿌려 준다.

* 그랑 마니에르 : 오렌지 리큐르의 한 종류(프랑스산 리큐르, 알코올은 40도이며 열대지방의 오렌지를 섞어 오크통에 숙성시킨 것, p.218 사진 참조)
* 수플레용 그릇 : 미리 버터를 바르고 설탕을 묻힌 후 냉동고에 보관해 두었다가 사용한다.

기초 반죽 Soufflé Base

1. 팬에 버터를 녹여 밀가루를 화이트 루roux로 볶은 다음 설탕, 바닐라빈을 우유에 넣고 데운 후(40~50도) 루에 조금씩 넣어가며 주걱으로 풀어준다.
2. 달걀 노른자를 넣고 주걱으로 잘 섞어준다. 온도가 높거나 낮으면 분리되거나 질어진다.
3. 차갑게 식혀서 보관한다.

봉사정신으로 많은 조리인의 귀감인 요리장

알레시스 수아예

Alexis Soyer, 1811~1858

1949년의 수아예

자료 : Histoire des Cuisiniers

수아예는 1810년에 프랑스의 한 상인의 가정에서 태어났다. 그는 12살의 나이에 그리뇽Grignon 식당에서 수습생활을 시작으로 17살에 이탈리앙les Italiens 거리에 있던 두이Douix 식당의 요리장이 되었다. 21살에는 프랑스 외무부 장관을 맡고 있던 폴리냑Polignac 왕자의 부요리장이 되었다. 그해 폭동이 일어나 장관의 집이 습격을 받아 요리사 두 명이 살해당했지만 수아예는 국가인 라 마르세즈La Marseillaise를 부른 덕택에 죽음을 면했다.

수아예는 7월 혁명과 함께 부르봉Bourbons 가문이 몰락하면서 영국으로 건너가 캠브리지Cambridge 공작의 집에서 요리사로 일했다. 여기에서 다양한 경력을 쌓은 후 런던 개혁 클럽London Reform Club의 주방장이 되었고, 1837년에 영국인 엠마 존스Emma Jones와 결혼했다.

그는 대규모 만찬에서 뛰어난 실력을 발휘한 요리장이었다. 1838년 6월에 영국 빅토리아Victoria 여왕 대관식을 기념하는 만찬에서 2천 명의 손님을 맞는 행사를 성공리에 치렀다. 1846년 7월 3일에 열린 이브라임 파샤Ibrahim Pasha를 위한 150인 분의 만찬은 워낙 화려하고 찬란하여 이후 전설적인 이야기가 되었다. 1850년에는 왕립농학회Royal Agricultural Society가 주최한 연례 만찬에 2천 명이 초대되기도 하였다.

1845년 런던에서 수아예가 운영한 개혁 클럽의 주방

비록 개혁 클럽에서 값비싼 요리를 만들었지만 정작 그는 불쌍한 사람들의 삶에 애착을 가지고 있던 진보주의자였다. 이런 마음을 가지게 된 데는 부인의 죽음이 큰 영향을 미쳤다. 1842년에 아이를 낳는 조산 과정에서 부인이 갑자기 죽으면서 사람들의 고통에 눈을 돌리게 되었는데 자신 때문에 아내가 죽었다는 자책감에 휩싸인 나머지 자살을 기도하였다. 그 후 자신의 변화된 삶을 통해서 그 잘못을 속죄하려 했던 것이다. 이런 일련의 노력의 일환으로 1846년, 수아예는 런던의 패링던 가Farringdon Road에 하루 최고 1만 명 분의 수프를 제공할 수 있는 간이식당을 열었다. 그런데 다음해인 1847년에 아일랜드에서 병충해로 인해 일용양식이었던 감자 생산이 큰 타격을 입어 영국에서 옥수수를 긴급하게 수송했지만 중간 수입업자들의 농간으로 가격이 폭등하면서 도처에서 굶어죽는 사람이 속출하게 되었다. 5년 동안에 인구의 약 5분의 1에 해당되는 5백만 명이 아사했다. 이러한 시대에 수아예는 아일랜드의 수도 더블린Dublin으로 가서 3개월 동안 100만 끼니가 넘는 음식을 사람들에게 무상으로 제공했다. 또 한편으로는 호화 만찬을 기획하면서도 런던의 가난한 사람들을 위해 크리스마스 식사를 제공했는데 그 수가 2만 명이나 되었다.

1855년에 영국이 크리미아Crimia 전쟁에 참전하면서 전장의 병사들이 적군들보다도 영양실조와 나쁜 위생 때문에 큰 고통을 겪는 것을 본 수아예는 1857년에 영국 정부에 자청하여 전선으로 달려가 그곳에서 병원식당을 개선했다. 또 그는 발라클라바Balaklava에서 나이팅게일Nightingale과 그녀의 의료팀을 만나 병사들의 일상식사를 향상시킬 수 있는 야전 및 야영 요리를 구상했다. 그러던 중 불행히도 열병에 감염되어 2년 후인 1859년에 사망했다.

수아예는 요리 홍보라는 측면에서 선구자적인 위치를 차지한다. 그는 "광고는 우리가 숨쉬는 공기와도 같다."라고 말하고 이집트 피라미드 정상에서 요술화덕의 시범을 보이는 등의 행사를 개최하는 등 많은 요리 관련 행사를 기획하였다. 요술화덕은 그가 직접 개발한 기구로 오늘날 식당에서 테이블 위에 사용하는 버너의 조상이라고 할 수 있다. 또 요리 관련 발명품도 개발하였는데 가로, 세로 4~5미터의 좁은 공간에서 많은 식사를 준비할 수 있는 선상 부엌을 설계하기도 했고 급한 경우 줄 하나만 잡아당기면 만찬복으로 바뀔 수 있는 의상을 개발하기도 하였다.

이런 일 외에 콩쿠르 리파인Concours Lefine에 참가하며 크로스와 블랙웰Crosse et Blackwell을 고기에 곁들이는 수아예 소스를 공급, 많은 성공을 거두기도 하고, 과일 주스로 만든 수아예 넥타nectar de Soyer를 개발하여 신경을 안정시키는 효험이 있는 것으로 선전하여 사람들로부터 좋은 반응을 얻기도 했다.

● 행복도 내가 만드는 것이네, 불행도 내가 만드는 것이네, 진실로 그 행복과 불행은 다른 사람이 만드는 것이 아니네. 〈석가모니〉

그리고 1854년, 수아예는 드디어 《서민을 위한 한푼짜리 요리법 *A Shilling Cookery for the People*》을 저술한다. 이 요리책은 수프, 고기 파이, 샐러드, 양고기 요리 등을 만드는 법을 자세히 소개하고 있다. 특히 그는 이 책을 통해 그가 소시민들의 진솔한 모습을 접할 수 없어 상류사회의 엘리트들이 드나들었던 개혁 클럽을 떠났다는 이야기 등을 담아 공화주의자, 사회주의자의 색채를 동시에 띠는 자신의 성향을 여실히 드러내었다.

수아예는 이 외에도 많은 저서를 남겼는데, 1846년에는 카렘의 요리에서 영감을 얻어 《체력 회복 요리, 간단한 최신 요리 체계 *The Gastronomic Regenerator, a Simplified and New System of Cookery*》를 출판하였고, 1849년에는 당시 베스트셀러가 된 《가정의 현대주부 *The Modern Housewife of Menagere*》라는 서간문 형태의 책을 출판하였다. 1853년에는 음식물의 역사와 식탁풍속을 다룬 《판트로페온, 고대의 요리사와 준비 *The Pantropheon, or a History of Food and its Preparation in Ancient Times*》를 출간, 1854년에는 《수아예의 자선 요리법 *Soyer's Charitable Cookery*》이 출간되어 6주 만에 1만 권이 팔리기도 하였다.

요리의 유래 홀란데이즈 소스 Sauce Hollandaise

홀란드는 '네덜란드(Dutch)'라는 의미를 가지고 있으며, 네덜란드가 프랑스의 식민지였을 때 버터 등을 공물로 바치던 것에서 유래한다. 이 소스는 달걀과 버터를 섞어 마요네즈 상태로 만들며, 이때 달걀이 익지 않게 해야 한다. 브로콜리, 아스파라거스 등의 채소나 고기 요리에 사용된다.

러시아식 서비스의 창안자

위르뱅 뒤부아

Urbain Dubois, 1818~1911

위르뱅 뒤부아가 사용하던 당시의 주방

자료 : Histoire de Cuisiniers.

위르뱅 뒤부아는 호화롭고 장식적인 요리를 극도로 발전시킨 요리장이다. 그는 1818년 프랑스 프로방스의 부슈 뒤 론Bouche du Rhône에 있는 트레Trets에서 태어났다. 뒤부아는 카렘의 뒤를 잇는 당대의 요리장이었지만 생전에 그를 직접 만나지는 못했다. 그가 12살이었을 무렵 카렘은 일선에서 물러나 《요리 예술 *L'Art Culinaire*》을 집필하고 있었기 때문이다.

뒤부아는 우선 로칠드 가의 베티와 제임스Betty et James de Rothschild의 주방에서 카렘의 뒤를 잇는 한스Hans의 지도 아래 요리를 배웠다. 이후 그는 토르토니Tortoni(주–1809년부터 있었던 유명한 이탈리아 아이스크림 가게로 1880년대에 식당으로 바뀌었다)와 로셰 드 캉칼Rocher de Cancale에서 일했다. 이렇게 요리장으로 자리를 잡아가던 그가 명성을 얻기 시작한 것은 프러시아의 왕이었던 빌헬름 1세Wilhelme I의 궁에서 요리장을 맡으면서부터이다. 이곳에서 에밀 베르나르Emile Bernard와 한 달 반씩 교대로 근무

뒤부아의 요리 장식 작품

자료 : 〈19세기 프랑스 요리기술〉, 제3권, 1854, 파리장식예술전시관 소장.

를 한 덕에 업무가 없는 여유 시간을 이용하여 카렘의 뒤를 이어 요리의 역사에 남는 책들을 편찬해 냈기 때문이다. 뒤부아는 훌륭한 저자이지만 장식전문가로서 러시아식 서비스Russian Service를 도입한 장본인이기도 하다. 카렘이 건축에 관심을 가졌다면 뒤부아는 조각가라고 할 수 있다. 뒤부아와 베르나르는 요리 장식들이 꼭 필요하다고 보지는 않았지만 편안함과 부유함, 우아함을 중시하며 전통을 따르려는 사람들의 식탁에서 없어서는 안 되는 것으로 보았다. 뒤부아는 특히 '조각 음식pièces froides'에서 자신의 실력을 십분 발휘했다. 만찬시간 내내 식탁에 전시되는 조각 음식은 시선을 끄는 멋진 장관을 연출하였는데 뒤부아는 돌을 조각하듯이 설탕으로 된 재료를 조각하였다.

뒤부아는 카렘과 엄격히 구별되는 점 또한 없지는 않다. 그것은 다름 아닌 음식을 식탁에 차려 놓는 방식이다. 카렘은 중세 시대부터 내려오던 프랑스 방식을 그대로 고수하였다. 즉, 만찬의 모든 음식을 처음부터 동시에 식탁에 배열하는 것이다. 이 방식은 얼마나 많은 음식을 먹게 되는지를 보여주는 과시적인 측면이 있었지만 음식의 맛을 제대로 음미하는 데는 큰 장애가 되었다. 특히 마지막에 먹는 더운 음식의 경우에는 처음부터 끝까지 온기를 지속시키는 것이 매우 힘들었다.

또한 이러한 방식은 새로운 시대의 흐름과도 맞지 않았다. 신흥부자들은 자신의 재산이 드러나는 것을 두려워해서 예전의 귀족들처럼 자기 집에서 만찬을 호화롭게 여는 것을 꺼렸고 식당에서 식사하는 것을 선호했다. 반면 뒤부아가 개발한 러시아식 식탁은 음식의 맛을 식사시간 내내 잘 느끼게 하는 장점이 있었다. 큰 음식들이 식탁에 전시되었다가 오랜 시간이 지난 후 그 자리에서 서비스되는 것이 아니라 먹을 시간에 맞춰 주방에서 적당한 크기로 잘려 나와 더욱 맛있게 먹을 수 있게 되었다.

이러한 변화는 식탁에도 일종의 민주주의를 가져왔다고 할 수 있다. 이전에 식탁 끝에 앉는 사람들은 주인이나 주빈이 남긴 음식들을 먹을 수밖에 없었지만 뒤부아 때부터 모든 손님들은 원칙적으로 같은 음식을 일제히 같이 먹게 되었다. 또 무거운 음식에서 가벼운 음식으로 진행되던 식사 순서가 메인main 요리(고기 요리) 중심으로 전채entrée, 중간식entremets, 후식dessert 순으로 제공되는 오늘날과 같은 방식으로 바뀌게 되었다.

이는 연구나 상업적 이유가 아니라 요리사들의 정체성을 확립하려는 의도에서 나온 것이었다. 그때까지도 요리사는 하인과도 같은 대우를 받았기 때문이다. 또한 그들의 작업조건은 매우 열악해서 당시 한 의사의 기록에 따르면 광산에서보다 주방에서 더 많은 화상火傷 사고가 발생하였다고 한다.

그가 저술한 책으로는 《프랑스의 고전요리 *La Cuisine Classique*,

Études Pratiques, Raisonnéese Démonstratives de l'École Française》(1856), 《세계의 요리 *Cuisine de Tous les Pays*》(1868), 《요리사의 학교 *L'École des Cuisinieres, Méthodes Elémentaires, Economiques.Cuisine, Pâtisserie, Office. 1500 Recettes*》(1876, 2판), 《예술적 요리 *La Cuisine Artistique, Étude de l'École Moderne*》(1882, 2판), 《제과사와 잼 제조자를 위한 요리서 *Le Grand Livre des Pâtissiers et des Confiseurs*》(1883), 《오늘날의 요리 *La Cuisine d'Aujourd'hui, École des Jeunes Cuisiniers, Service des Déjeuners, Service des Dîners, 250 Manierès de Préparer les Oeufs*》(1889), 《새로운 부르주아 요리 *Nouvelle Cuisine Bourgeoise*》(1888, 4판), 《오늘날의 제과 *La Pâtisserie d'Aujourd'hui, École des Jeunes Pâtissiers*》(1894, 2판)가 있다.

러시아식 코스 요리로 바꾼 뒤부아

뒤부아는 가장 존경하는 요리장 중 한 사람으로 러시아 황실에 20년이나 근무하면서 요리업계에 큰 유산을 남겼다. 바로 그때까지의 프랑스식 서비스를 러시아식으로 바꾼 것이다. 그 당시의 프랑스식 서비스란 한 번에 요리 전부를 식탁 위에 늘어놓아 호화스러움과 미적인 감상을 하기에는 좋은 방법인 카렘식 방법이었으나, 뜨거울 때 먹어야 할 음식이 손님 입에 들어갈 때는 싸늘하게 식어버리는 큰 단점이 있었다. 그 때문에 뒤부아는 모스크바와 같은 추운 기후에서는 프랑스식 서비스가 무리라고 항상 느꼈던 것이다. 그리하여 개발된 러시아식 서비스는 각 코스마다 요리를 1인분씩 접시에 나누어 담아 운반하는 것이었다. 지금 우리의 레스토랑에서 행해지고 있는 서비스의 역사는 100년밖에 되지 않는 것이다.

현대 호텔 시스템의 창시자

오귀스트 에스코피에

George Auguste Escoffier, 1846~1935

현대 요리법의 신약성서 《요리 가이드》의 저자

자료 : THURIES, No83, 1996. 10월호, p.6.

에스코피에는 1846년 10월 28일에 프랑스 남부 니스Nice에서 15킬로미터 떨어진 빌뇌브루베Villeneuve-Loubet에서 태어났다. 그는 13살 되던 해에 부친이 학교를 그만두게 해서 삼촌이 경영하던 '프랑스인 레스토랑Restaurant Français'에 들어갔다. 이 식당은 니스의 시내에 있었으며 상류층 사람들이 찾는 모임 장소였다. 에스코피에는 이곳에서 처음으로 요리를 배웠고, 수습 기간을 마친 그는 1864년에 벨뷔Bellevue 호텔에서 일했다. 이때 마침 딸의 신병 치료차 니스에 와 있던 '프티 물랭 루즈 드 파리Petit Moulin Rouge de Paris'의 주인을 만나게 되었고 이듬해 파리로 올라와 프티 물랭 루즈에서 주방 보조로 일을 하였다. 프티 물랭 루즈는 훗날 에드워드 7세Edward VII가 될 영국 왕자와 정치가 감베타Gambetta, 공쿠르 형제Frères Goncourt 등 유명인사가 드나들었던 곳이다. 이곳의 주방 보조였던 그는 각고의 노력 끝에 1870년에 소스를 만드는 책임을 맡았다.

하지만 기쁨도 잠시, 1870년 프랑스와 프러시아 사이의 전쟁에 참전하게 되었고 아쉬운 마음을 뒤로 하고 프티 물랭 루즈를 떠난다. 군인으로 전쟁에 참전한 그는 우연히 프티 물랭 루즈의 단골이었던 앙들로Andlau 소령의 눈에 띄어 메트Metz에 배치되어 군대의 요리장으로 근무한다. 이때 그는 프러시아군의 포로가 되어 수용소에 갇히는 신세가 되기도 하였다. 또 포로수용소에 있는 동안 비스바덴에 포로로 잡혀 있던 마크마혼Mac-Mahon 원수의 전속 요리사가 되기도 했다. 1871년에 그는 휴전과 함께 파리로 돌아왔지만 곧이어 닥친 파리 코뮌Commune de Paris(주-1871년 3월 28일부터 5월 28일 사이에 파리 시민과 노동자들의 봉기에 의해서 수립된 혁명적 자치 정부)의 내전으로 다시 요리사로서 전쟁에 참전하였다.

그 후 에스코피에는 시대의 소용돌이에서 빠져나와 니스에서 잠시 일한 후, 1873년부터 프티 물랭 루즈의 요리장으로서 일했다. 이 시기부터 그는 요리사로서의 명성을 확고하게 얻게 된다. 사교계의 거물급 인사와 왕자나 공작을 비롯한 유명인사와 돈독한 친분을 맺은 것이다. 그리고 1876년에는 드디어 프랑스 칸에 '페장 도레Faisan Doré'(주-황금빛의 꿩이라는 뜻)라는 자신의 식당을 열었다. 파리와 니스를 오가면서 일했으나 결국은 경영 실패로 문을 닫았다.

이후 에스코피에는 정부부처와 부르주아 가문의 만찬을 맡아 일했던 것으로 유명한 '메종 슈베Maison Chevet'의 책임자로 일했고, 1884년에는 몬테 카를로에 있는 그랑 호텔Grand Hôtel의 주방을 감독하게 되었다. 그는 이곳에서 세자르 리츠César Ritz를 만났다. 1890년 리츠가 파산 직전에 있던 런던의 사보이 호텔Savoy Hôtel(주-호텔 내의 레스토랑 '사보이 그릴'은 에스코피에가 오트퀴진을 완성한 곳, '피치 멜바'라는 유명한 디저트를 개발한 곳이기도 하다)의 경영을 맡게 되자, 그는 이곳의 주방을 맡아 호텔을 다시 살리는

데 일조하였다. 이들의 노력으로 사보이 호텔은 사교계의 호화로움과 유행을 이끄는 장소로 거듭났다. 그러나 리츠가 사보이 호텔의 운영위원회

세자르 리츠 César Ritz, 1850~1918

세자르 리츠 부부

리츠는 스위스의 작은 마을 니더발트Niederwald의 양치기 집안에서 13번째 아들로 태어났다. 그는 15세에 처음으로 아버지의 친구가 경영하는 작은 호텔에서 와인 보조원으로 근무하였으나 그 호텔의 지배인은 그에게 이렇게 말하며 해고했다. "자네는 결코 호텔 업계에서 성공할 수 없을 거네. 호텔에서는 특별한 재능이 있어야 하는데 솔직히 말해서 자네는 그러한 점이 없네."

하지만 이 말은 리츠에게 성공을 위한 동기부여가 되었다. 그는 17세에 파리로 떠나 당시 유명했던 레스토랑 '비쟁Visin'에서 웨이터로 일하며 어려운 메뉴를 공부하고 서비스를 배워 매니저급으로 오르게 된다. 1873년에는 비엔나에서 일하면서 유럽의 귀족들과 친교를 유지하였으며 산레모San Remo에 있는 작은 호텔에서 지배인으로도 근무하였다. 1883년 리츠는 몬테카를로Monte-Carlo에 있는 그랑 호텔에서 에스코피에를 만나게 된다. 27세 때는 스위스 최고 호텔을 맡아 달라는 제안을 받기도 하였다. 1887년 그가 37세에 이르렀을 때, 20세의 호텔 사장의 딸과 결혼한 후 런던의 사보이 호텔을 개업하고 식당을 전형적인 고객 지향적으로 바꾸어 런던 시내의 외식 패턴을 바꾸어 놓았다. 그는 단골 손님에게는 직접 서비스를 했고 에스코피에로 하여금 고객의 기호에 맞는 식사를 개발하도록 독려하였다. 그는 1918년 68세에 신경쇠약의 악화로 사망하였다.

회장과 사이가 벌어지면서 그 둘은 1899년에 런던에 문을 연 칼튼 호텔 Carlton Hôtel로 옮기게 된다. 에스코피에는 이곳에서 1920년까지 일했다. 그가 주로 근무하였던 호텔은 스위스 몬테 카를로의 그랜드 호텔과 로잔 Lausanne의 내셔널 호텔, 런던과 파리에 있는 리츠Ritz가 관리하는 호텔이었고 여기에서 총요리장으로 명성을 떨쳤다.

에스코피에의 키는 153cm로 몹시 작았다. 때문에 오븐oven의 불꽃으로부터 머리를 보호하기 위하여 항상 굽이 높은 목제 구두를 신고 다녔다. 이것이 한때는 요리사 사이에서 크게 유행해 유럽의 요리장들은 주방에서 목제 구두를 신고 다니며 그의 흉내를 내기도 하였다. 에스코피에는 결혼을 하였지만 근무시간 이외의 시간을 거의 호텔 근처의 아파트에서 혼자 지냈다. 부인은 모나코에서 살았으며 슬하에 자녀는 없었다. 그는 평생 동안 일요일을 제외하고는 오직 요리에만 전념하였다. 또한 술, 담배를 하지 않았고 평소에 화를 내는 일이 전혀 없었다고 한다.

에스코피에의 하루 일과는 요리사들의 음식 준비 감독과 주방 점검으로 시작하였다. 오전에는 식당 지배인 및 서버 매니저들과 음식 판매에 관한 미팅을 통하여 고객의 기호를 파악하였고, 정오에는 음식 준비 감독과 점검을 실시한 후 매일 동일한 장소로 산보를 다녀와서 낮잠을 잠깐 자는 등 오후 6시부터 9시까지 근무를 규칙적으로 하였다고 한다. 그리고 매일 영업 종료 후 남은 음식은 종교단체를 통하여 헐벗고 굶주린 아이들을 위한 고아원같은 곳으로 보냈다고 한다.

이 밖에 에스코피에는 요리에 대한 뛰어난 창조력을 예술성과 연결시켜 당시 권력자 및 대부 그리고 연예계의 유명한 인사들과도 친분을 가졌으며, 특히 오페라 가수들과 친밀한 교분을 가졌다고 한다. 실제로 그가 창조한 메뉴 중에는 오페라 가수인 호주의 넬리 멜바Nellie Melba를 위하여 만든 피치 멜바Peach Melba와 푸아르 쿠프 멜바Poire Coupe Melba, 아델리나 파티Adelina Patti를 위하여 만든 풀라르드 아델리나 파티Poularde Adelina Patti 그리고 유명한 여가수 베른하르트Sarah Bernhardt를 위하여 만든 프레즈 사라 베른하르트Fraises Sarah Bernhard 등이 있다.

에스코피에는 사려 깊고 성실하고 친절해서 여러 사람에게 많은 도움을 주었으며 요리사들이 퇴근할 때는 훌륭한 외출복으로 갈아입도록 하여 요리사를 새로운 신분으로 만들어 내기도 했다. 그러나 주방에서만은 규율

넬리 멜바 Nellie Melba, 1861~1931

1861년 오스트렐리아의 멜버른에서 태어난 세계적인 소프라노이다. 부유한 환경 덕분에 어린 시절 집안에서 성악과 피아노를 익히기 시작했다. 하지만 정식 성악 교육은 20살이 넘어 파리에서 시작했다. 스승은 마틸드 아르케지였고 1887년 리골레토의 질다로 오페라 무대에 데뷔해 대성공을 거두었다. 그녀의 가볍고 투명한 목소리는 사람의 마음을 끌어 당기며, 1918년 영국 황실로부터 데임Dame 칭호를 받는 최초의 성악가이기도 하다.

호주의 오페라 가수 넬리 멜바

오른쪽이 에스코피에로 외출복은 항상 귀족 복장이었다.

을 엄하게 지키도록 하여 항상 감정을 억제하도록 지시하였고 아무리 급하고 바쁜 경우라도 서두르라고 재촉하지 않았다.

에스코피에는 오늘날 우리가 접하고 있는 현대의 주방 시스템(주–손님에게 서비스하는 음식을 차가운 것과 뜨거운 것, 먼저 먹어야 하는 것과 나중에 먹어야 하는 것으로 구분하여 요리사들이 조직적으로 움직일 수 있게 한 주방작업동선 시스템)의 창시자이기도 하다. 식당 주방의 운영이 분화되어 있던 것을 통합한 것도 그의 아이디어였다. 또한 뒤부아Dubois의 러시아식 서비스를 도입하여 현재의 음식 서비스 순서를 창안해 내기도 하였다. 그는 고객으로부터 주문받은 전표를 3장으로 만들어 먹지를 넣고 한 장은 주방에, 한 장은 서버, 또 한 장은 캐셔에게 돌아가도록 하였다. 특히 전표에 고객의 성명을 적어 그 고객이 재차 방문하였을 때 그가 선호하는 음식이 무엇이라는 것을 미리 알아차리는 고품격 맞춤 음식 서비스의 기틀을 마련하기도 했다. 그가 개발한 전표 사용법은 지금까지도 사용되고 있다.

또 그는 신속한 서비스를 위해 테일러리즘taylorisme(주–과학적 경영관리법, 과학을 생산에 적용하려는 움직임)과 같은 합리적 분업을 도입했다. 요리별로 팀을 만드는 것이 아니라 작업별로 팀을 구성한 것이다. 이 밖에 사보이 호텔에서는 고가의 메뉴에서 음식을 고르던 전통적 방법 외에 정액 메뉴제Menu à prix fixe를 처음으로 구상하기도 했다.

이러한 그의 놀라운 업적은 여기서 끝나지 않는다. 그것은 다름 아닌 유명한 요리사인 동료 질베르Gilbert, 에밀 페튀Émile Fétu와 함께 1903년에 공동으로 집필한 《요리 가이드 *Le Guide Culinaire*》의 출간이다. 이 책은 고전 프랑스 요리를 개혁한 '현대 요리법의 신약성서'라고 일컬을 정도로 대단한 평가를 받고 있다. 또한 이 저서의 보완 서적인 《메뉴책 *Le Livre des Menus*》(1912)도 마찬가지이다. 이 외에 그는 1900년에 살르Salles와 《대요리 삽화집 *La Grande Cuisine Illustrée*》을 공동으로 출판하기도 했다.

에스코피에는 새로운 요리를 개발하기 위해 카렘의 책들과 중세 시대 타이방의 저서 《음식》과 같은 책들을 참조하였다. 동시에 시골의 전통 요리들도 잘 활용하였다. 그는 자신의 책들을 통하여 지금까지의 경험에 의한 요리법에서 벗어나 정확한 수치를 이용하는 요리법을 소개함으로써 현대 요리서적의 기본적인 기초를 확립하였다.

또 1910년에는 《상호 부조 계획 *Projet d'Assistance Mutuelle*》이라는 소책자를 발간하여 요리 전문 종사자들의 은퇴를 정부에서 재정적으로 지원하도록 촉구하였지만 신통한 반응을 얻지는 못했다. 1911년에 그는 프랑스 관광을 활성시키기 위해 《에피퀴르 잡지 *La Revue d'Epicure*》와 《식도락가 연맹 *La Ligue des Gourmands*》을 만들었다. 이 공로를 인정받아 1919년에는 레지옹 도뇌르Légion d'honneur 훈장을 수여받았다. 후에 그는 귀족 단체의 정회원이 되어 모든 요리사의 사회적인 지위와 명예를 높이는 데 큰 공헌을 하였고 1935년에 몬테 카를로에서 89세로 생을 마쳤다. 후에 그가 태어난 생가는 1966년 요리 예술 박물관으로 개조되었다.

그는 12세에 시작하여 74세에 칼튼 호텔을 은퇴할 때까지 62년 동안 요리를 하였다. 오늘날 저명한 요리전문가 및 미식가, 요리연구가, 요리 저술가 그리고 요리를 직접 만드는 요리사까지 그가 만들어낸 요리법을 이용하지 않는 사람은 단 한 사람도 없다. 에스코피에가 죽은 후에 요리장의 명함 중에서 가장 권위가 있는 것은 어떤 상을 수상하는 것보다 에스코피에 밑에서 수업을 받은 것이었다고 전해졌다.

요리의 유래 피치 멜바 Peach Melba

피치 멜바

프랑스의 요리장 오귀스트 에스코피에는 오페라 가수 넬리 멜바Nellie Melba의 열렬한 팬이었으나 너무 수줍음이 많았기 때문에 그 여가수에게 꽃을 보내지 못하였다. 20세기 초 어느 날 멜바가 런던의 사보이 호텔에서 혼자 식사를 하고 있을 때 에스코피에는 특별히 만든 디저트를 멜바에게 제공하였고 멜바는 이 음식이 마음에 들어 그 디저트의 이름을 물어보았다. 그래서 에스코피에는 "피치 멜바라고 불러 주면 영광이겠소."라고 대답하였다. 그의 아이디어는 런던에서 크게 인기를 얻었고 결국 세계적인 디저트가 되었다.

또 다른 유래로 넬리 멜바가 바닐라 아이스크림을 주문하였으나 마침 주방에 아이스크림의 양이 부족해서 아이스크림에 복숭아를 넣고 딸기 퓌레로 장식하여 갖다 주었더니 너무나 맛있어서 차후부터 그것만을 찾기에 피치 멜바라는 이름을 붙였다고도 한다.

정치가이자 스위스의 요리장

조제프 파브르

Joseph Favre, 1849~1913

19세기 가장 유명한 스위스 출신 요리장 파브르

조제프 파브르는 1849년 스위스 벡스Vex에서 태어났다. 그의 아버지는 법관이었지만 그가 8살이 되던 해에 죽었고, 그로 인한 경제적 어려움으로 원하던 의학 공부를 할 수 없게 되어 요리의 길에 들어서게 되었다.

파브르는 스위스의 시옹Sion에 있는 그랑 호텔Grand Hôtel에 들어간 후 주네브Genève에 있는 메트로폴Métropole 호텔로 옮겼다. 모든 유명 요리사들이 그러하듯이 그는 비스바덴Wiesbaden, 런던, 베를린 등 유럽의 대도시들을 순회하면서 근무했다. 그리고 마지막으로 파리에 귀착하였다.

1869년에는 카페 드 라 페Café de la Paix의 야간을 책임지는 요리장이 된다. 이 카페가 속해 있던 그랑 호텔Grand Hôtel은 1862년 오페라 광장에 문을 연 호텔로 객실이 8백 개나 되며 8백 명의 하객이 동시에 식사할 수 있는 파리에서 당시 가장 큰 시설이었다.

또 파브르는 당시 유명한 보클랭Vauquelin, 페브르Févre에 이어 카페 리슈Café Riche의 책임자가 되었고 19세기 가장 유명했던 요리장 중 한 사람이 되었다. 이렇게 요리사로 명성을 쌓아 간 그는 사회 다른 분야에도 적극 참여하기도 했다. 1870년에 그는 전쟁이 터지자 스위스 군대에 소환되어 전쟁에 참여했고, 1871년부터는 정치에 참여하기도 했다. 그는 바쁜 중에서도 한편으로는 요리를 하고 다른 한편으로는 주네브 대학에서 공부를 하며 끊임없이 노력을 아끼지 않았다. 이후 1880년에는 베를린의 센트럴 호텔Central Hôtel의 주방을 맡았고 그 후 을름베르크Eulemberg 백작의 요리사가 되기도 했다.

또 1882년에는 '프랑스 위생학회 Société Française d'Hygiène'의 회원이 되기도 했다. 그리고 드디어 1883년, 그는 필생의 저작인 《음식 위생과 요리 대사전 *Dictionnaire Universel de Cuisine et d'Hygiène Alimentaire*》을 펴낸다. 총 4권으로 이루어진 이 사전은 5천 항목으로 구성되어 있으며 6천 가지의 요리법을 담고 있다.

그랑 호텔에 속해 있는 카페 드 라 페

자료 : Philippe Sers, La Cuisine Avant 1914. p.152.

그는 정치 활동으로 많은 갈등을 겪은 뒤에 가족과 노르망디 지방으로 은퇴하여 요리 대사전의 교정에 전념하다가 1903년에 사망했다.

● 먹고사는 일이라도 법망을 벗어나서는 절대 안 된다. 〈어느 사형수〉

요리사의 노동조건을 개선한 요리장

아폴롱 카이야

Apollon Caillat, 1857~1942

에스코피에의 동료이자 《요리 가이드》의 공동 저자

아폴롱 카이야는 1857년 프랑스 퓌게Puget의 가난한 집안에서 태어났다. 12살의 어린 나이에 툴롱Toulon에 있는 빅토리아 호텔Hôtel Victoria에 수습으로 들어간 그는 3년 뒤에 카스티용 호텔Hôtel de Castillon을 거쳐 마르세유Marseille에 있던 레스토랑 데 구르메Restaurant des Gourmets에서 일했다. 그는 월급이 적었기 때문에 다른 부업을 해야만 했다. 마르세유의 카네비에르Canebière에서 신문을 팔았고 프랑스의 도시 망통Menton, 칸Cannes, 인터라켄Interlaken 등에서 계절 노동자로 일했다. 이 어려운 시절의 기억은 평생 그를 따라다녔다.

카이야가 요리사로서 재능을 인정받기 시작한 건 리옹Lyon에서 일하면서부터였다. 이후 엑스레벵Aix-les-Bain에 있는 유럽 호텔Hôtel de l'Europe에서 요리장으로 이곳에 자주 머물렀던 빅토리아 여왕의 음식을 맡기도 했다. 이렇게 자신의 명성을 쌓아 간 그는 후일 다시 마르세유로 돌아가 루브르 호텔Hôtel du Louvre에서 일한 후 마지막으로 호텔협회Société Hôtelerie의 요리 감독을 맡았다.

카이야는 어린 나이에 일을 시작하여 기초적인 교육만 받았지만 끊임없이 요리책들을 읽고 연구했다. 특히 요리책에 남다른 열정을 가지고 전문적인 요리책을 수집하는 데도 힘을 쏟았으며 『요리 예술 *Art Culinaire*』을 비롯한 여러 잡지에 글을 기고하고 1898년에는 《정어리 요리법 150가지 *Cent Cinquante Manières d'accommoder les Sardines*》를 출판하는 등 요리에 대한 많은 글을 쓰기도 했다. 더불어 에스코피에, 질베르와 함께 《요리 가이드 *Guide Culinaire*》의 편집에도 관여했다. 요리사가 주일 휴식을 얻는 데에 큰 공을 세우는 등 질베르와 함께 요리사들의 노동 조건을 개선하는 것에 평생을 바쳤다.

요리의 유래 바닷가재 테르미도르 Homard Thermidor

19세기 후반 프랑스의 혁명정부 해체 쿠데타를 다룬 「테르미도르」라는 연극의 제목을 따서 이름 붙여진 요리이다. 바닷가재 살을 크림, 달걀노른자와 브랜디 또는 셰리와 요리하여, 오븐에 그을린 치즈를 올려 서빙된다. 프랑스 혁명가 로베스피에르Robespierre(주–1758~1794. 프랑스 혁명기의 정치가. 자코뱅당의 지도자로 왕정을 폐지하고 1793년 6월 독재 체제를 수립하여 공포정치를 행하였으나 1794년 테르미도르의 쿠데타로 타도되어 처형됨)는 고향 아라스Arras에서 사형이 집행되

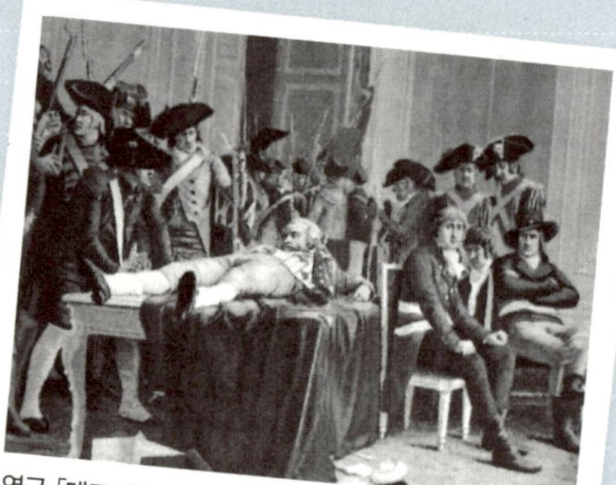

연극 「테르미도르」 포스터

기 전에 마지막으로 식사를 하고 그때를 기념하기 위해 1894년 1월 24일 스트라스부르 생 드니 거리의 유명했던 레스토랑 메르Maire에서 오마르 테르미도르Homard Thermidor를 처음으로 내놓았다. 바로 그날 파리의 국립극장 코메디 프랑세즈Comédie-Française에서 빅토리앙 사르두Victorien Sardou의 5막의 드라마 중에서 제 1막의 제목을 '테르미도르Thermidor'로 이름을 붙였는데 그것은 레스토랑 메스에서 그들의 새로운 바닷가재 요리인 오마르 테르미도르를 알리기 위해서였다. 이 일로 인한 광고의 효과는 예상 밖이었다. 혁명을 주제로 한 그 공연은 대중의 야유를 받았으며 공화국의 명예를 훼손시킨다는 이유로 좌파들은 사르두를 고소하였고 기자들은 신문에서 이들을 비판했다. 그때 관용을 요구했던 다음의 문장은 유명하다. "대혁명은 우리가 손을 댈 수 없는 진영이다."

바닷가재 테르미도르 요리

결국 공연은 30년이 지난 후에야 완전히 무관심해진 대중 앞에서 두 번째로 재개되었다. 단 한 가지 성공한 것은 그 덕으로 유명해진 레스토랑 메르의 오마르 테르미도르이며 그것의 모방자들이다. 지금도 모든 레스토랑은 아직 그 테르미도르의 요리법을 존중하고 있다.

요리법 바닷가재 요리하기

바닷가재가 1킬로그램로 성장하기 위해서는 8년 정도의 시간이 소요되며 양식이 불가능하고 습성상 200미터 이하에서만 서식한다. 그렇기에 바닷가재는 100퍼센트 자연산이며, 자신의 몸을 보호하기 위해 사지를 절단하거나 재생한다. 탈피는 5년간 25번하며 탈피에 앞서 물과 혈액이 줄어들면서 집게 안의 살이 1/4 정도로 줄어들고 살에서 칼슘을 흡수해 바닷가재의 껍질이 약해지는 과정을 거친다. 바닷가재는 서로를 잡아먹기도 하기 때문에 보관 시에는 집게발을 묶어 둔다.

바닷가재 요리법에는 삶기와 찌기가 있는데, 이것은 일반 가정에서 가장 간단하게 할 수 있는 요리법 중의 하나인 동시에, 바닷가재의 풍미와 맛을 가장 잘 살릴 수 있는 방법이기도 하다.

바닷가재 요리법

크 기	삶는 시간	찌는 시간
500그램 전후	10분	13분
1킬로그램	13분	16분
1.5킬로그램	16분	19분
2킬로그램	19분	22분

가스트로노미크 대백과사전의 저술가

필레아스 질베르

Philéas Gilbert, 1857~1942

질베르가 에스코피에와 함께 저술한 미식사전 《가스트로노미크》 대백과

토마스 해리스의 소설을 영화화한 동명의 영화 「레드 드래곤」을 보면 이런 장면이 나온다. 한니발 렉터 박사에게 프랑스 최고급 요리 스윗브래드를 대접받은 FBI 수사관 윌 그레엄이 서가에 꽂혀 있는 오래된 책 한 권을 펴보고 렉터 박사가 범인임을 짐작하는 장면이다. 그렇다면 그가 보던 책은 과연 무엇일까? 이것은 바로 프랑스 요리의 권위 있는 미식사전 《가스트로노미크 *Gastrononigue*》이다. 가스트로노미크는 백과사전으로 요리의 모든 것이 담긴 역대 최고의 책이다. 이 책은 1938년 질베르와 몽타네, 에스코피에가 함께 수년간에 걸쳐 집대성하였으며 1961년에는 영문으로도 번역되었다.

질베르는 1890년부터 《요리 예술 *Art Culinaire*》의 편집을 맡아 요리계에 일대 변화를 몰고 올 글들을 실었다. 그는 과시적이고 비싼 전시와 장식에 들어가던 받침대들을 요리에서 분리시켰다. 그는 에스코피에가 쓴 《요리 가이드 *Guide Culinaire*》의 상당 부분을 맡아 저술했으며, 1890년과 1893년에는 각각 《과거의 요리 *La Cuisine Rétrospective*》와 《매달의 요리 *La Cuisine de Tous les Mois*》를 출간했다. 1912년부터는 《아세트 요리 캘린더 *Almanach Hachette*》의 요리 부분을 편집했다.

1919년 질베르가 62세가 되었을 때에는 업적을 인정받고 정부에서 레지옹 도뇌르 훈장을 수여받았으며 자신의 저서에서 나오는 인세의 상당 부분을 연로한 요리사들을 돕는 레오폴 무리에Léopold-Mourier 재단에 기부했다.

질베르는 1857년 9월 11일 프랑스의 작은 마을 라 샤펠쉬르에르드르La Chapelle-sur-Erdre에서 태어났다. 그는 에스코피에보다는 12살이 어렸고 몽타녜Montagné보다는 8살이 많았다. 상스Sens와 파리에서 제과를 배웠고 당시로서는 특이하게도 파리가 아닌 지방에서 그의 스승을 만나게 되는데 그에게 요리 기술의 토대를 전수한 사람은 라옹Laon(주-프랑스 북부 피카르디Picardie 지방의 엔Aisne 주의 도시)에 있던 데르미니Dermigny였다.

질베르는 파리에 온 후에는 1867년에 문을 연 '런던 데 타번Taverne de(s) Londres' 에서 일했다. 이어 그는 당시의 귀족 주방셀Jouvencel 백작, 보케르Beaucaire 백작의 집에서 요리사로서 일한 후 타번 콩티넹탈Taverne Continentale 식당에서 일했다. 그는 1884년에 당시 파리의 최고급 식당 중 하나였던 봉발레Bonvalet에 들어가 오랫동안 요리사로서 근무했다. 1920년에는 몬테 카를로에 있는 호텔 파리Hôtel de Paris에서 친구 프로스페 살르Prosper Salles와 함께 일했으며, 1943년 파리 외곽의 퐁토담Pont-Aux-Dames에서 86세의 일기로 사망했다.

음식과 영화

사람속으로

정명훈 "난 요리사가 되고 싶었다"

입력 2009-09-09 02:57 수정 2009-09-24 06:10

中언론과 인터뷰… "지휘도 요리도 조화가 중요"

"나는 요리사가 되고 싶었다."

세계적인 지휘자로 서울시립교향악단 음악감독을 맡고 있는 정명훈(사진) 씨는 중국 베이징(北京) 국가대극원에서 13일 열리는 연주를 앞두고 7일 중국 언론과 가진 인터뷰에서 이렇게 말했다.

서울경제

증권 부동산 경제·금융 산업 정치 사회 국제 오피니언 문화·스포츠 포토·동영상 서경

TV방송 | 영화 | 가요

제3회 국제음식영화제…"음식과 영화는 공통점이 많다"

정다훈 기자 | 2017-10-31 13:37:12 | 영화

1. 덴마크 가브리엘 엑셀 "바베트의 만찬" : 음식언어
2. 미국 길버트 그레이프 "초콜릿" : 신비의 맛 판타지, 셰프Le Chef, 2012 정르노, 아메리칸 셰프, 2014 칼 캐스퍼 푸드 트럭
3. 중국 리안 감독 "음식남녀" : 아버지와 딸 호텔 요리사, 서극 감독 "금옥만당"
4. 한국 김의석 감독 "북경반점"/김성홍 감독 "신장개업"

● 가장 가까이 있는 사람에게 우선 신뢰를 얻어야 한다. 〈법륜스님〉

오스트리아 황실과 윌슨 대통령의 요리장

에두아르 니뇽

Edouard Nignon, 1865~1944

오스트리아 황실과 윌슨 대통령의 요리장으로 유명한 에두아르 니뇽도 다른 요리사들처럼 당대의 유명한 식당들을 이곳저곳 옮겨 다녔다. 1865년에 프랑스의 브르타뉴Bretagne 지방에서 태어난 그는 10살에 낭트Nante에 있는 레스토랑 모니에Restaurant Monier에서 요리에 입문하였다. 몇년 후 파리로 올라와 레스토랑 슈베Chevet(주–당시의 유명 레스토랑)와 경쟁하던 포텔 에 샤보Potel et Chabot에서 요리사로서 일했고 이탈리안 거리에 있던 레스토랑 드 라 시테Restaurant de la Cité에도 들어갔다. 이 식당은 화려한 금빛 장식 때문에 메종 도레Maison dorée(주–황금칠을 한 집이라는 뜻)로 불리기도 했다. 그 후에는 유명한 카페 앙글레Café Anglais와 공쿠르 형제가 드나들었던 셰 마니Chez Magny, 영국 왕과 포르투갈의 카를로스Carlos 왕 그리고 러시아의 대공작들이 송아지 고기를 먹기 위해 즐겨 찾았던 레스토랑 파야르Restaurant Paillard에서 요리사로서 일했다. 또 그는 카페 드 라 페Café de la Paix, 노엘 피터스Noël Peter's, 라퍼루즈Laperouse를 거쳐 오스트리아 빈에서 프랑수아 조제프François-Joseph 황제를 모시기도 하고, 1900년 런던의 클라리지스Claridge's(주-지금까지 존재하는 런던 최고의 호텔), 러시아 모스크바에 있던 에르미타주L'Ermitage 궁전(주-은둔지라는 뜻으로 재정. 러시아 군주를 위해 1754~1762년에 지어졌다. 거울 궁전이라 불림)에서 120명의 요리사를 데리고 일하기도 했다. 이때 그는 35세로 모스크바의 혹독한 추위와 무료함을 견디다 못해 1904년에 파리로 돌아왔다.

그리고 1908년에 귀족 위제스Uzès 공작이 개점한 레스토랑 라뤼Restaurant La Rue를 맡았다. 그가 이 식당의 주방을 맡으면서 그의 유명세와 음식의 맛으로 인해 이곳은 연극인 로베르Robert de Flers, 소설가 프루스트Proust(주-1871~1922, 프랑스의 소설가, 1919년 공쿠르상을 수상)를 비롯하여 제3공화정 시대의 모든 저명인사들이 드나드는 곳으로 변모했다.

그러나 제1차 세계대전을 겪고 세월이 지나면서 그는 요리 일선에서 물러났고, 1921년에 그는 식당을 조카와 자신의 보조자였던 셀레스텡 뒤플라Célestin Duplat에게 물려주었다. 56세가 되던 해, 자신의 고향인 브르타뉴로 돌아와 그는 1935년에 조용히 숨을 거두었다. 니뇽은 흰 옷의 요리장으로 20여 년의 세월을 일했고, 40여 년을 검은 제복으로 갈아입고 식탁 사이를 오가며 손님들에게 봉사했다.

니뇽의 불후의 요리서 《식도락가의 헵타메롱》

자료 : 저자 소장

문학을 좋아했던 니뇽은 근대 요리사에서 보기 드문 호화롭고 아름다운 저서인 《식도락가의 헵타메롱 *L'Heptaméron des Gourmets*》, 《식탁의 진미 *Les Délices de la Table*》를 저술했다. 이 책은 몇 백 부만이 발간된 한정본이지만 오늘날 애호가들의 수집대상이 되는 귀한 요리책이다. 특히 《식도락가의 헵타메롱》은 너무 차원이 높은 요리책이라 당시에는 아무도 그 책의 내용을 이해하지 못했다. 이처럼 앞서가는 요리를 만들었던 니농의 저서는 당시에는 인정받지 못했지만 그가 사망한 지 100년 후에 비로소 이 책이 훌륭한 요리책임을 인정하고 있다. 이후 《프랑스 요리 예찬 *Eloges de la Cuisine Française*》을 출간하기도 했다.

요리의 유래 카망베르 치즈와 브리 치즈 Camembert & Brie Cheese

파리의 서쪽 노르망디의 작은 마을 카망베르Camembert는 연한 치즈의 특산지로 유명하다. 18세기 말 노르망디의 농사꾼의 부인 마리 앙레르가 나폴레옹 1세가 이 마을을 지날 때 식사용으로 치즈를 상납하였다. 나폴레옹이 먹어 보니 치즈에서 나는 냄새가 자기가 사랑하는 부인 조제핀Josephin의 체취와 비슷하여 매우 좋아하여 맛있게 먹었고 그 이후부터 유명해지기 시작하였으며 지금은 치즈의 여왕이라고 불릴 정도로 호평받고 있다.

노르망디의 작은 마을 카망베르

카망베르 치즈

브리 치즈

일드프랑스Île-de-France 지방에서 만들어진 흰 곰팡이 브리 치즈는 크림과 같은 풍미로 카망베르와 거의 동일하다. 숙성기간은 약 1개월이고 카망베르와 같은 모양으로 외측에서 숙성시키지만 카망베르는 편평한 원반형에 지름은 약 30~32센티미터이다. 브리는 프랑스의 최고품으로 브리 드 모brie de meaux, 브리 드 므랭brie de melun과 소형의 쿨로미에coulommiers가 있다. 체에 밭쳐 으깨 케이크 반죽에 넣기도 하고 필링을 만들어 치즈 케이크의 재료로도 사용된다.

일드프랑스의 대표적인 치즈는 카망베르이다.

코르동 블뢰에서 40년 동안 학생을 가르친 요리장

앙리폴 펠라프라

Henri-Paul Pellaprat, 1869~1933

100년 전 코르동 블뢰 수업 장면. 펠라프라는 이 학교의 수석 주방장이었다.

1895년 프랑스 파리에르 코르동 블뢰Le Cordon Bleu 요리학교가 정식으로 설립되었다. 코르동 블뢰의 요리수업은 1896년 1월 14일에 프랑스 궁전에서 정식으로 첫 선을 보였다. 초대 학교장인 마담 디스텔Madame Distel은 당대 최고의 요리장들을 초빙하여 직접 요리 교육을 했는데 이 요리장들에는 바르텔레미Barthélemy, 풀랭Charles Poulain, 프랑스 자동차클럽 주임 요리장, 콜롱브Auguste Colombe, 드리상스Charles Driessens와 당대 최고의 요리장으로 칭송받는 펠라프라Pellaprat가 포함되어 있었다. 요리 수업은 처음부터 대성공을 거두었고 학교의 명성은 세계 각국으로 급속하게 퍼져나갔다. 드디어 1897년에는 외국 학생으로는 최초로 러시아 학생이 입학하게 되었고, 1905년에는 일본인 학생도 입학하였다.

앙리폴 펠라프라가 학생들을 가르쳤던 옛날 파리의 꼬르동 블뢰 자리

에스코피에Escoffier의 친구이자 당대 최고의 요리장 펠라프라는 이후 40여 년 동안 코르동 블뢰에서 학생들을 가르쳤으며, 그 동안 현대 요리서적의 고전이 된 불후의 명작 《요리 예술과 실용 가정요리 *L'Art Culinaire and La Cuisine Familiale et Pratique*》를 저술하기도 했다.

펠라프라의 저서 《요리 예술과 실용 가정 요리》

1930년대 마담 디스텔이 사망한 이후 이 요리학교는 코르동 블뢰의 대모Grande Dame로 추앙받는 엘리자베트 브라사르Elizabeth Brassart에게 인수되어 재편되었다. 펠라프라의 제자들 중의 한 사람이었던 로즈마리 흄Rosemary Hume은 1933년에 코르동 블뢰 최초의 해외 분교인 소小 코르동 블뢰 요리학교를 런던에 설립했다. 프랑스가 해방되던 1945년에는 미국 국방성으로부터 퇴역 미군들을 위한 공식 요리 교육기관으로 지정되었다.

런던 학교가 설립되고 20년 후에는 영국 엘리자베스 2세 여왕의 대관식 파티에 코르동 블뢰가 참여하기로 결정됨에 따라 코르동 블뢰 런던 학교의 성공이 공식적으로 입증되었으며, 이를 계기로 《대관식 치킨 *Coronation Chicken*》이라는 서적이 출간되었다. 1954년에는 오드리 헵번이 출연한 영화 「사브리나*Sabrina*」를 통하여 이 요리학교의 명성은 더욱 자자해졌다. 사브리나에서 요리장 펠라프라의 실제 모습이 나오며 지금까지도 학교의 전설적인 요리장으로 전해지고 있다.

세계의 음식문화 인도편

인도는 중동아시아와 동남아시아를 잇는 중간에 위치하며 동서로는 인더스 강 유역에서 갠지스 강까지 광대한 영토를 지니고 있다. 인도의 기후는 몬순 기후이며 남인도는 열대기후, 북쪽 히말라야 지방의 경우는 한랭기후이다.

인도의 나라 면적은 한반도의 약 15배로 인구수는 약 13억 8천만 명이다.

인종은 7종 이상이며 인도 중북부는 아리안계가 70%, 남부는 드라비다계가 25%를 차지한다.

인도의 공용어는 영어이다. 힌두어는 인도인의 32%가 사용하며 기타 18개 언어를 사용하고 있다. 인도의 종교는 힌두교로 전 국민의 82.6%를 차지하고 이슬람교도는 국민의 11.4%를 차지하고 있다. 또한 인도는 지금까지 철저한 계급제도인 카스트제도(브라만 · 크샤트리아 · 바이샤 · 수드라의 네 계급)가 존재하는 나라이다.

인도 음식문화의 일반적인 특징은 모든 음식이 한 상으로 개인별 제공되고 거의 모든 음식에는 향신료를 사용한다는 것이다. 또한 가열한 음식이 많고 음식을 장시간 은근하게 쪄서 향신료가 잘 스며들어 깊은 맛이 있다.

국민의 약 30%는 엄격한 채식주의자이다.

채식주의자 종류

- 비건(Vegan) : 채소만 섭취
- 오보(Ovo) : 채소, 달걀만 섭취
- 락토(Lacto) : 채소, 유제품만 섭취
- 락토 오보(Lacto Ovo) : 채소, 달걀, 유제품만 섭취
- 페스코(Pesco) : 채소, 유제품, 달걀, 어류만 섭취
- 폴로(Pollo) : 채소, 유제품, 달걀, 조류, 어류만 섭취

인도의 대표적인 음식으로는 우리나라의 볶음밥과 비슷한 '풀라우'라는 쌀요리가 있고, 정제한 흰 밀가루로 구운 빵으로 발효빵 반죽을 탄두르 안쪽 벽면에 넓은

잎사귀 모양으로 구워 먹는 '난'이라는 빵이 있다. 또한 채소, 치즈, 고기 등에 향신료를 넣고 걸쭉하게 끓인 커리와 탄두리치킨, 달(콩을 부드럽게 삶아 혼합 향신료를 가미한 수프의 일종) 등이 있다.

인도에서 서서 먹는 것은 예절에 어긋나는 것으로 바닥에 동쪽이나 북쪽을 향하여 앉아서 식사한다. 좌석 배치는 오른쪽에 주인, 왼쪽으로 가면서 연령 순서로 앉고, 노인과 소년, 소녀는 조금 떨어져 앉는다. 식사 전에 반드시 물로 양손을 씻고 음식은 손가락으로 집어먹는 것이 일반적이며 반드시 오른손으로 식사를 한다.

식사 중에 이야기하는 것을 무례하다고 여기므로 식사가 끝나면 손을 씻고 양치한 후에 이야기를 시작한다.

인도 카레

인도요리라면 우선 카레라이스를 연상하겠지만, 인도에는 우리식 카레라이스가 없다. 카레라이스는 인도 요리에서 유래된 것이지만, 그것이 영국화한 다음 한국에 수입되어 다시 한국화한 것이므로 인도 고유의 카레라이스와는 다르다.

고기를 이용한 카레

- 머튼 카레, 치킨 카레(chickencurry): 고기(양고기, 닭고기)를 향신료로 삶은 정통적인 카레
- 머튼 코르마(muttonkorma): 요구르트에 담근 고기를 향신료나 채소와 함께 푹 끓인 요리
- 도피자(dopizza): 양파를 많이 사용한 요리이다.
- 머튼 마살라(muttonmasala): 크림 따위를 사용해서 감칠맛을 낸 카레를 뜻한다.
- 키마(keema): 기계로 저민 고기를 사용한 카레
- 탄두리 치킨(tandoorichicken): 카레의 종류는 아니고 요구르트에 절인 치킨을 여러 가지 향신료를 넣어 인도식 오븐인 탄두리(흙솥)에 넣고 잘 구운 것이다. 불이 잘 통하게 해서 향신료를 속에까지 배게 하였으므로 아주 향기롭다.
- 카바브(kabab): 이슬람식 구운 고기이다.
- 시크 카바브(sheekkabab): 저민 고기를 꼬챙이에 꿰어서 그 상태로 구운 요리를 가리킨다.
- 브레인 카레(braincurry): 양의 골로 만든 카레이다.

자료 : [네이버 지식백과]인도(글로벌시대의 음식과 문화, 2006. 7. 30., 우문호 · 엄원대 · 김경환 · 권상일 · 우기호 · 변태수)

미슐랭 최초로 별 3개를 획득한

앙드레 픽

André Pic, 1893~1984

앙드레 픽(가운데)과 아들 자크 픽(왼쪽)

앙드레 픽은 1893년 2월 17일에 프랑스 아르데슈Ardèche 지방의 팽Pin에서 태어났다. 그의 집은 1829년부터 그곳에서 작은 식당을 운영하고 있었는데 픽이 태어나면서 그의 모친이 가게를 물려받아 일하기 시작했다. 이 식당은 사냥꾼들의 모임 장소이며, 그 지방 여행객이 드나들던 여인숙auberge의 전통을 잘 간직하는 곳이었다. 그는 어려서부터 어머니 곁에서 소스가 만들어지고 음식이 익어가는 것을 보며 자랐다. 그의 아버지는 픽이 공부를 계속하기 원하였지만 그는 어머니의 길을 이어가기로 결심했다. 부모는 그를 도시 근방의 생페레Saint-Péray에서 요리사 수습을 시작하도록 했다. 그 후 앙드레 픽은 요리에 대한 열정으로 헌신적으로 일하였다.

1913년이 되자 픽은 당시 유명한 식당 중 하나였던 팔레 도르세Palais d'Orsay에 들어갔다. 그러나 1년이 조금 지난 1914년, 제1차 세계대전이 발발하자 그는 군대에 징집되어 군대의 요리사로 복무하게 되었다. 그리고 전쟁이 끝난 후인 1920년에 제대한 그는 드디어 요리사로서 사회에 복귀한다. 그런데 요리사로서 복귀한 곳은 팔레 도르세도 파리의 어느 유명 식당도 아니었다. 자신의 고향 팽에 있는 어머니의 식당에 들어갔고 그곳에서 십분 자신의 능력을 발휘했다. 이 시기는 도로가 제대로 정비되지 않았고 재료들을 자전거로 배달하던 시대였다. 도시의 호화로운 식당과 이국적 음식에 싫증나 있던 미식가들이 교통수단이 발달하면서 구석진 위치에도 불구하고 뛰어난 음식으로 소문이 나 있던 픽의 식당으로 찾아들기 시작했다.

1934년, 《기드 미슐랭 *Guide Michelin*》은 최고의 영예인 별 3개를 픽의 식당에 부여했다. 1936년 7월 1일에 그는 발랑스Valence로 옮겨 더 넓고 훌륭한 식당을 열었다.

《기드 미슐랭 *Guide Michelin*》

세계에서 가장 신뢰도가 높은 레스토랑 평가서로 매년 3월 초에 발행된다. 안내서이지만 미식가들이 가장 기다리며 판매부수는 연간 60만 부 이상으로 추정된다. 비단 미식가들뿐만 아니라 음식을 좋아하는 사람이라면 누구나 관심을 가지는 책이기에 발간되기가 무섭게 베스트셀러가 되었다. 무려 1,300여 페이지에 이르는 방대한 분량이지만 내용은 책제목 그대로처럼 안내서일 뿐이다. 책머리에 간단하게 실려 있는 여행 정보와 레스토랑 선택에 대한 몇 가지 조언을 빼면 그 방대한 분량 거의 전부가 식당과 호텔 정보에 할애되어 있다. 가장 인기 있는 것은 당연히 프랑스의 여행, 식당 정보를 담고 있는 프랑스 편이지만 그 권위와 역사에 걸맞게 이탈리아, 포르투갈, 스페인, 영국 등 외국 식당에 대한 가이드도 동시에 펴내고 있다.

이 책은 원래 세계적인 타이어 회사인 미슐랭 타이어가 매년 봄 발간하는 식당 및 여행 가이드 시리즈로 1900년경부터 시작되었는데 타이어를 구매하는 고객에게 무료로 나눠 주던 자동차여행 안내 책자에서 출발하였다. 햇수로만 해도 벌써 1세기가 넘는 역사를 가진다.

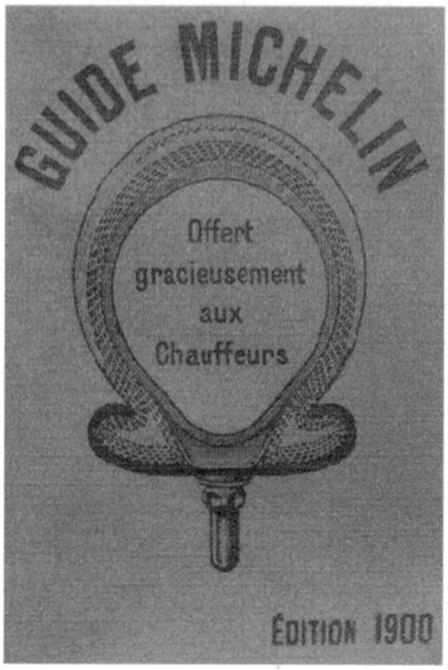

1900년대 최초의 《기드 미슐랭》

이 책에 별 하나가 추가되면 식당 매출이 25퍼센트가 증가한다는 연구가 있을 정도이다. 1926년에 요리 별점을 처음 시작했고 2001년부터는 관광을 뺀 식당 가이드만 《르 기드 루즈 *Le Guide Rouge*》로 명칭을 바꿨지만 '미슐랭'으로 부르는 사람이 더 많다. 등급 표시는 포크 5개와 별 3개, 포크 5개보다 윗등급이 별 1개이다. 미슐랭 별점은 음식, 서비스, 청결상태 등을 평가하는 것으로 알려져 있으나 상세 기준은 비밀이다. 또 선정위원과 검사원의 신분, 숫자도 모두 비밀이다. 프랑스의 《고미요 *Gault-Millau*》와 《프티 르노 *Petit Renault*》도 권위 있는 레스토랑 가이드북이다.

〈345쪽 참조〉

* 미국에는 《저갯 서베이 *Zagat Survey*》가 있다. 1980년 뉴욕에서 시작한 이 책은 전 세계 40여 개 도시의 음식점을 매년 조사한다. 레스토랑 이용객을 중심으로 설문조사를 실시해 대중의 취향이 반영되지만 전문성은 떨어진다. 0~30점의 점수를 5단계로 나눠 매긴다

앙드레 픽은 요리에 있어서 자신이 세운 몇 가지 원칙에 끝까지 충실하였다. 첫째는 최상의 품질을 갖춘 재료들을 사용해야 한다는 것, 둘째는 소스는 마지막 순간에 준비해야 한다는 것이다. 그리고 마지막은 모든 음식은 고객이 주문한 그 순간부터 준비해야 한다는 것이다. 사실 그의 원칙은 요리장이라면 누구나 알고 있는 원칙이다. 하지만 빠르게, 그리고 절대 이윤을 남겨야 하는 레스토랑에서 위의 원칙을 지키기란 결코 쉽지 않다. 그런 면에서 자신의 원칙을 충실히 지킨 그는 실로 대단한 요리장이라 말하지 않을 수 없다.

피에스 몽테 케이크

자료 : The Roux Brothers on Patisserie. p.125.

니농이 한 시대를 마감했다면 앙드레 픽은 또 다른 한 시대를 연 요리장이다. 이는 이 시기 새로운 흐름, 즉 지방 요리와 서민 전통 요리를 대표하고 있기 때문이다.

● 놓으면 비로소 갖는다. 〈온누리 신문 2019.10.13일자〉

20세기의 카렘 칭호

알렉상드르 뒤멘

Alexandré Dumaine, 1895~1974

20세기의 카렘으로 불리는 뒤멘

자료 : 베르나르 루와조의 식당 Relais.

알렉상드르 뒤멘은 1895년 8월 26일 프랑스 손에루아르Saône-et-Loire의 디구앙Digoin 마을에서 태어났다. 그는 비시Vichy의 칼튼Carlton 호텔과 칸의 칼튼 호텔, 카페 드 파리Café de Paris, 엘리제궁Elysée Palais에서 요리를 만들었다. 또 군인으로 징병된 제1차 세계대전에 시찰차 나온 조르주 클레망소Georges Clémenceau 대통령의 식사를 맡기도 하였다.

전쟁이 끝난 후 뒤멘은 파리에 있던 호텔 드 루부아Hôtel de Louvois에 소스 담당 요리사로 들어갔고 일한 지 3년 뒤에 요리장으로 승진했다. 그러는 동안 통신사와 미국 잡지사에서 일하던 잔Jeanne을 만나 결혼했는데, 아내 잔은 남편을 도와 요리 외의 모든 일들을 도맡으면서 식당 경영에 뛰어들었다.

1922년 뒤멘은 부인과 함께 알제리로 거쳐를 옮겨 카빌리Kabylie(주-알제리의 지방 도시)의 해발 1,200미터에 위치한 호텔 미슐레Hôtel Michelet를 비롯해서 비스크라Biskra의 오아시스Oasis, 호텔 지방Hôtel Zibans과 오레스Aurès의 호텔 루피Hôtel Rouffi에서 근무했다. 알제리는 그에게 일생

일대 최고의 선물을 안겨주었다. 그것은 다름 아닌 뒤멘의 식당 사업에 후광을 비쳐주고 지원해 줄 많은 유명인사를 만났기 때문이다. 알제리에서 9년의 세월을 보낸 그는 프랑스로 돌아와서 1931년, 디종Dijon의 한 친구에게서 솔리외Saulieu에 있던 코트 도르Côte d'Or 호텔을 인수받았다.

역사적으로 역참(주-차가 없던 시절 마차를 바꾸어 타던 곳)이 있던 곳인 솔리외는 지중해의 진주로 불리는 코트 다쥐르Côte d'Azur로 가는 길의 중간에 위치하여 식도락가들의 휴식지 역할을 톡톡히 하였다. 식당을 찾은 첫 유명인사들은 알제리의 비스크라에서 사귄 고객들이었다. 그 중에는 일간신문 《르 마탱 *Le Matin*》의 편집자였던 루이 포레스트Louis Forest도 있었는데 그는 100인 클럽Le Club des Cent, 즉 요리에 관심을 둔 유명인사 100인들의 모임을 이끌고 있었고 매년 수차례의 모임을 솔리외의 식당에서 가졌다.

뒤멘은 1936년에는 레지옹 도뇌르 훈장, 1951년에는 《기드 미슐랭》의 별 3개를 획득했다. 파리 요리사협회Société des Cuisiniers de Paris는 그에게 20세기의 카렘을 칭호를 부여했다. 1974년 4월 2일 부르앙브레스Bourg-en-Bresse에서 사망했다.

1955년 알렉상드르 뒤멘과 코트 도르 호텔 직원들

● 부모의 역할은 검사가 아니고 변호사가 되어야 한다. 〈어느 드라마 대사〉

요리의 유래 감자 수플레 Pomme Soufflé

1837년 8월 15일 파리와 생제르맹알레를 연결하는 철도 개통식에서 처음 만들어졌다. 공식 오찬 메뉴에 둥글게 썬 감자튀김이 포함되어 있었는데 기차가 마지막 언덕을 어찌나 힘겹게 기어올랐던지 요리장은 하고 있던 튀김을 중단해야만 했다. 나중에 회식자들이 모두 식탁에 자리를 잡자 요리사는 감자조각을 바삭바삭하게 만들기 위해 아주 뜨거운 기름 속에 다시 넣었고 그것이 부풀어 풍선같이 되었다. 이렇게 해서 두 번 튀겨낸 감자 수플레가 탄생되었다. 수플레는 'Souffler(부풀게 하다)' 라는 말에서 붙여진 이름이다.

감자는 1500년경에 남미에서 전래되었는데 검은 흙 속에서 자라기 때문에 처음에는 악마의 식물이라고 하며 먹기를 꺼려했다고 한다. 그 후 루이 16세 때 파르만디에라는 학자가 국왕의 밭에 감자를 심게 한 다음 '훔친 자는 엄벌에 처한다' 라는 팻말을 붙이고 보초병을 세웠는데도 감자가 몰래 빠져 나가 그 후로 감자 보급이 급속도로 전파되었다고 한다.

감자(좋은 감자는 껍질색이 일정하고 두께가 얇으며 반점이 없다)

요리법 감자 수플레 만들기

• **재료**

감자(대) 1개, 튀김용 기름(식용유) 500밀리리터

• **만드는 방법**

1. 감자를 세로 방향으로 둥글게 자르고 두께는 3~6밀리미터가 되도록 한다.
2. 물에 씻어서 말린 둥근 감자조각들을 160도로 가열한 기름에 튀긴다.
3. 4~5분이 지난 다음에 감자가 떠오르면 건져두었다가 다시 200도의 뜨거운 기름에 넣고 튀긴다. 신기하게도 감자가 부풀어 바삭바삭하고 노릇노릇한 작은 공 모양의 감자 수플레가 완성된다.

감자 수플레

* 둥글게 썬 감자조각이 부풀어 오르려면 급속하게 생성된 증기가 마른 표면의 모양을 변형시키고 증기가 빠져 나가는 것을 막는 칸막이가 생겨야 한다. 따라서 온도가 맞지 않으면 실패할 확률이 높다. 이 요리의 성공 여부는 감자조각의 두께, 두 번 튀기는 간격, 그리고 기름의 온도에 달려 있다.

프랑스 3대 요리명장의 스승

페르노 푸앵

Fernaud Point, 1897~1955

누벨 퀴진의 선두주자 페르노 푸앵

누벨 퀴진nouvelle cuisine은 특급 호텔의 요리와 에스코피에의 전통에 대한 저항에서 생겨났다. 대규모 체인호텔의 관료적 조직과 이윤 추구 정신은 요리장이 확립해 놓은 원칙만을 따르게 했다. 그래서 30년대의 재능 있는 요리사들은 고급 호텔을 떠나 지방의 식당에 자리를 잡았다.

이러한 20세기의 '누벨 퀴진' 가운데에는 페르노 푸앵이 있다. 그는 요리법을 비밀에 부치는 기존의 전통을 거부하고 요리를 전수받을 자격을 갖춘 사람이라면 누구에게라도 자신이 새롭게 알아낸 요리 비법들을 모두 알려 주었다. 이렇게 그에게 요리를 배운 제자로는 프랑스 3대 요리명장 보퀴즈Bocuse, 샤펠Chapel, 트루아그로Troisgros 형제 등이 있다.

푸앵은 1897년에 프랑스 브레스Bresse 지방의 루앙Louhans에서 태어났다. 당시에 아버지를 비롯한 가족 모두 루앙에서 뷔페 호텔을 운영하고 있었다. 1915년, 그는 18살 되던 해에 요리사가 되기로 결심하고 파리에서 수습 생활을 시작했다. 그곳에서 그는 유명 호텔 브리스톨Hôtel Bristol, 마제스틱Majestic을 거쳐 망통Menton에 있는 호텔 임페리얼Hôtel Imperial,

에비앙Évian의 호텔 로얄Hôtel Royal에서 근무했다. 이후 1923년, 루앙을 떠나 리옹 근처의 비엔Vienne에서 새로운 식당을 열었는데 그 식당이 유명한 '라 피라미드La Pyramide' 이다. 그의 가족은 식당의 실내장식보다 요리의 품질에 많은 노력을 쏟았다. 아버지가 운명을 달리한 1925년부터 그의 요리는 리옹의 별식을 즐기던 사람들로부터 호평을 얻기 시작했다.

이 식당은 1930년에 푸앵이 마리 루이즈 폴랭Marie-Louise Paulin과 결혼하면서 새로운 전기를 마련했다. 폴랭은 비엔에서 미용사로 근무했는데 업체의 관리 경영에 풍부한 경험을 가지고 있었다. 그녀는 건축가를 시켜

레스토랑 라 피라미드 La Pyramide Restaurant

비엔의 라 피라미드 레스토랑

전설적인 레스토랑 라 피라미드는 세계 3대 요리사를 배출한 유명한 식당이다. 하지만 폴 보퀴즈, 미셸 트루아그로, 알랭 샤펠 등이 유명해지기 전까지는 프랑스 시골에 위치한 라 피라미드는 세상에 크게 알려지지 않았다. 그들이 모두 이십 대에 이곳에서 수련한 요리장이라는 것만 봐도 라 피라미드의 요리장 페르낭 푸앵에게 찬사를 보내지 않을 수 없다. 푸앵이라는 훌륭한 스승이 있었기에 3대 명장이 존재할 수 있을 것이다.

● 신은 진실을 알지만 때를 기다린다. 〈박영선 장관〉

1973년 마담 폴렝과 유명한 그의 제자들.
왼쪽부터 장 트루아그로 형제, 폴 보퀴즈, 알랭 샤펠, 베르나르 파코

식당의 인테리어와 분위기를 바꾸었다. 또한 남편이 파리의 식당에 견학을 가도록 4개월이나 설득했고, 푸앵은 15번이나 막심 식당Maxim's 앞을 왔다갔다 한 끝에 식당 안으로 들어가 견학했다. 그때부터 푸앵의 요리는 더욱 빛을 발하여 결혼 3년 후에 《기드 미슐랭》으로부터 별 3개를 부여받았다.

이렇게 식당이 제 모습을 찾고 맛있는 식당으로 소문이 나자 수많은 유명인들이 그의 식당을 찾았다. 실제로 당시 푸앵의 식당 방명록은 당대의 모든 유명인사의 사인으로 가득 차 있었다. 장 루이 바로Jean-Louis Barrault(주–1910~1994, 프랑스의 배우 · 감독 · 연출가), 로버트 테일러Robert Taylor(주–1911~1969, 미국 배우), 마르셀 세르당Marcel Cerdan(주–1916~1949, 알제리 출신의 프랑스 권투선수. 에디트 피아프의 연인으로 미국으로 가던 중 비행기 추락으로 33세에 요절), 장 마레Jean Marais(주–1913~1998, 미국 배우), 에디트 피아프Edi Piaf(주–1915~1963, 프랑스의 대중적인 국민가수), 장 콕토Jean Cocteau(주–1880~1963, 프랑스 영화감독), 레옹 블룸Léon Blum(주–1872~1950, 프랑스의 정치가), 윈저Windsor 공작(주–1894~1972, 영국의 조지 5세의 아들. 이혼녀 심슨 부인과의 결혼을 위해 왕위를 버림) 부부 등 이루 헤아릴 수 없다.

푸앵의 식당은 유명세를 보여주는 작은 일화들이 많다. 그는 50석 정도가 차면 여지없이 만원 표시를 써 붙이고 더 이상의 손님을 받지 않았다.

그리고 오후 2시가 넘어서면 어떤 경우에도 식사를 서비스하지 않았다. 한 번은 어떤 손님이 식사가 시작되기도 전에 담배를 피웠는데 그것을 본 푸앵은 바로 후식인 커피를 내오게 하기도 했다. 또 가격은 계산서를 보고나서야 알 수 있었다. 푸앵은 매일 새벽 5시에 주방에 들어가 저녁 11시까지 남아 있었고 모든 요리에 정성을 쏟아 부었다. 1955년, 그가 세상을 떠난 후 부인이 식당을 이어받아 1986년 죽음 직전까지 운영했다.

푸앵은 요리의 전통을 반복한 것이 아니라 고전적 요리 지식을 통해 전통 음식이 갖는 단순함을 새롭게 재창조했다. 이러한 변화는 시대의 흐름을 반영하고 있는데 제1차 세계대전 후 유명 호텔이나 온천에서 보내던 휴양 문화가 여행tourisme 문화로 변화한 결과 가족이 경영하는 지방의 여인숙이 요리 개발의 새로운 장소로 떠오르기 시작한 것이다. 당시만 해도 대형 호

마리 루이즈 폴랭 Marie-Louise Paulin

마리 루이즈 폴랭은 페르노 푸앵을 역사 속에 탄생시킨 장본인이다. 또한 푸엥의 사망 후에도 30년이 넘도록 라 피라미드La Pyramide를 지켰다.

푸앵의 아내 마리 루이즈 폴랭

텔들은 이러한 현상을 전통적 음식문화의 변질 정도로만 파악하고 있었다.

푸앵의 요리는 단순함과 완벽함으로 특징지을 수 있다. 그는 평생 세 가지 요리의 원칙을 지켰다. 첫째는 소스의 중요성이다. 소스는 요리에 따라 변형되어야 하지만 절대로 요리를 가려서는 안 된다. 예를 들어 베아른 소스Bearnaise Sauce는 달걀노른자와 에샬로트, 에스트라공estragon(타라곤 허브의 일종)으로 구성되지만 완벽한 소스를 얻기 위해서는 몇 년을 기다려야 한다고 말했다.

둘째는 재료가 갖고 있는 신선한 맛을 그대로 요리에 옮겨 놓아야 한다는 것이다. 그래서 식당의 메뉴는 그날 도착하는 재료에 따라 결정되었다. 마지막으로 그의 음식에서 버터는 절대로 빠져서는 안 되는 중요한 식재료라는 것이었다.

에샬로트(양파의 변종으로 기존의 양파보다 맛이 4배 더 강하다고 알려져 있다)

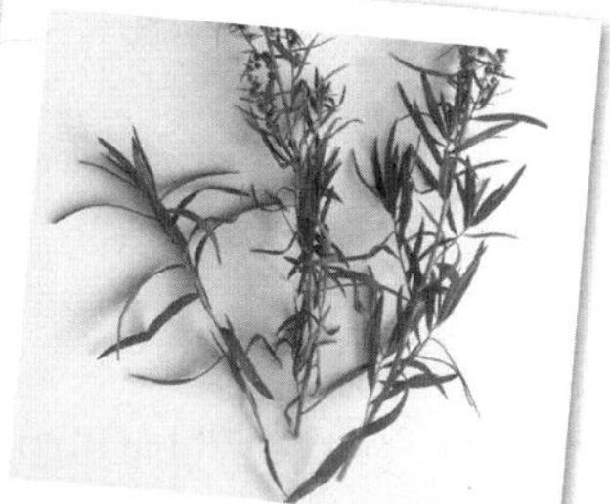

타라곤(불어로는 에스트라공으로 불리며 프랑스 이태리 요리에 자주 쓰인다)

● 빨리 가려면 혼자 가고 멀리 가려면 함께 가라(If you want to go fast, go alone. If you want to go far, go together)
멀리 가려면 사막을 지나고, 정글을 가다보면 짐승을 피해야 하는데, 길동무 없이는 불가능하다는 말이다. 〈아프리카 속담〉

요리의 유래 베아른 소스 Bearnaise Sauce

소스의 이름은 헨리 4세가 태어났던 베아른을 상기시키지만 그와는 상관이 없다. 1830년 콜리네Collinet라는 요리사가 파비용Pavillon 헨리 4세를 위하여 생제르맹앙레Saint Germain en Laye에서 창작하였다.

요리법 베아른 소스 만들기

- **재료**(10~12인분)

양파 50그램, 타라곤 줄기 1개, 통후추 4~6개, 화이트 와인 3큰술, 식초 3큰술, 달걀노른자 1개, 버터(정제) 600그램, 소금 2그램, 후추 약간, 레몬주스 1/2개

- **만드는 방법**

1. 소스팬에 잘게 썬 양파, 타라곤 줄기, 통후추, 화이트 와인, 식초를 넣고 1/2 정도 조린 후 거른다.
2. 다른 볼에 달걀노른자를 넣고 중탕하여 거품기를 이용하여 정제된 버터를 넣어가며 양을 늘린다.
3. 일정량이 만들어지면 소금, 후추, 레몬주스로 맛을 내고 다진 타라곤 파슬리를 첨가한다.

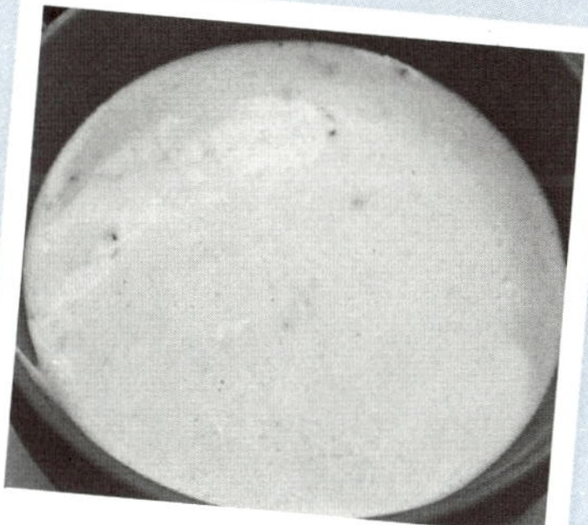
베아른 소스

요리사

1. 전문 요리사의 주요 업무

- 식단을 계획하고 필요한 재료를 청구한다.
- 재료를 다듬고 양념, 조미료 등을 준비한다.
- 음식의 간, 맛, 모양, 색 등을 최적의 상태로 맞춘다.
- 음식을 조리하여 나누어 담고 기타 장식을 한다.
- 남은 재료를 손질하여 보관한다.
- 조리기구 등을 최적의 상태로 유지 · 관리 한다.

2. 요리사에게 필요한 적성 · 능력

- 식단을 짜고, 재료를 청구 · 저장 · 준비하고, 요리기술을 배우고 사용하며, 식품위생법을 이해 · 적용할 수 있는 학습능력
- 요구되는 재료의 양과 가격을 산출할 수 있는 수리능력
- 육안으로 또는 맛을 보아 완성된 요리의 재료, 질감, 품질을 확인 · 검사할 수 있는 능력
- 재료를 썰고, 다듬고, 혼합하고, 반죽하고, 필요한 장식을 하고, 조리기구를 기술적으로 사용할 수 있는 능력
- 창의성과 영감을 사용하여 새로운 요리를 예술의 경지로 승화할 수 있는 능력

3. 요리사 자격 · 면허

대한민국 국가기술 자격법에 의한 조리기능장, 한식조리기능사, 양식조리기능사, 중식조리기능사, 일식조리기능사, 복어조리기능사 등이 있다.

● 강하게 보이려면 목소리를 낮춰라, 미소를 잃지 말고. 〈드라마 '모래시계' 대사〉

조리사

조리사의 자격은 조리기능사 자격증을 취득한 후 시 · 도지사의 면허를 받은 자로 규정하지만 일반적으로는 음식을 만드는 모든 사람을 지칭하기도 한다. 조리사 자격으로는 조리기능장, 조리산업기사, 한식조리기능사, 양식조리기능사, 중식조리기능사, 일식조리기능사, 복어조리기능사로 세분화 되어 있다. 식품위생법에 따르면 국가나 지방자치단체, 학교, 병원, 사회복지시설 등에는 반드시 자격증 취득자를 채용하도록 정하고 있다. 자격증을 취득하려면 전문대학 및 대학교에서 조리관련학과를 졸업하고 자격증 시험에 응시하거나, 사설학원의 강좌를 수강한 후 자격증 시험에 응시할 수 있다. 하지만 반드시 교육을 이수해야만 응시자격이 주어지는 것은 아니다.

시험은 1년에 4회 실시하며 한국산업인력관리공단에서 관장하고 있다.
조리기능사 자격시험은 필기와 실기시험으로 나누어 치러지며, 필기시험은 객관식(사지 택일형)으로, 1교시당 60분씩 총 120분 동안 치러지는데 100점 만점에 60점 이상 되어야 합격이 된다. 조리사 필기시험은 조리사가 되기 위해 꼭 알아야 할 공중보건, 식품위생, 식품학과 관련법규에 관한 내용으로 출제된다. 실기시험은 역시 100점 만점에 60점 이상이 되어야 합격할 수 있는데 약 53가지의 한식요리 중 당일 2가지가 출제되고 이를 주어진 시간 안에 조리해야 된다.

자료 : [네이버 지식백과]조리사[調理師](두산백과)

RENGA YA TOKYO
PAUL BOCUSE
Soupe aux truffes V.G.E.

Part 02

근대 요리의 거장 16인

프랑스 정부에서 국보급 그랑 셰프로 인정받은 요리사

1978년 이후 프랑스 정부는 《기드 미슐랭》에서 별 3개를 받은 프랑스의 국보급 요리장 20인을 엄선해서 그랑 셰프grand chef라는 칭호를 부여하였다. 그랑 셰프의 칭호를 받은 사람들은 프랑스 정부가 인정하는 국보급으로 관리되며 정부에서도 많은 지원과 혜택이 주어진다. 이들 20인 중 비중이 높은 16인을 선정하였고 순서는 태어난 연도를 중심으로 정하였다. 16인 이외에 로베르 바르도Robert Bardot, 크리스티앙 클레망Christian Clément, 장 데카벤Jean Dekaveyne, 솔랑주 가르디유Solange Gardillou가 있다.

1. 폴 보퀴즈 (Paul Bocuse, 1926~2018)
2. 트루아그로 형제 (Pierre et Michel Troisgros, 1928~)
3. 루이 우티에 (Louis Outhier, 1930~)
4. 미셸 게라르 (Michel Guérard, 1933~)
5. 앙드레 다겡 (AndréDaguin, 1935~)
6. 알랭 샤펠 (Alain Chapel, 1937~1991)
7. 이브 튀리에스 (Yves Thuriès, 1938~)
8. 알랭 상드랑스 (Alain Senderens, 1939~)
9. 장 바르데 (Jean Bardet, 1941~)
10. 에밀 정 (Emile Jung, 1941~)
11. 베르나르 루와조 (Bernard Loiseau, 1941~2003)
12. 조르주 블랑 (Georges Blanc, 1943~)
13. 자크 라멀루와즈 (Jacques Lameloise, 1947~)
14. 조엘 로뷔숑 (Joël Robuchon, 1945~)
15. 자크 막시맹 (Jacques Maximin, 1948~)
16. 기이 사보이 (Guy Savoy, 1953~)

뛰어난 말솜씨로 손님을 즐겁게 하는 요리사

폴 보퀴즈

Paul Bocuse, 1926~2018

리옹의 프랑스 최고 요리 명문가의 5대손

자료 : P. Bocuse, La Cuisine du Gibier-Bocuse. p.2.

요리사 폴 보퀴즈Paul Bocuse의 집안은 1765년부터 프랑스의 손Saône 강가에 자리잡은 유명한 식당을 경영해 온 요리의 명문가였다. 1763년 보퀴즈의 5대조 할아버지인 미셸 보퀴즈Michel Bocuse는 리옹Lyon 지역에 처음으로 작은 카페를 차렸는데 이 카페가 나중에 프랑스의 리옹을 대표하는 보퀴즈 레스토랑의 시작이다. 미셸 보퀴즈Michel Bocuse가 1783년에 사망하면서 아들 필리베르Philibert가 가업인 식당을 물려받았고, 필리베르의 두 아들 중 장남인 니콜라Nicolas 1세가 보퀴즈 집안을 명실 공히 요리의 명문가로 키웠다.

니콜라는 1853년 손강 근처에 집을 한 채 얻었는데 이 집이 바로 후일 보퀴즈 가의 가보로 남게 되는 퐁 드 콜롱주 호텔Auberge du Pont de Collonges이다. 이 호텔은 니콜라의 세 아들 중 조르주Georges, 즉 폴 보퀴즈의 아버지가 세웠다.

그곳에서 1926년 2월 11일에 요리의 귀재인 폴 보퀴즈가 태어났다. 요리 명문가에서 항상 음식을 접하며 자란 보퀴즈는 어릴 때부터 요리에 천부적인 재능이 있었다.

그는 처음에는 리옹의 전통요리를 만드는 레스토랑 라 메르 브라지에La Mère Brazier에서 요리의 기초를 다졌고 푸앵 Point과 파리의 뤼카스 카르통 Lucas Carton(주-알랭 상드랑스가 운영하는 프랑스의 유명 레스토랑)에서 요리 실습을 했다.

폴 보퀴즈의 고향인 리옹은 각종 소시지의 산지로 유명하다.

그리고 1959년에 다시 고향으로 돌아온 그는 할아버지 대부터 운영하던 레스토랑 레 보퀴즈Les Bocuse에서 요리사로 일하였고 1961년에는 '프랑

프랑스 최고 요리장 MOF

MOF는 1929년부터 프랑스 정부에서 인정하는 최고 요리장을 말한다. MOF가 되기 위한 대회는 전국 예선을 거쳐 4년에 한 번씩 열리지만, 진정 훌륭한 요리작품이 출품되지 않으면 한 사람의 MOF도 배출되지 않는다. 일단 MOF 자격을 취득하면 요리사 복장에 프랑스 국가의 리본을 달 수 있는 자격이 주어지며, 억대의 연봉이 보장된다.

프랑스 최고 요리사에게 주어지는 MOF 메달

보퀴즈가 개발한 콘소메 앙 크루트

자료 : P. Bocuse, *La Cuisine du March.*

스 최고의 요리장MOF, Meiller Ouvrier de France' 자격시험에 합격하였다. 또 1975년에 에스코피에가 받았던 레지옹 도뇌르Légion d'Honneur 훈장을 받음으로써 명실 공히 프랑스 요리사의 위상을 세계에 드높였다.

폴 보퀴즈는 요리사가 정상에 서기 위한 방법에 대해 다음과 같이 말했다. "훌륭한 요리사가 되기 전에, 우선 훌륭한 요리 수습생이 되어야 한다. 자신의 일을 좋아해야 하고 단계를 건너뛰어서는 절대로 안 된다. 요리사가 되고 나면 상상력을 발휘하고 책임감의 의미를 알아야 한다. 손님에게 항상 최고의 서비스를 제공하기 위해서는 두 배로 일을 해야 한다."

그의 친구이자 후배인 알랭 샤펠Alain Chapel은 폴 보퀴즈의 좌우명이 '무엇이든 절대로 지나치지 않는다.' 라고 말한다. 농담도 영광도 여자도 인생도 너무 과하지 않는 것이 보퀴즈의 인생관인 것이다. 이같은 그의 인생관을 보여 주는 한 가지 유명한 일화가 있다.

어느 날 보퀴즈는 샤펠에게 "광을 낸 구두와 멋진 넥타이를 준비하게. 오늘 대통령과의 식사에 자네를 초대하지."라고 말했다. 처음 샤펠은 보퀴즈가 농담을 하는 것이라고 생각했다. 하지만 이런 그의 생각과는 달리 그는 결국 만찬에 초대되어 대통령과 식사를 하게 되었고 만찬에 함께 초대된 동료인 유명 요리장 미셸 게라르Michel Guérard, 로제 베르제Roger Vergé 등의 명장들과 악수도 나눌 수 있었다. 이것이 가능했던 것은 보퀴즈가 레지옹 도뇌르 훈장을 받았고, 이를 기념하기 위해 만찬을 열었기 때문이다. 이 만찬에서 대통령은 보퀴즈의 사위인 장자크 베르나숑Jean-Jacques Bernachon이 디저트로 준비한 초콜릿 케이크를 두 번이나 맛있게 먹었다. 이 이야기가 사람들에게 퍼지자 장 자크는 일요일에 교회 미사를 마치고 나오는 리옹 사람들에게 '대통령 케이크'를 순식간에 10여 개나 팔았다. 이를 본 보퀴즈는 사위에게 "더 많이 팔도록 하게. 대통령 자리는 그리 오래 가지 않는다네."라고 농담을 던졌다고 한다.

그의 레스토랑 레 보퀴즈는 1961년에 《기드 미슐랭》에서 별 1개를 시작으로 1962년에 별 2개, 1965년에는 최고인 별 3개를 얻어내 최고급의 레스토랑임을 세상에 과시하였다. 뿐만 아니라 지금까지도 계속 별 3개를 유지하며 여전히 프랑스 최고급 레스토랑임을 자랑하고 있다. 이에 전 세계의 많은 사람들은 그의 요리를 한 번이라도 맛보기 위해 리옹에 있는 그의 식당을 찾는다. 현재 그는 세계적인 요리대회인 '황금 보퀴즈Bocuse d'Or'를 주최하고 있고 리옹과 일본 도쿄에 있는 자신이 세운 요리학교에서 후배 요리사 양성에도 크게 기여하고 있다.

보퀴즈 식당의 그림

폴 보퀴즈의 요리는 혁신과 변혁이다. 혁신적인 누벨 퀴진에도 깊은 관심을 가졌던 그는 가볍게 익힌 야채에 저지방성 재료로 만든 드레싱과 소스를 약간 사용하며 단순한 시각적 효과를 살린 새로운 요리법을 고안했다. 그가 전통적인 요리법인 그랑 퀴진

● 묻기 전에 나서지 마라 〈드라마 '모래시계' 대사〉

폴 보퀴즈의 요리학교 L'Institut Paul Bocuse

폴 보퀴즈 식당 전경

자료 : www.each-lyom.com.

보퀴즈의 요리학교는 호텔 경영 분야의 수준 높은 철저한 교육을 제공하며, 식당과 호텔업의 각 영역에 맞추어 교육과정이 세분화되어 있다. 좋은 교육 환경과 실무 교육 그리고 직업 현장에서 경험을 쌓을 수 있도록 구성된 수업 방식은 학생들에게 자신이 진출하고자 하는 분야에 대한 지식과 노하우를 완벽하게 전수해 준다.

교육과정 중 '음식 서비스와 경영Food Service and Hospitality'은 이수 후에 폴 보퀴즈와 파트너인 게라르 펠리송Gerard Pelisson의 서명이 들어간 학위를 취득할 수 있는 동시에 긴밀하게 협력 관계를 맺고 있는 리옹 3대학의 학위를 수여받을 수 있다. 또 요리와 호텔 분야에서 최상의 실무 경력을 가진 교수진과 유명 요리장, 제과인, 와인 전문가들이 강연회와 시연회가 정기적으로 개최되어 실질적 업무 능력을 키울 수 있게 했다. 매년 5개월 간의 실무 연수는 필수이며 수업의 질을 높이기 위해 한 클래스당 20명을 넘지 않는 소수 정예 시스템으로 운영된다. 아코르Accord, 힐튼Hilton, 리츠 칼튼Ritz Calton 같은 국제적인 호텔그룹 체인망과도 협력 관계를 맺고 있다.

현재 이곳은 요리, 레스토랑, 호텔경영 분야에서 수백 명 이상의 졸업생을 배출하였고, 40여 개국의 요리사들이 새롭게 탄생하고 있다. 다양한 수업은 학생들로 하여금 폴 보퀴즈의 이름으로 용기와 기업가 정신 그리고 음식에 대한 사랑, 서비스 정신에 입각한 자유로운 정신을 완벽하게 전수받을 수 있게 한다.

Grand Cuisine을 두고 새로운 요리법을 시도하자 많은 젊은 요리사들도 그를 따랐으며 프랑스와 미국 등에서도 누벨 퀴진을 변형한 새로운 요리법들이 속속 등장하였다. 그의 저서로는 요리법에 대해 쓴 《식당요리법 *la Cuisine du Marché*》(1976), 《요리사의 나날 *la Journé du Cuisinier*》(1980) 등이 있다.

요리의 유래 부르고뉴 지방의 뵈프 부르기뇽 Bœuf Bourguignon

부르고뉴 지방은 포도밭, 골짜기, 평원이 많은 고원으로 황소가 많이 사육되어 프랑스에서 가장 질이 우수한 고기가 생산되며, 그 외에 과수원, 채소밭도 많다. 코트 도르의 도청소재지인 디종은 향료가 든 빵과 과자로 유명하다. 또한 버섯과 돼지고기도 빼놓을 수 없으며, 소의 위막으로 맛있는 요리를 만들어 먹었는데 그것은 타블리에 드 샤푀르Tablier de Sapeur로 베아른 소스Bearmaise Sauce(165쪽 참조)를 얹어 철판에 구워 먹는다.

뵈프 부르기뇽은 우리나라 갈비찜 비슷하게 생긴 쇠고기 사태찜으로 부르고뉴 지방에서 생산되는 와인과 소뼈를 고아서 만든 소스에 끓인 이 지방의 대표적인 음식이다.

요리법 뵈프 부르기뇽 만들기

- **재료**(4인분)

1차 요리

쇠고기(어깨살) **700그램, 레드 와인 1병, 양파 1개, 당근 1개, 샐러리 1대, 리크**(대파) **1대, 토마토 2개, 마늘 2쪽, 부케 가르니* 1개, 올리브오일 3큰술, 토마토 페이스트**

2큰술, 밀가루 2큰술, 쇠고기 갈색 육수 3컵, 소금 · 후춧가루 · 식용유 적당량씩, 통후추 약간

* 부케 가르니 bouquet garni – 향신료 다발로 타임, 파슬리, 월계수잎 등을 묶어서 스톡이나 소스의 향을 내는 데 사용한다.

2차 요리

베이컨 200그램, 양파(작은 것) 20개, 양송이버섯 250그램, 식빵 3장, 버터 100그램, 다진 파슬리 · 식용유 · 소금 · 설탕 적당량씩

• 만드는 방법

1. 쇠고기를 큼직하게 깍둑썰기하고, 채소들을 2센티미터 정도 크기의 정사각형 모양으로 잘라 쇠고기와 함께 큰 볼에 담는다.
2. 1에 부케 가르니, 흰 통후추, 레드 와인, 올리브오일을 넣고 랩을 씌워 24시간 동안 둔다.
3. 2를 체에 걸러 고기, 야채, 부르고뉴산 레드 와인으로 분리하고 고기와 채소는 수분을 제거한다.
4. 프라이팬에 소량의 식용유를 둘러 고기를 볶은 후 키친 타월 등으로 기름기를 제거한다.
5. 냄비에 식용유를 두르고 3의 채소를 볶는다.
6. 5에 4의 고기와 토마토 페이스트를 넣고 잘 섞으면서 밀가루를 넣고 살짝 볶아 밀가루 냄새를 없앤다.
7. 3의 레드 와인을 팔팔 끓여 체에 걸러 가면서 6에 넣고 잘 섞는다. 쇠고기 갈색 육수와 부케 가르니를 넣고 소금, 후춧가루로 간을 한 다음 뚜껑을 덮어 200도의 오븐에서 1시간 30분 정도 익힌다.
8. 베이컨을 가늘고 길게 잘라 프라이팬에 노릇하게 볶는다. 양송이는 세로로 2등분하여 소량의 버터에 볶아 준다.
9. 냄비에 작은 양파, 소금, 설탕, 버터를 넣은 뒤 양파가 잠길 정도의 물을 붓는다.

센 불에서 물이 거의 증발할 때까지 익힌다.

10. 국물이 졸아들어 캐러멜색이 나면서 양파에 묻어날 때까지 타지 않도록 냄비를 중간중간 흔들어 가며 익힌다. 불이 너무 세면 일단 물로 데글라세déglacer(주–생선류나 육류 등을 볶거나 구운 후 냄비에 붙어 있는 즙에 포도주나 물을 넣어서 소스가 얻어지도록 하는 과정)한 후 불을 줄여 다시 조린다.

11. 식빵을 하트 모양으로 잘라 놓는다. 가열한 프라이팬에 충분한 양의 식용유와 버터(정제 버터)를 넣고 하트 모양의 식빵을 노릇노릇하게 구워 크루통crouton(주–주사위 모양으로 자른 빵을 버터나 기름으로 볶아 바삭하게 만든 것)을 만든다.

12. 7의 고기가 충분히 익으면 바트에 옮겨 젖은 면보 등으로 덮어 둔다. 고기를 꾹꾹 눌러 국물을 체로 거른 뒤 불순물을 걷어 내면서 걸쭉하게 끓이고 다시 한 번 걸러 고기 냄비에 붓는다. 20~30분 동안 약한 불에서 끓인다.

뵈프 부르기뇽

기드 미슐랭과 고미요의 인정을 받은 형제

트루아그로 형제

Pierre et Michel Troisgros, 1928~

2003년 《고미요》 최우수 요리장
왼쪽부터 형 장 피에르, 동생 미셸 피에르

먼저 피에르 트루아그로Pierre Troisgros는 1928년 프랑스 샬롱쉬르손Châlon-sur-Saône 출생이며 아버지는 장 밥티스트Jean Baptiste로 생전에 부르고뉴 요리와 와인을 좋아했다고 한다. 그의 형 장 피에르Jean Pierre는 파리의 뤼카스 카르통Lucas Carton, 빈의 푸앵Point 등 유명 레스토랑에서 요리 기술을 습득한 훌륭한 요리사였다. 그의 아들 미셸 트루아그로Michel Troisgros는 1958년 로안Roanne 출신이며 그르노블Grenoble에서 학교를 졸업하고 영국의 유명 레스토랑과 프랑스의 알랭 샤펠Alain Chapel, 미셸 게라르Michel Guérard 등에게 요리를 배운 요리사이다.

트루아그로는 프랑스 요리의 중심이며 세계 각국의 미식가들의 칭송이 끊이지 않는 요리사이다. 이들 피에르, 장, 미셸의 레스토랑은 《기드 미슐랭》에서 별 3개를 30년 이상 연속하여 수상하고 있으며, 2003년 《고미요 Gault-Millau》의 최우수 셰프상을, 2004년 레지옹 도뇌르 훈장을 받기도 했다. 트루아그로 레스토랑은 리옹뿐만 아니라 파리, 일본 등에도 진출해 있다. 트루아그로는 또한 요리 이외에도 새로운 맛의 탐구를 게을리하지 않는 요리장이다.

젊은 평론가의 시각, 《고미요 *Gault-Millau*》

세계적으로 권위를 인정받는 레스토랑 평가서는 단연 프랑스의 《기드 미슐랭》과 《고미요》이다.

《고미요》 표지

1972년, 유명한 미식가인 앙리 고Henri Gault와 크리스티앙 미요Christian Millau 형제가 창립한 《고미요》는 《기드 미슐랭》보다 심사체계가 훨씬 더 체계적이고 전문적이며 매년 파리판, 지역판 등으로 따로 발간된다. 또 레스토랑을 범주별로 분류하면서 요리사 모자숫자로 등급을 표시한다.

《고미요》는 젊은 평론가들의 시각에서 레스토랑을 평가하고 20점 만점의 점수를 기준으로 한다. 《기드 미슐랭》이 붉은색 표지로 유명세를 타면서 《르 기드 루즈 *Le Guide Rouge*》로 출간된 것과 대비해 《고미요》는 표지 색깔이 노란색이다. 《기드 미슐랭》의 평가가 지나치게 전통을 고수하고 고지식하다는 평가를 받는 데 비해 《고미요》는 적나라한 비평과 해마다 변화무쌍한 평가점수로 인기를 얻고 있다. 《기드 미슐랭》에서 별 3개를 받은 최고의 레스토랑도 《고미요》에서는 17~19점 정도를 받으니, 어떤 이들은 이러한 《고미요》의 구체적이고 솔직한 평가방식을 더 인정하기도 한다.

● 화해는 상대가 아니라 자신을 뒤돌아보는 데에서 오는 것이다. 〈기업윤리특강, 송봉모 신부님 - 상처와 용서 중〉

고전적이며 동양적인 요리를 만드는 요리장

루이 우티에

Louis Outhier, 1930~

프랑스 칸 지방의 별 3개 요리장

자료 : THURIES, No.40. 1992.6월호. p.7.

루이 우티에는 1930년 12월 2일에 스위스 국경지대에 있는 프랑스 프랑슈콩테Franche-Comté 주의 벨포르Belfort에서 태어났다. 아버지는 자동차 대리점을 경영했고 어머니는 두 아이를 기르는 가정주부였다. 우티에가 요리와 인연을 맺게 된 데에는 두 가지 경험이 영향을 미쳤다. 첫 번째 경험은 그의 어린 시절로 거슬러 올라간다. 어린 시절 그는 프랑슈 콩테 지방에서 대대로 물레방앗간을 운영하시는 할아버지의 집에서 방학을 보냈다. 이곳에서 그는 따사로운 경험을 하는데 그의 할아버지와 할머니는 끼니마다 15~20명의 사람들 초대하여 함께 식사하는 것을 즐겼다. 할아버지가 각종 곡류를 가루로 만드는 작업을 하시는 동안에 할머니는 언제나 자연에서 생산된 천연 재료로 푸짐한 음식을 마련했고, 이들 노부부는 주변인들을 초대하여 활기찬 분위기 속에서 식사를 즐겼다. 이를 지켜본 조그만 손자는 천연 재료로 만드는 맛있는 음식과 이를 남들과 나눠 먹는 조부모의 조화로운 삶을 통해 음식이 주는 위대한 힘을 어렴풋이 느끼게 된다.

그러던 중 제2차 세계대전이라는 지옥과도 같은 시간 속에서 두 번째 경험을 하게 된다. 전쟁이 발발하여 가족이 뿔뿔이 흩어지게 되면서 우티에는 부모와 떨어진 다른 아이들과 함께 홀로 적십자사에 의해 스위스로 보내졌다. 스위스로 보내진 아이들은 각자 현지의 가정에 소개되어 그곳에 기거하게 되었는데 이때 우티에는 제과 · 제빵사의 집에 기거하게 된다. 그는 이곳에서 최선을 다해 제과 · 제빵사인 주인을 도와 그 일을 함께 했고, 이는 그가 요리를 자신의 평생 업으로 삼게 되는 중요가 계기가 된다.

이후 기적적으로 가족이 다시 한 지붕 아래로 모이게 된 우티에는 학업을 마치고는 엔지니어 수업을 받는 큰 형과 달리 주저 없이 요리사의 길을 택한다. 하지만 보수적인 그의 아버지는 이런 그의 의견에 대노하며 반대했다. 보수적인 그의 아버지에게 있어서 요리란 여자들만 하는 일로 남자인 우티에가 요리사가 된다는 것은 결코 있을 수 없는 일이었기 때문이었다. 하지만 아버지의 반대에도 우티에는 뜻을 굽히지 않았다. 결국 아버지는 자신의 고객 중 한 명이었던 드니 미샬량(주-영국 왕실에서 근무한 경험이 있는 요리사로 벨포르에 식당을 갖고 있었다)에게 수습을 부탁하는 특단의 조치를 취한다. 미샬량의 식당에서 일을 하다 보면 요리에 질려 요리사가 되는 것을 포기하게 될 것이라 생각했기 때문이었다.

루이 우티에와 레스토랑 오아시스 직원들

자료 : THURIES, No.40. 1992.6월호. p.13.

하지만 아버지가 독이라 생각했던 특단의 조치는 오히려

우티에에게는 약이 되었다. 아버지의 생각과 반대로 미샬랑의 매력에 완전히 빠져버린 것. 미샬랑의 말 한 마디, 일거수일투족 모두를 존경한 우티에는 자신의 스승의 가르침을 최선을 다해 받았다. 그리고 2년 후인 1953년, 그는 자신의 스승의 추천으로 푸앵Point이 운영하는 라 피라미드La Pyramide에 요리사로 들어가게 되었고, 이로서 본격적으로 요리사로서의 삶을 살게 된다.

우티에가 정착한 곳은 비엔Vienne이 아니라 칸 옆에 있는 나풀Napoule이라는 작은 마을이었다. 칸에서 영화 페스티발이 열리는 동안 일손을 돕기 위해 칼튼Carlton 호텔로 파견갔던 그는 지중해의 햇살과 기후에 매혹되었고 우연의 일치로 친구의 아버지가 운영하는 펜션의 운영자로 임명되었다.

그래서 우티에는 3년간 미샬랑에게 요리를 배울 무렵 만났던 부인과 함께 레스토랑 오아시스Oasis를 사들였고 1960년에는 《기드 미슐랭》의 별 1개를 얻었다. 그는 호텔업을 포기하고 요리에만 전념하면서 1965년에 두 번째 별을 획득했고 최종적으로 1970년에 세 번째 별을 수여받는 영광을 누렸다.

우티에의 요리는 고전적이면서 동시에 현대적이다. 태국과 일본을 여행하며 깊은 감명을 받고서 동양적 색채를 요리에 가미했다. 그는 40여 년간의 요리생활을 끝으로 일선에서 물러났고 레스토랑 오아시스Oasis는 그의 제자인 스테판 랭보Stephane Rainbault가 이어받아 운영하고 있다.

● 50부터는 인생관을 바꿔야 한다. 이제 꿈, 자존심, 불필요한 사람은 버리고 오직 나만을 위해 살아라 〈사이토 다까시〉

세계의 음식문화 서양의 에티켓편

테이블 매너

테이블 매너의 기본은 착석이다. 여기서 호스트(남자 주인)와 호스테스(여자 주인)의 역할이 중요하다. 착석에서 상석은 입구에서 먼 곳이며 전망이 좋은 곳이다. 항상 여성 우선을 원칙으로 한다(레이디 퍼스트). 의자에 앉을 때는 왼쪽으로 앉고 가방과 서류 봉투는 테이블 위에 놓지 않는다. 또한 식사가 시작되면 의자의 위치를 바꾸지 않는다.

냅킨은 미리 펴지 말고 모두가 자리에 앉고 나서 편다. 냅킨은 음식물에 의하여 더러움을 방지하기 위하여 사용하고 사용 시 입을 가볍게 닦는다. 하지만 루주나 얼굴을 닦지 않는다. 식사 중 냅킨은 의자 뒤에 놓고 의자 바닥에는 놓지 않도록 한다. 식사 후 냅킨은 되는 대로 접어 테이블 위에 놓는다.

식전주(애피리티프)는 셰리(Sherry) 와인이 대표적이다. 셰리 와인은 스페인산(産) 백포도주로 일반적으로 여성은 크림셰리를, 남성은 드라이셰리를 마신다. 또한 식전용 칵테일로는 남성은 마티니, 여성은 맨해튼 칵테일이 있다. 일반적으로 화이트와인을 식전주로 마시기도 하며 술을 못하는 사람은 주스나 진저에일 등을 마신다. 여기서 칵테일 장식용 체리나 올리브는 먹어도 된다.

글라스 사용법에는 와인 테스팅이 있는데 주문 와인을 확인하고 색을 본 후 냄새를 맡고 맛을 음미한다.

포크와 나이프는 16세기부터 사용되었다. 오른손에는 나이프, 왼손에는 포크를 집는다. 포크는 굽은 부분이 위로, 집게손가락으로 등을 누르는 것처럼 잡도록 한다. 나이프는 자루를 손바닥 중간 정도로 쥔다. 여기서 포크는 찌르지 않도록 주의한다. 포크와 나이프는 식사중과 식사 완료 사인이 있다. 스푼은 연필을 쥐듯이 사용하고 안쪽에서 밖으로 사용한다. 식사 완료 후에는 받침대 앞에 놓는다.

코스요리

1. 전채요리

- 스모크 새먼(스모크 새먼, 케이퍼, 양상추, 홀스래디쉬 소스) 레몬 사용
- 카나페는 손으로 먹어도 된다.

- 캐비아 : 철갑상어 알
- 푸아 그라 : 거위 간
- 오이스터 : 생굴(10월~2월 말까지)
- 쉬림프 칵테일
- 에스카르고 : 달팽이 요리(뮤신)

2. 수프

- 스푼 사용법 : 안에서 밖으로 사용한다.
- 수프는 먹는 것이지 마시는 것이 아니다. 절대 소리를 내지 않는다.
- 수프는 맑은 수프와 크림수프처럼 묽은 수프 2가지가 있다.
- 수프는 재료에 따라 이름을 만든다.
- 손잡이가 있는 수프 컵은 손으로 들고 마셔도 된다.
- 컵 속에 스푼을 넣은 채로 마시거나 컵을 든 채 스푼으로 떠먹는 것은 매너가 아니다. *미국식: 앞에서 밖으로, 유럽식: 밖에서 안으로

3. 빵

- 빵은 배를 불리는 것 보다 음식과 음식 사이의 맛을 더해 주는 용도이다.
- 아침에 먹는 토스트를 제외하고 점심, 저녁에 먹는 빵은 손으로 먹는다.
- 빵 접시와 버터나이프는 왼쪽에 있기 때문에 주의하도록 하고 아침 토스트 이외에는 잼이 나오지 않는다. 빵을 앞으로 옮겨서 먹지 않고 버터는 자기 취향대로 가져와 사용한다.

4. 샐러드

- 샐러드는 왼쪽에 제공되며 앞쪽으로 움직이지 않는다.
- 샐러드에는 소금이나 후추를 뿌리지 않는다.
- 샐러드에는 드레싱(소스)을 선택한다. *드레싱은 맛을 보고 시키지 않는다.

5. 메인(앙뜨레)

- 스테이크 종류

– 등심 스테이크(Sirloin Steak) : 기름기가 많고 약간 길쭉하다.

– 안심 스테이크(Tenderloin Steak) : 샤토브리앙, 필레미뇽 스테이크

- 티본 스테이크(T-Bone Steak) : 안심과 등심을 한꺼번에 맛볼 수 있다.
- 스테이크의 육즙
- 레어(Rare)
- 미디움 레어(Medium Rare)
- 미디움(Medium)
- 미디움 웰던(Medium Welldon)
- 웰던(Welldon)
- 스테이크는 왼쪽부터 적당한 크기로 잘라 먹는다.
- 스테이크는 구운 후 나오는 육즙에 참맛이 있다.
- 송아지, 돼지고기는 굽는 정도가 없이 웰던으로 나온다.
- 아랍계통의 사람들은 돼지고기를 먹지 않는다. *안심 스테이크의 베이컨 주의
- 중국인은 쇠고기보다 돼지고기를 더 좋아한다.
- 보통 180g이다.

6. 와인
- 종류 : 레드와인, 화이트와인, 로제와인
- 와인 이름 읽는 법
- 포도 품종명 : 카베르네 쇼비뇽, 샤르도네
- 산지명 : 보졸레 누보, 메독, 생테밀리옹
- 양조장명 : 샤토

7. 디저트
- 디저트는 프랑스어로 디즈빌(치우다)에서 유래한다.
- 디저트는 약간 달콤한 종류로 과일이나 아이스크림, 케이크, 푸딩 등이 나온다.
- 디저트가 제공되기 전 건배가 제의되기도 한다.
- 프랑스에서는 디저트 전에 치즈를 먹기도 한다.
- 수분이 많은 과일은 스푼으로 먹는다.
- 포도의 씨와 껍질은 손바닥 안에 뱉어 살짝 접시에 놓는다.
- 핑거볼은 한 손씩 교대로 씻는다.

8. 브랜디

- 식후주로 남성이 좋아하는 브랜디와 여성이 좋아하는 리큐르가 있다.
- 브랜디 글라스 사용법 : 한 손, 두 손
- 숙성 연도 : XO 45년, Napole' on 30년, V.S.O.P 25년, V.S.O 15년
- 보통 8병의 와인을 증류하면 1병의 브랜디 생산
- 음료 사양 시에는 손이나, 말("No thanks")로 표현

9. 커피

- 커피를 맛있게 끓이는 법은 신선한 물을 사용하고 너무 오래 식히지 않는 것이다.
- 물은 생수를 사용하고 끓자마자 불을 끈 후 그 물을 사용한다.
- 프림은 설탕을 넣은 후에 넣는다.
- 커피는 향기 유지를 위해 밀폐 후 냉장 보관한다.

10. 팁 매너(TipTipping Manner)

- 우리나라는 서비스 차지(service charge)에 포함
- 식당, 미장원, 택시 : 이용금액의 15~20%, 최소 20% 이상
- 음식배달 : 15~20%
- 코트나 옷 수선 : 1개당 50센트~1달러
- 야채를 집으로 배달 : 1달러
- 구두닦이 : 50센트
- 호텔에서
- 도어맨 : 1달러
- 벨맨 : 가방 1개당 1달러
- 룸서비스, 식당 : 15~20%
- 룸메이드 : 1일 1달러
- 골프 캐디 : 가방 1개당 4~5달러 혹은 그린피의 15~20%

미식과 다이어트를 추구하는 요리장

미셸 게라르

Michel Guérard, 1933~

다이어트 요리의 대가

자료 : THURIES, No.41. 1992.7~8월호. p.7.

게라르는 1933년 3월 27일에 프랑스 베퇴이Vétheuil에서 태어났다. 전쟁 중에 그의 어머니는 어렵게 정육점을 운영하였다. 코르네유에서 고등학교를 다니던 시절, 게라르는 그림과 스포츠뿐만 아니라 과학을 매우 좋아했고 연극에도 관심이 많았다. 하지만 그는 당시 멩트라졸리Maintes-la-Jolie에 정착하기 위해 고생하는 부모님을 도와야 했기에 학업을 중단할 수밖에 없었고 결국 제빵사가 되기로 결심했다. 가장 절친한 친구의 아버지가 하던 제빵업을 평소 무척 존경했기 때문이다.

게라르는 멩트라졸리에 있는 클레베르 알릭스Kléber Alix의 제빵가게에서 수습을 시작했다. 알릭스는 그에게 새로운 제빵기술에 대해 가르쳐 주었다. 군대에 입대하기 바로 직전에 그는 루앙Rouen과 디프Dieppe 중간에 위치한 호텔 드 시뉴Hôtel de Cygne의 요리부에 들어가서 일했다. 군대에서 제대한 후 그는 크리용Crillon 호텔의 제빵부 요리장 자리를 얻었고 이후 소스부와 식료품 요리장과 함께 일할 기회를 가졌다. 1958년에는 리도Lido의 제빵 요리장으로 일하였다. 리도의 소유주인 클레리코Clerico 형제는 곧 그의 뛰어난 요리 솜씨를 알아보고는 자신의 가게에 와서 요리를 담당해 줄 것을 부탁하였다. 게라르는 6년 동안 기꺼이 그들의 식당에서 요리를 담당했다. 하지만 사고로 중상을 입은 친구를 대신해 리도를 떠나 그 동안의 경험을 살려 제빵가게를 운영하기도 했다.

그리고 1965년, 게라르는 아니에르Asnières에 있는 오래된 카페를 구입하여 식당을 개업했다. 그곳에서 그는 콩깍지와 아스파라거스, 거위 간을 넣은 샐러드와 그의 어머니가 토요일마다 만들어주곤 했던 포토푀Pot au feu(주-쇠고기 스튜) 요리를 선보였다. 어머니에게 존경을 표시하는 의미로 레스토랑 이름도 포토푀로 정했다. 1967년에 그의 레스토랑은 《기드 미슐랭》에서 별 1개, 1970년에는 별 2개를 받았다. 1977년에는 별 3개를 획득함으로써 최고급 식당의 명예를 누렸다.

미셸 게라르와 포토푀 레스토랑 직원들

자료 : THURIES, No.41. 1992.7~8월호, p.15.

이후 게라르는 다이어트 음식에 각별한 관심을 가졌고 1975년부터 1981년까지 텔레비전에 출연하여 다이어트 음식에 관한 이야기를 전했다. 그리고 1976년에는 라퐁Lafon 출판사에서 《다이어트 요리 *Grande Cuisine Minceur*》를 출판했다. 이 책은 선풍적인 성공을 거두었고 이런 성공에 힘입어 그는 1978년부터 요리총서를 출판하기 시작하였다. 첫 2권은 베스트셀러가 되어 13개 언어로 번역되기도 했다. 이 외에 그는 좋은 요리를 만들기 위해서 세계 각지로 많은 여행을 다녔다. 뉴욕에 르 레진스

Le Regine's라는 레스토랑을 개업했으며 중국 여행 때에는 북경오리 요리를 칭송하기도 했다. 현재 그는 부인 크리스틴Christine과 함께 레스토랑 레 프레 되제니les Près d'Eugenie를 운영하고 있는데, 미식과 다이어트를 함께 추구하는 이상적인 레스토랑으로 훌륭하게 자리잡고 있다. 그들에게 다이어트 요리란 칼로리만을 계산해서 따지는 것이 아니라 균형 잡힌 영양을 섭취하는 요리인 것이다. 그가 개발한 다이어트 요리로는 비에르주 소스Sauce Viérge, 생선 요리(꿀과 양념을 바른 아귀구이), 갑각류 요리(대하의 꿀 사프란 찜), 가금류 요리 등이 있다.

부인 크리스틴과 함께 식사 중인 게라르

요리의 유래 포토푀 Pot-au-feu

프랑스의 가정 요리로 쇠고기의 사골, 꼬리, 채소를 통째로 넣고 물을 부어 푹 끓이는 스튜 요리이다. 국물은 수프처럼 먹고, 건더기는 건져 수육처럼 먹는다.

포토푀

자료 : HOFMAN Jan Corneils-Paysage, 1935.

요리법 포토푀 만들기

• 재료

쇠고기(갈빗살) 600그램, 소양지 600그램, 양파 1개, 정향 4개, 소정강이뼈 600그램, 마늘 6개, 부케 가르니(타임, 파슬리, 월계수잎 등을 묶어 스톡이나 소스의 향을 내는 데

사용), 통후추 10개, 당근 3개, 무 1/2개, 감자 2개, 샐러리 5줄기, 대파 3줄기

• **만드는 방법**

1. 야채를 손질하고 양파에 정향을 박아 놓는다. 이때 양파는 통째로 사용하고 마늘은 다져 넣는다.
2. 당근은 다듬고 감자는 크게 2~3등분하다. 무도 적당히 자르고 대파와 샐러리는 손가락 마디 길이로 썬다.
3. 2리터의 찬물에 쇠고기(갈빗살)를 넣고 물이 끓기 시작하면 10분 정도 두었다가 약한 불로 1시간 동안 계속 삶는다.
4. 갈빗살이 삶아지면 정강이와 양지를 넣고 양파, 다진 마늘, 부케가르니, 통후추, 소금을 넣고 끓여 중불에 2시간 동안 삶는다.
5. 당근과 감자, 무, 대파, 샐러리를 넣고 다시 약한 불에 1시간 푹 끓인 후 오목한 접시에 낸다.

요리법 비에르주 소스Vierge Sauce 만들기

• **재료**

올리브오일 4큰술, 레몬즙 1/2큰술, 마늘 1개, 토마토 1/2개, 바질 · 고수(코리앤더) 잎 · 고수 씨 · 소금 · 후추 적당량

• **만드는 방법**

1. 올리브오일 1큰술에 다진 양파를 중불에서 10분간 볶는다.
2. 레몬즙과 올리브오일을 3큰술 정도 더 추가하여 약한 불에서 서서히 가열한다.
3. 다진 토마토와 고수 씨를 다져 넣고 바질과 고수 잎을 넣는다.
4. 소금, 후추로 간을 하고 발사믹 식초를 조금 넣은 후 5분 이상 허브의 향이 스며들도록 한다.

요리의 유래 캐비아 Cavia

13세기경 러시아에서 최초로 캐비아caviar라는 말이 사용되었다. 캐비아란 단어는 터키어의 khavyar란 말에서 유래되었는데 수정되지 않고 염장된 철갑상어의 알을 뜻한다. 철갑상어는 오직 북반구에서만 분포하고 있고 어떤 것은 마치 거인처럼 크지만 대부분은 온순하다. 철갑상어는 바다에 살며 산란 때 연어처럼 강으로 되돌아온다. 하지만 산란 후 생을 마감하는 연어와 달리 철갑상어는 산란 후에도 계속 생명을 이어간다. 인류는 고대시대부터 철갑상어의 고기와 알을 즐겨왔다.

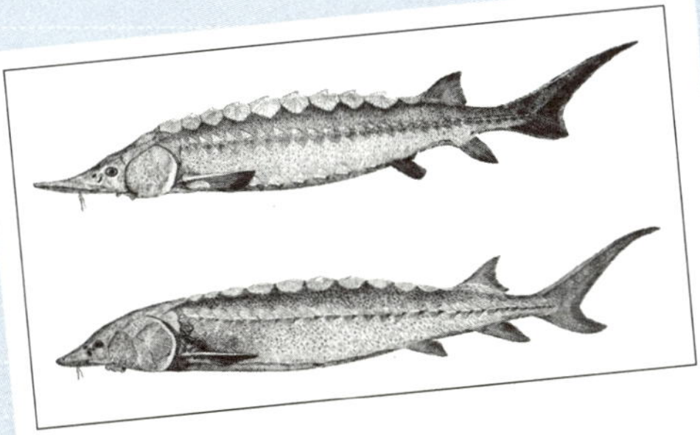
철갑상어

전 세계에는 27종의 철갑상어가 있지만 캐비아를 생산하는 주된 철갑상어는 4종류뿐이다. 법적으로 철갑상어에서 얻은 알만 캐비아라고 라벨링할 수 있다.

4종류의 철갑상어 중에서 가장 상품에 속하는 것이 러시아산 철갑상어인 벨루가beluga이다. 다른 종류는 칼루가kaluga, 세브르가sevruga, 오세트라osetra, 쉽ship인데 이상은 모두 카스피해 산이다. 이들은 각각 크기별로 뚜렷한 특징을 지니고 있다.

일반적으로 고급의 철갑상어의 알은 그 맛을 반감시키는 가니시garnish 없이 그 자체로 즐기는 것이 바람직하다. 반면에 다른 알들은 다른 음식이나 식재료와 결합하였을 때 조직감과 풍미가 살아나기도 한다. 최상급의 캐비아의 맛은 평생 잊을 수 없을 정도이다.

캐비아의 종류

벨루가Beluga(*Huso buso*) 캐비아 중에서 가장 큰 알이다. 맛은 풍부하고 부드러우며, 버터 맛이 난다. 캐비아 중에서 가장 귀하고 비싸다. 색깔은 짙은 검정에서 흐린 회색까지 있다. 이 캐비아는 혀끝에 닿았을 때 톡 터지는 소리가 난다.

칼루가Kaluga(*Huso dauricus*) 이것은 중국산 철갑상어의 알이다. 벨루가보다 향이 약하고 더 짙은 검정색이다. 가격은 벨루가와 비슷하나 약간의 견과류 맛을 가지고 있다. 그래서 중국 임페리얼Chinese imperial이나 벨루가 프라임Beluga prime으로 표시되기도 한다.

오세트라Osetra(*Acipenser gueldensaedti*) 가장 흥미로운 캐비아 중 하나이다. 과일 맛이나 견과류 맛을 함유한 매우 다양한 맛을 가지고 있다.

세브루가Sevruga(*Acipenser stellatus*) 이것은 작고 부드럽기 때문에 입안에서 톡 터지는 느낌이 적고 덩어리져 있다. 맛은 때로 고기 맛이나 약한 감귤

캐비아를 얹은 카나페

캐비아용 상아 스푼(캐비아는 맛이 예민하여 금속 기물이나 스픈은 사용하지 않아야 한다)

벨루가

오세트라

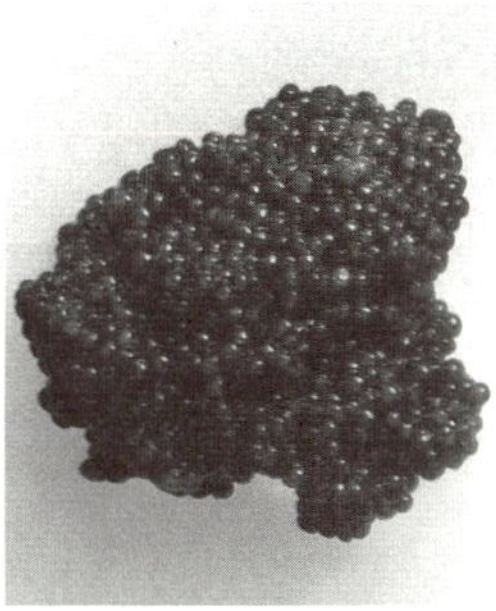

세브루가

맛으로 묘사된다.

요리의 유래 비스킷 Biscuit

프랑스에서는 비스킷을 '두 번 굽는다'는 뜻으로 해석하여 비스퀴biscuit라 부르고, 독일에서는 스펀지케이크 계통을 말한다. 영어의 쿠키는 폴란드어의 코어키에Koekje, 즉 작은 과자라는 말에서 유래되었다는 설이 있으며 비스킷은 프랑스의 비스퀴에서 유래되었다고 한다.

미셸루 Michel Roux의 작품

자료 : The Roux Brothes on Patisserie p.73.

19세기 초 나폴레옹 시대에 프랑스와 스페인 사이에 있는 비스케Biscay라는 항구에서 영국 배가 풍랑을 만나 긴급 정박하게 되었다. 그런데 식량이 떨어져 남은 재료를 물에 반죽하여 잘게 떼어내 철판에 구워 먹은 것이 오늘날의 비스킷이 되었다고 한다.

오리 요리의 대가

앙드레 다갱

André Daguin, 1935~

프랑스 요식업계 회장이자 오리 요리의 달인

자료 : THURIES, No.39. 1992.5월호, p.7.

다갱은 1935년 9월 20일에 태어났다. 그의 할아버지인 뤼시앙 다갱Lucien Daguin은 그가 태어나기 9년 전인 1926년에 호텔 드 프랑스l'Hôtel de France를 구입했다. 바칼로레아baccalauréat(주-프랑스 대학입학 자격시험)를 통과한 다갱은 파리의 호텔학교에 입학했고 프랑스 서부 마옌 · 사르트 주의 멘Maine 대로변에 있는 미슐랭 별 2개의 식당 알베르Albert에서 요리사로 일했다. 그리고 프랑스 항공회사인 에어 프랑스Air France의 요리부서에서 근무했다. 그는 이때 당시의 비행기 승객들이 기내 음식의 질에 따라 항공사를 평가한다고 말했다.

이후 다갱은 가업인 식당을 잇기 위해 부인과 함께 오슈Auch의 호텔 드 프랑스로 돌아왔다. 우선 그는 포도 재배지를 구입하고 오리 요리에 관심을 가졌다. 그리고 1960년대에 덜 익힌 오리가슴살로 만든 요리를 처음 선보이는 데 이른다. 사실 이 덜 익힌 오리가슴살 요리는 손님들이 주문을 꺼려하는 등 대중들에게 외면을 받았다. 하지만 곧 이 요리는 일단 맛을 본 사람들의 입맛을 매료시켰고, 입소문을 타기 시작했다. 오늘날 덜 익힌 오리가슴살 요리는 미식가들이 즐기는 요리가 되었다.

이처럼 선구자적인 요리법을 만들어 낼 것을 강조한 그가 호텔 드 프랑스에는 샤를 드 골De Gaulle(주-1890~1970, 1965년 대통령 재선), 지스카르 데스탱Giscard d'Estaing(주-1926~, 프랑스 제5공화국의 3대 대통령), 미테랑 Mitterrand(주-1916~1996, 프랑스 21대 대통령) 등 프랑스 역대 대통령들이 다녀간 곳으로도 유명하다. 그들은 다갱이 만든 오리 요리를 맛본 후 모두 주방장의 솜씨와 요리의 참맛을 입이 마르도록 칭찬하였다고 한다.

프랑스 요식업계 회장에 당선된 그는 요식업에 대한 아주 분명한 비전을 갖고 있었다. 그는 손님들이 음식에 대한 불만을 잘 표현하지 않는 것에 대해 그것은 많은 주방장들이 비판을 받아들여 이를 개선할 준비가 되어 있지 않기 때문이라고 그 이유를 설명했다. 또한 요리는 품질 하나만으로 모든 것을 평가할 수 없고, 품질에 수반하여 다양한 판촉행사도 필요하다는 사실을 강조하기도 했다.

앙드레 다갱과 호텔 드 프랑스 직원들

자료 : THURIES, N0.39. 1992.5월호. p.13.

● 최선은 결과가 나왔을 때 쓰는 말이다. 〈루시드〉

누벨 퀴진의 선봉장

알랭 샤펠

Alain Chapel, 1937~1991

주방의 레오나르도 다빈치 샤펠

자료 : A. Chapel, La Cuisine des Recettes. 표지.

1991년, 또 하나의 요리계의 거성이 우리의 곁을 떠나갔다. 그의 이름은 알랭 샤펠. 그는 프랑스 요리계의 발전에 수많은 업적을 남긴 '주방의 레오나르도 다빈치'였다. 사후 18년이 지난 지금까지도 그와 일을 했거나 그의 밑에서 요리를 배웠던 많은 요리사들은 그의 천재성에 대해 이야기를 한다. 그는 '요리사는 말보다는 음식으로 자신을 보여줄 수 있다.'고 믿었고, 매일매일 요리사라는 칭호에 걸맞게 음식을 준비하며 장인匠人으로서 일하였다. 이런 그의 노력의 일환으로 거둔 성과가 '누벨 퀴진nouvelle cuisine'이다. 누벨 퀴진은 재료의 맛이 요리로 인해 가려져서는 안 되고, 자연 재료의 맛을 그대로 살려 요리해야 한다는 주장을 바탕으로 밀가루와 지방을 억제하고 담백함과 신선미를 강조하는 현대 프랑스 요리의 스타일이다. 그는 유럽의 가장 아름다운 정원 중 하나라고 일컬어지는 론Rhône 계곡에서 생산된 음식 재료에 강한 애착을 가졌고, 이를 이용한 요리를 개발하여 세계적 찬사를 얻었다.

그렇다면 누벨 퀴진의 선봉장 알랭 샤펠은 누구일까? 그는 1937년 12월 30일 리옹에서 태어났다. 아버지는 로제 샤펠. 1957년 《기드 미슐랭》의 별 1개를 받은 호텔 레스토랑 요리사 출신이었다. 아버지의 직업이 요리사인 만큼 그도 요리업계에 입문했다. 아버지 로제 샤펠 Roger Chapel은 호텔 레스토랑에서 일했으며 그는 아버지를 이어서 요리업계에 입문했다. 그는 9살 때 가족의 품을 떠나 몽 도르Mont d'Or에 있는 기숙

알랭 샤펠과 그의 레스토랑 직원들

자료 : THURIES, No.21. 1990.7~8월호, p.13.

학교에 들어갔다. 대입시험에 실패한 알랭은 곧바로 요리사 수습을 받기 시작했다. 5년간의 수습 기간 동안 그는 중요한 두 사람과 친분을 쌓았다. 페르낭 푸앵Fernand Point과 장 비냐르Jean Vignard가 바로 그들이다. 푸앵은 1947년부터 유일하게 《기드 미슐랭》의 별 3개를 유지해 온 기념비적인 요리장이고, 비냐르는 리옹 요리의 대가였다. 알랭은 항상 발목까지 내려오는 하얀색 앞치마를 입었는데, 그것은 바로 장 비냐르에 대한 존경의 표시였다고 한다.

알랭은 수많은 유명한 고급 레스토랑에서 요리의 기반을 닦았고 1969년에 비로소 자신의 이름으로 된 식당을 갖게 되었다. 1957년에 그의 아버지는 이미 《기드 미슐랭》의 별 1개를 받았고 그는 1969년에 별 2개를 받았다. 그리고 1973년 3월에 미요네Mionnay에 있는 그의 식당은 《기드 미슐랭》의 별 3개를 획득했다. 《고미요》에서 4개의 모자와 최고점인 19점(20점 만점)을 받아 명실 공히 프랑스 최고의 레스토랑이 되었다.

알랭 샤펠은 직접 장을 보는 사람으로 유명하다.

자료 : A. Chapel, La Cuisine. c'est beaucoup plus que des recettes, p.66.

알랭 샤펠과 그의 오래된 동료 직원들은 그와 그들의 성공이 얼마나 어려운 일이었는지를 잘 알고 있다. 매일매일 최고의 요리를 유지하기 위해 최선의 노력을 할 뿐만 아니라 샤펠의 정신, 즉 '요리는 요리법 그 이상의 것이다.'를 실현시키기 위해 최선을 다했던 것이다. 요리의 정상에 우뚝 선 알랭 샤펠은 별 3개를 획득한 가장 젊은 요리사 중 한 명이었으며, 그는 프랑스 요리의 미래를 보여주는 프랑스의 유명 인사였다.

신 프랑스 요리법 누벨 퀴진 Nouvelle Cuisine

알랭 샤펠이 선보이는 누벨 퀴진

밀가루와 지방을 억제하고 담백함과 신선미를 강조하는 이른바 현대 프랑스 요리의 스타일이다. 끊이지 않는 연회와 끝없는 메뉴로 만들어진 제3공화국(1870~1940)의 풍성하고 부르주아적인 요리는 영양학에 정통한 누벨 퀴진이 나타나기 전인 1970년대까지 계속되었다. 17세기에 니콜라 드 본퐁스Nicolas de Bonne Pons(주-프랑스의 미식가, 《시골의 진미》의 저자)가 음식의 맛이 요리로 인해 가려져서는 안 되고 단순한 자연적 요리로 맛을 내야 한다고 주장한 이래로, 근대를 지나면서 이런 사상이 주류를 이루었다.

현대에 와서 알랭 샤펠은 이런 사상을 바탕으로 누벨 퀴진이라는 요리의 한 장르를 개척했다.

두 명의 요리비평가인 크리스티앙 미요Christian Millau와 앙리 고Henri Gault는 1973년에 요리사들에게 소스를 가볍고 새롭게 하며 재료들의 맛을 그대로 간직하도록 하고 외국 요리에 개방할 것을 요구하며 다음과 같은 10개의 요구사항을 제시했다.

알랭 샤펠의 작품(고기를 반죽으로 싼 앙 크루트)

1. 너무 익히지 말 것
2. 신선하고 좋은 재료를 사용할 것
3. 메뉴를 가볍게 할 것
4. 틀에 박힌 방식으로 현대화하지 말 것
5. 연구할 것, 그러나 새로운 테크닉에 대해 연구할 것
6. 마리네(주-재료를 양념에 담가 맛을 들이는 것), 말리기, 발효를 피할 것
7. 브라운 소스와 화이트 소스의 경계를 없앨 것
8. 영양학을 공부할 것
9. 지나친 장식을 하지 말 것
10. 창조적일 것

이 누벨 퀴진 혁명은 그 후 15년 동안 프랑스와 유럽 사회 전체에 번졌다. 폴 보퀴즈, 알랭 샤펠, 앙드레 픽 이 세 요리사는 모두 누벨 퀴진을 대표하는 요리 거장이다. 때로는 너무 지나쳤던 한 세대가 지난 후 프랑스의 위대한 요리는 누벨 퀴진의 섬세한 교훈을 잃어버리지 않으면서도 신토불이 생산물로 회귀하고 있다.

요리의 유래 리옹의 베녜 Baigner와 소시지

리옹은 프랑스 미식 이론의 중심지이자 수많은 유명 요리장을 배출한 곳이다. 리옹 근처에 있는 보졸레, 부르고뉴는 포도주로 유명하다. 리옹의 수많은 후식 중 가장 유명한 것은 베녜라는 튀김인데 아카시아와 야생딸기의 꽃을 넣어 만든 머랭Meringue(주–설탕과 달걀흰자로 만든 튀김과자)으로 만든 후식이다. 또한 감자 요리인 리오네Lyonnais도 이 지방의 요리이며 대표적인 전통 요리로는 소시지가 있다.

소시지의 어원은 라틴어인 살수스salsus(주–'소금에 절이다' 라는 뜻)에서 왔는데 음식을 소금으로 절이는 것은 수세기 동안 식품을 저장하며 사용해온 가공법이다. 고대 바빌로니아, 그리스, 로마 등지에서는 이미 여러 형태의 소시지를 생산했고 초기의 북아메리카 인디언들도 말린 고기에 베리류Berries(주–블랙베리, 블루베리, 크랜베리, 건포도 등) 등을 섞어서 굳힌 페미칸(주–극지 탐험가들이 주로 먹는 음식. 몸을 따뜻하게 유지하도록 열량이 많이 들어 있다)을 만들어 먹었다. 중세 시대부터 유럽의 여러 도시에서는 프랑크푸르터(프랑크푸르트암마인) · 볼로냐(이탈리아의 볼로냐) · 로마노(로마)와 같은 그 지역 이름을 딴 소시지를 생산했다. 소금에 절이는 가공법 때문에 살라미라는 이름을 갖게 된 소시지도 다른 많은 소시지와 더불어 널리 소비되고 있다. 소시지는 비엔나 프랑크푸르트 등 총 300종이 넘는다.

여러 종류의 소시지

제과 기술의 위대한 예술가

이브 튀리에스

Yves Thuriès, 1938~

랑그독의 일류요리사 이브 튀리에스

자료 : THURIES, No.32. 1991.9월호. p.2.

이브 튀리에스Yves Thuriès는 대도시의 빛과 소음으로부터 멀리 떨어진 랑그독Languedoc 지방의 코르드Cordes에서 요리법 개발에 일생을 바치면서 계절에 따라 만든 일류 요리를 고객들에게 선사하였다. 튀리에스는 타른Tarn에 있는 랑포Lempaut에서 1938년 6월 5일에 태어났다. 그는 풀과 나무향이 가득한 시골 가까이에서 가족이 운영하는 빵집의 빵 냄새를 맡으면서 자랐다.

튀리에스는 아주 어렸을 때, 어머니와 버섯을 따러 가는 것을 좋아했다. 그의 어머니는 땅에서 나는 재료로 그가 좋은 냄새를 기억하게 하면서 요리의 기초를 가르쳐주었다. 그는 방학 동안 수요일마다 열리는 시장을 가장 잊지 못할 추억으로 손꼽는다. 주위에 사는 모든 농부들이 향신료나 직물, 연장도구를 사기 위해 그들이 수확한 작물을 가지고 모여들었다. 그는 그때 맛본 브리오슈brioche(주-프랑스에서 많이 먹는 빵. 버터와 달걀이 많이 들어가 고소하고 씹는 느낌이 부드러움)의 맛을 결코 잊을 수가 없다고 말한다. 종종 축제를 위해 가금류, 돼지고기, 양고기, 소고기 등의 음식을 준비하는 어머니를 보았고 어린 시절부터 뛰어난 후각과 미각을 간직했으며, 그의 아버지가 물려준 요리에 대한 열정도 훌륭하게 키워나갔다. 이러한 기억과 아버지가 보여준 일에 대한 열정이 튀리에스가 걸어갈 삶의 방향을 가리켜 준 것이다.

튀리에스가 14살이 되었을 때, 그는 학업수료증을 획득했다. 이것은 그에게 있어서 새로운 커다란 출발을 의미했다. 그는 프랑스 각지를 여행하는 15년 정도의 기간 동안에 요리의 거장들에게서 프랑스 요리와 제과의 모든 일급기술을 끊임없이 배웠다. 튀리에스는 요리장 카스트르Castres에게서 처음 요리기술을 배운 뒤, 툴루즈에 있는 유명한 제과점 '마스코트와 프랑세즈Mascotte & Française'에서 일을 하였다. 그는 아버지를 기쁘게 하기 위해서 제빵 분야의 CAP(국가 기술 자격시험)에 합격하였으나 제과 부분에 관심이 더 많았다. 밤이면 하루 종일 익힌 요리법을 노트에 옮겨 적었는데, 이것이 바로 그의 요리 백과사전의 시초였다.

이브 튀리에스와 레스토랑 직원들

자료 : THURIES, No.1. 1988.7~8월호. p.17.

1958년, 그는 군복무 때문에 알제리에 가기 위해서 지중해를 건넜다. 전쟁은 한창 진행 중이었다. 몇 달 동안 하사관 식당의 책임자가 되었고 이를 계기로 그는 부대 음식에 익숙해졌다. 부대 생활은 힘들었지만 휴가 기간에는 현지 주민들과 만나는 것을 즐겼다. 기나긴 33개월간의 군복무가

프랑스 직업능력증명서 CAP

CAP(Certificat d' Aptitude Professionnelle)는 취업 시 꼭 필요한 조리기능인의 자격요건이다. 우리나라의 조리기능사 자격시험보다 시험과목(이론, 직업사회, 위생과 과학, 프랑스어, 수학, 물리, 화학 등)의 수도 많고 일주일에 걸쳐 실시된다. 실기의 경우도 장장 7시간 정도 치러진다. 카테고리 내에서 인정되지 않은 다른 작품을 만들거나 완제품을 내지 못했을 경우에는 0점 처리되고 20점 만점에 10점 이상이어야 합격이 된다. 1년에 두 번 치러진다.

끝나고 그는 자신이 알고 있던 요리 지식을 완성시키기 위해서 투르 드 프랑스 협회의 요리 백과사전을 집필하는 일에 참여했다.

튀리에스는 다시 요리사로 복귀하여 프랑스의 도빌Deauville, 파리Paris, 스트라스부르Strasbourg, 마르세유Marseille, 스위스의 마르티니Martini 등 여러 도시를 순회하였고 요리에 대한 감각을 익혔다. 마지막으로 근무한 식당의 주인인 슈발리에장투Chevalier-Jeantou는 튀리에스가 선천적으로 재능이 있는 요리사임을 알아차리고 그에게 타른의 유명 식당 가이약Gaillac에서 제과기술을 배울 것을 제안했다. 그리하여 그는 자유롭게 제과를 만드는 것을 연습하고 경연대회를 준비할 수 있는 기회를 잡았다. 야심에 차 있었고 항상 언젠가 최고의 제과사가 될 것이라는 희망을 지녔다. 그는 밤낮으로 열심히 일하며 끊임없이 스스로를 완성시키는 것을 잊지 않았으며, 음식재료와 음식을 만드는 방법, 요리도구가 계속 발전하는 것에 적응하기 위해서는 이러한 요리사로서의 자세가 꼭 필요하다고 말한다.

튀리에스는 1972년에 프랑스 최고기술자 경연대회에 참가하여 은메달을 획득했고 1976년에 다시 참가하여 1등을 했다. 그는 제과와 제당 · 제빙 분야에서도 2개의 금메달을 획득했다. 이것은 프랑스 경연대회의 역사상 찾아볼 수 없는 결과였다. 그는 심사위원과 참가자들의 경탄을 불러일으켰고 장루이 베르틀로Jean-Louis Berthelot는 튀리에스가 '제과기술의 위대한 예술가'라고 칭찬했다. 그는 프랑스 제과명인연합회와 프랑스 요리학원의 회원이 되었다. 1979년에 그는 매년 최고의 요리사에게 주어지는 '요리 트로피Culinary Trophy'를 받았다.

이브 튀리에스의 레스토랑 그랑데퀴에

자료 : THURIES, No.1. 1988.7~8월호, p.13.

튀리에스는 "행동은 글보다 우선이다. 이 분야의 종사자들은 실천이 이론과 불가분의 동지라는 것을 강조해야만 한다."라고 말했다. 그는 뜨거운 음식과 차가운 음식의 원리에 입각하여 최단 시간에 설탕, 초콜릿, 젤리로 장식을 하는 매기플라워Magyfleur를 고안했다. 그의 동료업자들의 말을 들어보면 튀리에스는 머릿속에서 혁신적 아이디어를 만들어 내고 나중에 재생산할 수 있는 제품을 상상한다고 한다.

1980년에 튀리에스는 산책 중에 툴루즈 근방의 코르드Cordes의 풍경을 보고 충격을 받았다. 이 아름답고 고요한 마을은 모든 면에서 그가 요리를 창안하기에 적합한 환경이었다. 꿈에서 바라던 풍경이었다.

아름답기로 소문난 이곳에 툴루즈의 레몽 7세Raymond VII 백작의 저택을 개조하여 식당 그랑데퀴에Grand-Ecuyer를 열었다. 그는 다양한 요리를 갖춘 마술같이 멋진 레스토랑을 선보였다. 고객들은 이곳에서 펠트felt(주–짐승 털을 압축한 천 모양의 제품)를 씌운 듯한 간결하고 우아한 분위기를 느낀다. 종업원이 접시를 덮고 있는 은덮개를 열자마자 호텔장이 음식에 대해 해설하는 것이 식사의 백미이다. 오늘날 그랑데퀴에는 인공적이고 개성이 없는 세상에 싫증을 느끼고 진정한 요리를 찾는 국제적인 고객을 맞이한다. 이 레스토랑은 프랑수와 미테랑 프랑스 대통령과 엘리자베스 영국 여왕의 어머니가 방문할 정도로 세계적인 명성을 얻고 있다. 그는 오랫동안 일을 너무 열심히 해서 휴식을 취하는 것조차 잊어버릴 지경이었다.

세계 각 지역을 돌며 요리지식 전수와 시범을 보인 이브 튀리에스는 동료들과 요리책의 집필에도 몰두하여 8권의 요리 백과사전을 완성했다. 《투르 드 프랑스 협회 소속 요리사의 요리비법서 *Le Livre de Recettes d'un Compagnon du Tour de France*》라는 제목으로 출간된 이 책은 전문가들로부터 프랑스 요리의 기준이자 바이블로 인정받고 있다. 이 책은 프랑스 제과와 요리법을 알기 위해서는 매우 중요한 필수적 참고서이다.

Tues Thuries 요리 월간지

또한 튀리에스는 자신의 이름을 건 유명한 요리 월간지의 대표이다.

● 필요할 때만 찾아오면 필요한 걸 얻을 수 없다. 〈유영만〉

요리의 유래 랑그독 지방의 니스풍 샐러드 Salade Nicoise

프랑스의 랑그독Languedoc 지방은 올리브를 요리의 기본재료로 사용하고 과일, 채소(가지 · 호박 등), 생선, 갑각류, 암양, 새끼염소 등을 특히 중요하게 여긴다.

이중 니스Nice에서는 이탈리아에서 전해진 어린 새싹들의 모둠 샐러드인 메스클랭Méschlin을 맛볼 수 있으며 이 메스클링은 라틴어 Mésclare에서 온 단어로 '혼합하다'라는 뜻이다. 다른 맛이 나는 처빌 등 13가지의 어린 샐러드를 혼합한 것으로 그 중 가장 훌륭한 것은 길고 가는 잎이 달린 매운맛이 나는 로케트rocket(주-유채과의 식물, 잎을 샐러드에 사용함)이다.

니스의 대표적인 식재료인 토마토, 마늘, 검은 올리브, 앤초비, 타라곤과 호박 그리고 닭고기, 적도미 등을 사용하여 만든 대중적이고 서민적인 샐러드이다.

요리법 니스풍 샐러드 만들기

• 재료

토마토 4개, 아티초크 2.5개, 샐러리 1/2줄기, 청 · 홍피망 각 1/2개씩, 새끼양파 7.5그램, 서양 빨간무(라디) 1개, 소금 · 후추 · 식초 · 올리브유 · 다진 바질 적당량

고명 삶은 달걀 2개, 앤초비 필레 3개, 참치 75그램, 올리브 10개

니스풍 샐러드

• **만드는 방법**

1. 토마토는 깨끗이 씻어서 꼭지를 제거하고 4등분으로 썰어서 소금을 뿌린다.
2. 오이는 껍질을 벗기고 2등분으로 잘라서 씨를 제거하고 얇게 썬다.
3. 피망도 잘라서 씨를 제거하고 길고 가느다란 조각으로 썬다.
4. 아티초크는 얇게 썰어서 레몬즙을 뿌린다.
5. 새끼양파는 골라서 잘게 다지고 샐러리도 껍질을 벗겨서 잘게 다진다.
6. 서양 빨간무는 깨끗이 씻어서 둥글고 얇은 모양으로 썬다.
7. 토마토를 제외한 모든 야채를 합쳐서 샐러드 그릇에 가지런히 담는다.

고명

1. 삶은 달걀과 토마토, 앤초비, 참치, 올리브를 보기 좋게 배열한다.
2. 서비스 전에 비네그레트(vinaigrette) 소스*를 만들어 위에 뿌리거나 따로 곁들인다.

* 비네그레트 소스–올리브유와 식초를 3대 1로 섞는데 이것을 비네그레트 소스라 한다.

니스Nice. 프랑스 남동부의 해변도시로 올리브가 주산물이며 아름답고 온화한 관광도시이다.

요리계의 아인슈타인

알랭 상드랑스

Alain Senderens, 1939~

요리의 아인슈타인 알랭 상드라스

자료 : THURIES, No.29. 1991.5월호 p.8.

알랭 상드랑스는 프랑스 백과사전에 오를 정도인 요리의 달인으로 추앙받는 요리장이다. 그는 《기드 미슐랭》이 선정한 별 3개의 식당 뤼카스 카르통의 수석 요리장을 역임하였다. 요리계의 아인슈타인으로 불리는 그는 1939년 12월에 프랑스 남동부의 프로방스알프코트 다쥐르Provence-Alpes-Côte d'Azur의 이예르Hyeres에서 태어났다. 미용사였던 아버지가 거처를 자주 옮기는 바람에 7살 때부터 피레네산맥지대에 있는 비캉비고르Vic-en-Bigorre에서 기숙사 생활을 하면서 공부를 했다. 하지만 기숙사 생활에는 잘 적응하지 못하였다. 그는 학교 교육제도에 반발하여 고등학교를 마친 후 친구의 소개로 이탈리아로 건너가 식당에 취직했다. 요리를 직접 배우고 싶었지만 사람들의 권유로 홀에서 손님을 접대하는 일부터 시작했다. 이때 얻은 경험으로 나중에 뤼카스 카르통Lucas Carton 호텔을 지휘하는 총지배인이 되었을 때, 직원들이 홀과 주방의 일을 모두 겪어 보게 했다.

그는 루르드Lourdes에 있는 호텔 데 앙바사되르Hôtel des Ambassadeurs

수제자 베르트롱과 함께

자료 : THURIES, No.29. 1991.5월호. p.12.

에서 수습을 시작하여 유명한 투르 다르장Tour d'Argent, 뤼카스 카르통, 베르켈레Berkeley, 오를리의 힐튼 호텔 Hôtel Hilton을 거쳤다. 이 기나긴 여정에서 피에르 드크뢰Pierre Decreux, 마르크스 수스텔Marx Soustelle, 조엘 로뷔숑Joël Robuchon과 같은 요리의 거장들을 차례로 만났다. 1968년, 마침내 자신의 식당 아르슈스트라트Archestrate를 열게 된다. 불안한 출발이었지만 문을 열고 6개월이 지난 어느 날 잡지에 이 레스토랑이 소개되면서 일약 유명해지게 되었고 《기드 미슐랭》의 별을 최초로 획득했다. 이후 1974년에는 두 번째 별, 39세되던 1977년에는 마침내 세 번째 별을 부여받았다. 1985년부터 그는 마들렌Madeléine 광장에 위치한 뤼카스 카르통을 다시 맡아 이끌어 왔다.

자신의 식당 아르슈스트라트 주방직원과 상드랑스

자료 : THURIES, No.29. 1991.5월호. p.14.

상드랑스는 다른 요리장과는 달리 요리의 시각적 요소를 중요시하며 고전적 메뉴를 현대에 맞도록 끊임없이 개선하고 개발했던 요리장이다. 그는 "요리에서 고정된 것은 아무것도 없고 또한 새로운 실험에 어떤 제한도 없다."라고 말한다. 개선을 위한 개선이 아니라 가장 뛰어난 요리를 얻기 위해 그리고 왜 그렇게 되는 것인지 알기 위해, 그것을 정확하게 표현하기 위해 노력하는 것이 그의 요리철학이다.

프랑스 주간지 《렉스프레스 *L'Expréss*》에서 음식 코너를 맡아 요리비평을 쓰고 있는 그는 다양한 분야의 책을 많이 읽는 독서광이기도 하다. 그는 "우리집에서는 두 가지를 위해 살았어요. 읽고 먹기 위해서였죠."라고 말한다.

그는 요리책을 좋아하는 기본에 충실한 요리장이었다.

자료 : THURIES, No.29. 1991.5월호. p.13.

또한 상드랑스는 요리법의 저작권을 위해서도 노력하고 있다. 그는 새로운 요리법 개발을 보호해 줄 법적 장치가 없기 때문에 사람들이 손쉽게 모방하려는 유혹에 이끌려 같은 음식 제품을 서로 포장만 다르게 하여 상점 진열대에 휘황찬란하게 전시하지만 결국은 20여 종의 요리들만이 제공되고 있을 뿐이라고 강조한다. 새로운 자동차를 개발하기 위해 디자이너에게 도움을 청하듯이 요리도 역시 전문적이고 창조적인 요리사에게 도움을 받아야 한다고 주장한다.

● 나뿐인 놈이 나쁜 놈이다. 〈이외수〉

알랭 상드랑스의 서울 프로모션

서울의 특1급 호텔에서는 매년 수천만 원을 들여서 새로운 기술을 도입시키고 있다.

서울 프로모션에서 프랑스 요리 기술을 전수하는 알랭 상드랑스(왼쪽에서 세 번째 저자)

상드랑스는 청년기에 영국과 프랑스에서 많은 식당을 거치면서 요리수업을 쌓은 뒤 1968년 '아르슈스트라트'라는 식당을 열면서 요리계에 이름이 알려지기 시작했다. 상드랑스는 기존 요리사들이 시도하지 않는 다양한 요리를 시도하는 것으로 유명한데, 수천 가지 재료를 혼합 · 결합하면서 상상력이 풍부한 새로운 요리를 개발한다는 평을 듣는다.

상드랑스는 1998년 서울에서 프로모션을 하였다. 그는 호텔 신라의 자문으로 3년 계약을 맺었는데 방한기간에는 호텔 신라에서 프랑스 맛의 진수를 선보이고 또 대학에서 조리학과 학생들도 만나 자신의 요리비법을 전수하였다.

경희대학교 학생들과 간담회를 하고 있는 상드랑스(왼쪽에서 세 번째 저자 통역모습)

당시 그는 5명의 요리사를 대동하고 왔으며 2주간에 걸쳐 요리기술을 전수하였다. 그는 조용하고 생각이 깊으며 메모나 낙서를 좋아했다. 그러나 요리할 때에는 마치 성난 호랑이 같았으며 말도 많이 하였다. 요리에 대해서는 한 치의 양보도 하지 않았고 타협이 없는 사람이다.

생선 요리의 대가

장 바르데

Jean Bardet, 1941~

파리의 해산물 요리 전문가

자료 : THURIES, No.42. 1992.9월호. p.7.

장 바르데는 1941년 9월 27일에 프랑스 빌리에르모리에Villiers-le-Morhier에서 태어났다. 그의 아버지는 방앗간에서 일했으며, 가족은 아버지의 일자리를 따라 옮겨 다니다가 바르데가 12살이 되던 해에 도시 콩폴랑Confolens에 정착했다. 바르데는 기술고등학교에 들어갔지만 학업에 별로 관심을 갖지 못하고 학교를 도중에 그만 두었다. 그의 부모는 생활이 어려웠기 때문에바르데가 음식을 만드는 요리사를 하면 적어도 굶어 죽지는 않을 것이라 생각했고 파리의 바스티유Bastilles에 있는 스페인 식당 뒤퐁으로 바르데를 데리고 가겠다는 스페인 요리사의 제안을 받아들였다. 하지만 그는 이 스페인 음식점에서 열심히 일하면서 근무했지만 요리장과의 불화로 그곳을 떠날 수밖에 없었다.

군대에 가기 전까지 바르데는 유네스코Unesco에서 일하면서 전 세계 곳곳의 다양한 국가에서 온 사람들을 접대하는 풍부한 경험을 쌓았다. 군대를 제대한 후 그는 런던으로 떠났고, 그곳에서 몬타나Montana 호텔과 사보이Savoy 호텔의 소스부 요리장으로 근무했다. 또 1년 반 동안 런던에 체류한 후 다시 파리로 돌아와서 생드니Saint-Denis에 있는 멩트농 Maintenon 성 앞에 자신의 식당을 개업했다.

그곳에서 바르데는 낭트Nantes 사람들이 생선을 비롯한 각종 해산물에 대해 매우 엄격한 기준을 적용한다는 사실을 알았고 생선 요리의 깊은 묘미를 발견하였다. 그는 수많은 요리책을 읽고 하루에도 5가지나 되는 요리법을 새로이 독창적으로 개발하였다. 그리하여 1985년에 장 바르데는 《기드 미슐랭》으로부터 별 2개를 얻어내는 데 성공했다. 바르데는 항상 쾌적한 분위기의 레스토랑을 손님들에게 제공하고자 노력하였다. 그리하여 프랑스 전역에 걸쳐 적절한 장소를 물색한 결과 투르Tours에 있는 벨몽 Belmont 지역을 선택했다. 이곳에서 그는 미식가들과 음식을 즐기면서 삶의 즐거움을 나눌 수 있는 공간을 새로 만들었다.

장바르데는 1965년 2월 23일 파리에서 결혼하였다.

자료 : THURIES Megazine, N42. 1992.9월호. p.9.

바르데는 자신이 만든 음식을 사람들에게 맛보이는 것이 매우 중요하다고 생각했고, 수많은 요리에 대한 연구를 게을리하지 않았다. 요리에 대한 재능은 타고나는 것이 아니라 엄청난 노력과 연구가 필요하다는 것을 믿었기 때문이다. 그는 많은 시간을 새로운 요리를 만들며 보냈고 특히 다양한 종류의 책을 즐겨 읽었다. 또한 삶을 풍요롭게 하기 위해 멋진 정원을 가꾸는 데서도 큰 기쁨을 누렸다. 장 바르데를 이해하는 가장 중요한 단어는 바로 '나눔' 인데, 그에게 있어 그것은 다른 사람들과 음식을 나누는 즐거움이었다. 또한 그는 "요리에는 꿈과 애정 그리고 부드러움과 아름다움이 깊이 스며들어 있다"고 말했다. 그의 이러한 로맨틱한 요리관은 우리에게 생각하게 하는 바가 크다.

장 바르데와 레스토랑 직원들

자료 : THURIES Megazine. No.42. 1992.9월호 p.13.

● 논리적 근거는 최고의 방패이다. 〈서울대학교병원 윤태진 교수 '아들아, 삶에 지치고 힘들 때 이 글을 읽어라' 중〉

세계의 음식문화 커피편

커피란 무엇인가?

커피는 커피나무에 열리는 커피 열매(cherry, berry, drupe)의 씨 부분이다. 이 씨를 우리는 원두(coffee bean)라 부르며, 원두는 다시 생두(green bean)와 볶은 원두(roasted bean)로 구분한다. 다시 말해, 이 두 가지를 통틀어 커피 원두라 한다. 커피의 구성은 체리와 피베리(pea berry)로 구성되어 있는데 껍질, 과육, 깍지, 실버스킨, 원두가 체리의 구성이다. 일반적으로 한 개의 열매에는 두 개의 씨가 들어 있는데 간혹 한 개의 씨만 들어있는 경우가 있다. 이런 한 개짜리 원두는 완두콩이나 진주 모양과 비슷하다고 해서 피베리 또는 펄베리(pearl berry)라고도 한다. 흔히 피베리는 원두 두 개가 가진 좋은 성분을 하나가 가지고 있어 더 좋은 맛의 원두로 평가되고 있다.

커피(coffee)라는 말이 어디에서 온 것인지는 분명하지 않다. 아랍어에 뿌리를 두었다고 하며, 커피의 원산지로 통하는 에티오피아의 지명에서 나왔다고도 한다.

즉, 에티오피아에는 지금도 야생으로 자라는 커피나무가 많이 있는데, 그곳의 지명이 '카파(Kaffa)'인 것으로 보아 상당한 신빙성을 지니고 있다. 다른 일련의 학자들은 커피의 어원이 아랍어로 힘을 뜻하는 '카후아(Cahuha)'라 부르기 시작하고 또한 아라비아의 와인이라는 뜻으로 '콰와(Qahwah)'에서 유래했다고도 한다.

이처럼 그 어원이 분명하지 않은 만큼 커피는 전래된 내력도 분명하지 않다.

전설 비슷한 내력만도 여러 가지가 있는데, 양치기 목동 칼디(Kaldi)의 이야기로부터 오마르의 전설, 그리고 아라비아의 주수라에 관련된 이야기 등이 있다.

양치기 목동 칼디(Kaldi)

우리나라의 커피문화에서 커피산업의 양적인 성장은 커피를 전문적으로 추출하고 서비스하는 바리스타Barista라는 직업으로 나타나고 있으며, 산지별 커피 빈에 대한 다양한 지식을 가진 전문가가 탄생하게 되었다. 우리나라에 커피가 처음으로 들어온 시기는 대략 1890년 전후로 1895년에 을미사변이 일어나 고종황제가 러시아 공사관으로 피신했던, 이른바 아관파천 때 러시아 공사 웨베르가 고종과 담소하기 위한 방편으로 커피를 권했다. 전략에 따라 고종의 커피 시중을 들던 독일 여인 손탁(Sontag)은 옛 이화여고 본관에 왕실 소유 땅 184평을 하사받아 이곳에 2층 양옥을 세우고 '손탁호텔'이라고 이름을 붙였다. 이 '손탁호텔'에 다방이 있었는데, 다방을 꾸며 커피를 판 곳으로 이곳이 최초로 꼽힌다. 개화기 당시의 서울 시내 다방은 명동과 충무로, 소공동 일대를 중심으로 몰려 있었고 6 · 25전쟁은 커피의 대중화를 본격적으로 열었다.

커피의 재배조건과 현황을 보면 주로 커피를 재배하고 있는 적도를 낀 남북의 양회귀선(북위 25도, 남위 25도) 안에 있는 열대와 아열대 지역은 커피를 재배하기에 매우 적합한 기후와 토양을 가지고 있기 때문에 '커피벨트(일명 커피존)'라고 부른다.

커피 생산은 커피체리는 주로 이 지대의 약 60여 개국에서 생산한다.

◆ 한 눈으로 보는 세계 커피 생산지 ◆

생산지별로는 남미, 중미 및 서인도 제도, 아시아, 아프리카, 아라비아, 남태평양, 오세아니아 등으로 크게 분포되어 있다. 생산량은 브라질이 전체 생산량의 약 30%로 1위이고, 2위는 콜롬비아로 10%인데, 중남미에서 전 세계 생산량의 약 60%를 차지하고 있다. 그 다음으로 아프리카와 아라비아가 약 30%이고, 나머지 약 10%를 아시아의 여러 나라가 점유하고 있다.

커피 재배 조건으로는 연 강우량이 1,500～2,000mm이고, 평균기온은 20℃ 전후이면서 온난기후여야 하는 등 품질이 우수한 커피콩을 재배하는 데는 여러 가지 조건이 필요하다 하겠다.

커피나무는 꼭두서니과(Rubiaceae)의 커피속(Coffea)에 속하는 열대산 상록관목으로 그 가운데는 200종 이상의 품종이 있는데, 그중 '3대 원종'이라 불리는 것은 아라비카종, 로부스타종, 리베리카종이다.

아라비카종(Coffea Arabica) 품질은 3종류 중 가장 좋다. 원산지는 에티오피아로 전 세계 생산량의 약 70%를 차지한다. 브라질과 콜롬비아 이외에 중남미 여러 나라와 아프리카의 여러 나라, 아라비아, 인도, 인도네시아, 하와이 등 재배지역은 커피존 전역에 걸쳐있다.

로부스타종(Coffea Robusta) 원산지는 아프리카의 콩고로 세계 전 생산량의 20~30%가 생산된다. 품질은 아라비카에 미치지 못하며 특히, 향기가 그다지 우수하지 않기 때문에 스트레이트 커피로는 부적당하다. 우간다, 코트디부아르, 앙골라 등의 아프리카 여러 나라와 트리니다드 토바고, 인도, 인도네시아 등지에서 재배된다.

리베리카종(Coffea Liberica) 아프리카의 리베리아가 원산지인 품종으로 재배역사는 아라비카종보다 짧다. 리베리아, 수리남, 가이아나 등지에서 재배되고 향미는 아라비카종에 비해 떨어지며 쓴맛이 강하다. 자국 소비 외에 주로 유럽으로 수출된다.

스웨덴 국왕의 커피 실험

18세기 스웨덴 국왕 구스타프 3세는 커피에 분명 독이 들어 있을 것으로 확신했다. 그래서 두 명의 사형수를 데려다 인체 실험을 단행했다. 사형 집행인에게 시켜 한 사형수는 매일 커피를 마시게 하고, 다른 사형수는 매일 차를 마시게 하도록 했다. 당시 두 명의 의사가 그 효과를 기록했는데, 실험의 목표는 명확했다. 커피가 차와 달리 얼마나 빨리 치명적인 작용을 하는지 확인하는 것이었다.

두 명의 죄수는 사형 집행 대신 지하 감옥에 갇혀 몇 년 동안 마시고 또 마셨다. 수년 후 실험을 이끌던 의사 한 명이 사망했다. 그 뒤 두 번째 의사가 죽을 때까지 죄수들의 마심 행진은 계속되었다. 그 후로 구스타프 3세가 세상을 떠나고 나서도 이 실험은 끝나지 않았다. 마침내, 차를 마시던 죄수가 83세의 장수를 누리고 죽음을 맞았다. 그 후 커피를 마시던 죄수가 언제 죽었는지는 정확히 알려지지 않았다.

스트라스부르 스타 요리장

에밀 정

Emile Jung, 1941~

알자스에서 성공한 요리장

에밀 정은 1941년 4월 2일에 프랑스 스트라스부르Strasbourg 남쪽의 오트 알자스Haute-Alsace 지방에 있는 작은 계곡의 시골 마을인 마즈보Masevaux에서 태어났다. 그의 부모는 호텔 레스토랑을 경영하고 있었는데 그런 가정에서 그는 누나와 할머니, 쌍둥이 누이와 함께 단란하게 성장했다.

1945년 프랑스인들이 마을에 들어오면서 프랑스어를 배우기 시작하였고 학교생활에 재미를 붙여 콜마르Colmar에 있는 생앙드레Saint-André 중학교에 진학했다. 그곳에서 그는 유난히 진지하고 사교적이어서 리더로서의 자질을 인정받지만 아버지의 갑작스러운 사망으로 어쩔 수 없이 학업을 중단해야 했다. 그 후 스트라스부르에 있는 호텔 메종 루즈Maison Rouge에서 요리를 배우면서 야간학교를 다녀 요리사 자격증을 취득했으며, 디종Dijon에서 구매 담당 하사로서 병역을 마쳤다.

그 후 리옹Lyon에 있는 라 메르 기la Mère Guy 식당에서 한 철을 보내면서 루쿠Roucou라는 주방장을 만나 요리사가 얼마나 위대하고 고매한 직업인지 그 진정한 의미를 배우게 되었다. 그리고 다시 고향 마즈보로 돌아왔으나 식당이 많은 손님을 받을 만큼 그리 크지 않았기에 그의 어머니가 식당의 홀을 맡고 삼촌이 주방을 맡으면서 간신히 생활을 꾸려가는 정도로 운영했다.

그리고 에밀은 호텔학교를 나온 쌍둥이 누이 모니크Monique에게 부탁하여 어머니를 돕게 했다. 3년 후 그들은 식당을 다시 크게 일으켜 보겠다는 열정을 가지고 힘을 합쳐 열심히 일했다. 두 누이와 어머니는 에밀에게 결혼 선물로 그 사업을 맡겼으며, 그로부터 1년 후 호텔르리 알자시엔 Hôtellerie Alsacienne은 《기드 미슐랭》의 첫 번째 별을 달았다.

모니크와 에밀은 자기 분야, 즉 손님 접견과 요리에서 남다른 열정을 가지고 서로 도와가며 긴밀하게 협조했다. 그러나 리옹의 주종 산업인 직물업이 사양길에 접어들면서 식당을 확장하려던 희망도 사라졌다. 에밀은 이 기간을 이용하여 파리의 르두아얭Le doyen과 르푸케Le Fouquét같은 고급 레스토랑에 가서 요리연수를 받았다.

1971년, 그들은 스트라스부르 시가지의 중심가인 우트르Outre 가에 있는 르 크로크딜Le Crocdile이라는 식당을 매입하기로 했다. 무엇보다 먼저 건물의 외관을 정비하고 페인트칠도 다시 하는 등의 노력 끝에 성공의 길이 보였다. 1979년에 모니크는 기념비적인 작품 그리종Grison의 그림만 남기고 실내장식을 다시 바꾸었다. 에밀의 가족은 서로를 돕는 비상한 재주를 가지고 협력하였다. 호텔 지배인인 베르나르 에프Bernard Eppe도 한 식구가 되어 같이 일을 했다. 에밀은 함께 식당을 경영하는 6명의 친구들과 '위니 세트Unis 7'라는 구매팀을 만들어 식당을 드나드는 미식가들에게 신문도 보급했다. 그 신문의 화제는 주로 포도주와 맥주 등의 식음료에 대한 것이었다. 호텔르리 알자시엔 시절부터 포도주에 일가견이 있던 에밀은 지하에 포도주 저장고를 별도로 설치해 두었고 또 질베르 메스트랄레Gilbert Mestrallet의 지도를 받는 등 식당 운영에 큰 관심을 가졌다.

에밀 정의 레스토랑 르 크로코딜

자료 : THURIES, No.18. 1990.4월호. p.11.

식당의 이름으로는 좀 이상하지만 르 크로코딜Le Crocodile, 즉 '악어' 식당에서 서비스되는 에밀의 요리는 사람들을 끄는 상당한 매력이 있었다. 예기치 않았던 요소들의 결합, 특히 자신만이 간직하고 있는 비법으로 만든 소스는 우리 입맛을 사로잡는다. 예를 들어 이보다 더 간단한 요리가 없는 고기야채 수프 포토푀Pot-au-feu의 경우, 에밀은 이 요리에서 전통적으로 사용하던 쇠고기 대신 새끼양고기를 넣어 고객들의 입맛을 사로잡는다. 또 생자크Saint-Jacques의 호두는 모든 메뉴에 오르는 음식이다. 그러나 에밀은 작은 호두 껍질과 타라곤을 넣은 흰 제비콩을 같이 낸다. 여기서 에밀의 요리에 대한 천부적이며 창의적인 재주를 엿볼 수 있다.

에밀이 이처럼 크게 성공할 수 있었던 것은 그가 가진 알자스인 특유의 쾌활함과도 무관하지 않다. 즉, 어떤 집단 속에서도 변신하고 서로 의사소통하며 상호 교환하는 것, 그것이야말로 에밀에게는 사활을 건 행동지침이었다. 이러한 행동에는 진실성이 필요하고 알자스인들에게는 이 미덕이 있었던 것이다. 다시 말해 그들은 역사를 통하여 평화로운 시기를 잘 활용하는 법을 배웠던 것이다. 알자스인들은 쾌활하면서도 진지했기에 에밀은 철학책에 몰두하거나 자연과 사람의 말에 귀를 잘 기울였다. 그리하여 그는 별 3개를 획득하기까지 지나온 긴 여정 동안에도 결코 성급하게 서두르지 않았다. 어린 시절을 함께 한 그 지방의 사람들에게서 그는 "시간은 씨앗을 뿌린 사람을 위해 보답을 한다."는 지혜를 배웠으며, 주위 사람들과 그 생각을 공유하였다.

르 크로코딜에서는 손님의 접견과 식당의 내부 장식을 맡은 모니크, 호텔의 지배인으로서의 역할에 충실한 베르나르 에프 그리고 에밀이 각자 자기가 맡은 분야에서 손님들에게 최고의 멋진 순간과 환상의 서비스를 제공하고자 노력하는 아주 특별한 레스토랑 분위기를 느낄 수 있다.

르 크로코딜 식당 직원들과 에밀 정

자료 : THURIES, No.18. 1990.4월호, p.13.

● 삶이 너무 평화롭다면 어딘가 큰 문제가 생긴 것이다. 〈서울대학교병원 윤태진 교수 '아들아, 삶에 지치고 힘들 때 이 글을 읽어라' 중〉

메뉴 속 요리용어 해설(Etymology of Culinary Terms)

Antoine Agustin(앙뚜완 어거스틴) 약학자의 이름

Argenteuil(아흐장뛔이) 프랑스 베르사이유의 한 지역으로 아스파라가스가 많이 나는 계곡임. 아스파라가스로 가니쉬한 요리에 붙음

Barry(바리, 1743~1793) 프랑스 루이 15세의 총애를 받았던 백작부인인 마리잔 베퀴(Marie-Jeanne Becu)의 애칭

Béchamel(베샤멜, 1630~1703) 루이 14세의 급사장으로 일했던 재력가의 이름임. 그는 미식가였고 예술을 사랑했으며 소스에 자신의 이름을 붙임

Brillat Savarin(브리아 사바랭, 1755~1826) 프랑스의 정치가이며 미식가로서 벨레이앙(Belleyen) 태생. 《맛의 생리적 기능》이란 책을 쓰고 유명해짐

Calypso(칼립소) 전설속의 요정으로 오규기아(Ogygie) 섬의 여왕

Carmen(카르멍) 비제의 오페라 작품명. 토마토, 피망 등이 곁들여진 달걀, 콘소메, 넙치sole 등의 요리에 쓰이는 말

Chantilly(샹띠) 중세시대에 지어진 프랑스 성

Château briand(샤또 브리앙) 프랑스 남작의 작위명. 유명한 문필가였음. 그의 주방장이 등심에서 잘라낸 스테이크steak에 그의 이름을 붙여 부르기 시작함

Choron(쇼롱) ① 프랑스 음악가의 성. 이름은 Alexandre-Etienne(1772~1834), ② 프랑스의 유명한 레스토랑 Chef의 이름으로 같은 이름의 소스를 개발함

Clamart(클라마) 프랑스 샌느 지방 농장 지대의 한 지명으로 완두콩 산지로 유명하여 완두콩으로 가니쉬한 요리에 붙게 됨

Colbert(꼴베르, 1619~1683) 루이 14세 때 재상을 지낸 프랑스의 정치가. 그의 집사장이 자신의 요리에 주인의 이름을 붙여 부르면서 조리용어가 됨

Crécy(크레시)　에드워드 3세를 보호하다가 필립 드 발로와(Philippe De Valois)란 사람이 죽은 곳. 이후 당근이 들어간 요리를 지칭하는 말이 됨

Cumberland(검베르렁, 1721~1765)　영국 조지 2세의 셋째 아들로서 공작이었던 윌리엄 오거스튀(William Augustus)의 작위명

Drphi(드핀)　니스에 있는 런던하우스란 식당의 주방장의 이름으로, 자신이 만든 감자요리에 자신의 이름을 붙여 부르기 시작함

Dauphine(도핀)　프랑스의 지방 이름으로 그라땡 요리가 유명함

Doria(도리아, 1466~1560)　제노바의 유명한 가문, 특히 프랑스와 1세 때 해군제독을 지낸 안드리아 도리아(Andrea Doria)를 지칭함. 파리의 요리계에 이탈리아풍을 전파함

Dugléré(뒤글레레, 1805~1889)　나폴레옹 1세 전속 주방장의 이름으로 당대에 명성을 날렸음

Ésaü(에사우)　자신의 장자 상속권을 팥죽 한 접시와 바꾼 성경상의 인물로서 렌틸수프의 이름이 됨

Helder(헬더)　네덜란드의 항만 요새 지역의 지명으로 파리에 이 지명을 딴 레스토랑이 생겨나 요리를 제공하면서 조리용어로 정착함

Holstein(홀스테인)　독일의 옛 공국(공작의 통치지역)의 이름

Joinville(주엥비, 1818~1900)　프랑스의 왕자로서 해군 제독. 새우 등으로 가니쉬한 넙치요리의 이름으로 쓰임

Lucullus(리뀔리스, 117~56 BC)　고대 로마 장수의 이름으로 퇴임 후 그가 살던 대저택에서 성대하게 먹던 요리에 그의 이름을 붙임

Macaire(마케흐)　19세기 프랑스에서 허풍 떠는 악당류의 코미디에 등장했던 인물의 이름에서 유래된 조리용어. 평평한 감자 케이크를 지칭함

Malakoff(마라코프)　1885년 프랑스가 점령한 요새 이름으로 땅콩, 아몬드 등으로

만든 케이크를 가리키는 말이 됨

Marengo(마렝고) 1800년 나폴레옹이 오스트리아에 대승을 거둔 이탈리아의 한 지방. 이곳에서 나폴레옹의 전속 주방자이었던 뒤낭(Dunand)이 닭고기로 만든 요리에서 유래함

Margeury(마흐귀리, 1834~1910) 프랑스의 유명한 Chef의 이름으로 조리사 생활을 거쳐 자신의 레스토랑을 경영하면서 넙치 등의 요리를 개발하여 자신의 이름을 붙임

Matignon(마티니옹) 노르망디의 명가문, 두 명의 육군 원수를 배출함

Melba(멜바) 호주 멜버른 출신의 유명한 오페라 가수 이름. 1892년 멜바가 공연차 런던으로 갔을 때 사보이의 Chef였던 에스코피에가 그녀를 위해 만들어 제공했던 복숭아 멜바에서부터 조리용어가 됨

Montmorency(몽모헝시) 유명한 프랑스의 가문으로 그 집안의 요리가 전파되면서 조리용어로 자리잡게 됨

Mornay(모르제이) ① 교황 위그노의 성(1549~1623), ② 모르네이 소스를 개발한 19세기 프랑스 Chef의 이름임

Nantua(낭튀) 새우 산지로 유명한 프랑스 도시의 이름. 새우요리에 붙는 조리용어임

Nesselrode(네설로드, 1780~1805) 러시아의 외교관의 이름으로 크림전쟁 때 프랑스와의 협상을 담당하면서 그에게 음식을 제공했던 Chef가 요리의 이름으로 부름

Orlov(오흘로) 러시아 여왕 예카티리나 2세의 총애를 받았던 장관의 이름. 나중에는 눈밖에 나 미쳐서 죽음

Orly(오흘레이) 파리 남쪽에 있는 공항 이름

Parmentier(팔멍띠에, 1737~1813) 프랑스의 농학자이며 군인. 감자의 영양적 우수성을 간파하고 그 사용을 전파함

Pompadour(뽕파두르, 1821~1858) 루이 15세의 연인으로서 요리에 관심이 많았고, 직접 개발하기도 함

Rachel(라쉘, 1721~1764) 프랑스의 비극 여배우. 유명한 미식가의 연인이었고, 그 때문에 그 미식가에 의해 요리명에 그의 이름이 붙음

Richelieu(리쉬엘리우, 1585~1642) 루이 13세 때의 장관이며 추기경으로 요리를 장려함

Rossini(로시니, 1792~1868) 이탈리아의 오페라 작곡가로서 대단한 미식가

Soubise(수비즈, 1715~1787) 프랑스 해군제독의 이름

Wellington(웰링톤, 1769~1852) 영국의 백작이며 장군. 워털루 전투에서 나폴레옹을 굴복시킴

파리 증권시장 레스토랑 재벌

베르나르 루아조

Bernard Loiseau, 1941~2003

죽음으로 자신의 요리를 평가받고 싶어했던 루아조

자료 : THURIES, No.28. 1991.4월호. p.7.

유명한 일류 요리사 중에 젊은 층에 속하는 루아조는 버터를 많이 사용하는 무거운 전통 프랑스식 요리법에서 벗어나 스톡 대신 가벼운 맹물을 사용하는 신프랑스식 요리인 누벨 퀴진nouvelle cuisine, 즉 신요리법을 주장해 선풍적인 인기를 끌었던 요리장 중의 한 명이다. 그는 성격이 원만하고 깔끔한 요리사로 정평이 나 있었다.

베르나르 루아조Bernard Loiseau는 1951년 1월 13일에 프랑스 클레르몽페랑Clermond-Ferrand 근교의 샤말리에르Chamalières에서 태어났다. 아버지의 가계는 푸줏간을 하는 집안이었고, 어머니 가계는 돼지고기를 파는 집안이었다. 어릴 적의 루아조는 착실한 모범생이 아니어서 부모님이 신학교에 보냈지만 BEPC(주-프랑스의 중학교 수료과정)에서 낙방하고 말았다. 그리하여 아들의 장래가 걱정이 된 부모님은 아들을 평소 친분이 있던 유명 요리장 트루아그로Troisgro 식당에 보냈다.

1968년에 집을 떠나 트루아그로 식당에 가게 된 루아조는 자유를 만끽하며 다소 불규칙한 생활을 하지만 그러한 생활 가운데서도 사물을 바라보는 열린 마음으로 요리법의 중요함을 배우는 계기를 가졌다. 특히 1968년 3월 15일 자기가 이 식당에 도착했던 바로 그날, 트루아그로가 《기드 미슐랭》으로부터 별 3개를 획득하자 깊은 감동을 받았고, 자신도 언젠가 별 3개의 최상급 평가를 받는 식당을 운영하리라는 결심을 했다.

1971년에 공군으로 입대하게 된 루아조는 3개월간의 모진 고생 끝에 취사반장이 되어 22명의 훈련병을 가르쳤다. 여기서 그는 일에 대한 책임감이 무엇인지를 맛보았고 1972년, 클로드 베르제Claude Verger에게서 본격적인 사회생활을 배우게 되는데 몇 번이나 직장을 옮긴 끝에 결국 베르제가 개업한 라 바리에르 포클랭La Barrière Poquelin의 주방장이 되었다. 거기서 여러 사람을 사귀는 사교술을 배운 루아조는 곧 자신의 이름을 미식가를 비롯한 대다수의 기자와 많은 사람들에게 널리 알렸다.

1975년에 베르제는 솔리외Saulieu에 있는 라 코트 도르La Côte d'Or를 매입하여 루아조에게 위탁했다. 그곳은 모나코 왕자, 에롤 플린Errol Flynn, 프랑수아 모리악François Mauriac, 에두아르 에리오Edouard Herriot 대통령, 왕과 왕비 등의 사회 저명인사들이 수없이 드나들며 머물었던 곳이었다. 식당관리 부서에서 루아조를 도와주던 베르제는 1982년에 영업권을 루아조에게 양도했다. 그리하여 1977년에 《기드 미슐랭》에서 별 1개를 받았고, 1981년에는 별 2개를 획득했다. 1983년, 라 코트 도르를 양도받은 지 1년 만에 루아조는 주위의 성벽을 사들인 다음, 모든 정성과 자금을 쏟아 대대적인 개조공사를 거쳐 라 코트 도르를 황금빛 피서지의 별장으로 만들었다. 그리고 나서 그는 마침내 1991년에 《기드 미슐랭》의 별 3개를 획득함으로써 최고급의 레스토랑임을 과시했다.

1995년에 루아조는 엘리제Elysée 궁에서 대통령에게 레지옹 도뇌르 수훈장Chevalier de la Légion d'Honneur 훈장을 받았다. 또한 그는 라 코트 도르 옆에 식당 관련 잡화점을 열어 자신의 상호가 새겨진 상품들, 예컨대 식탁용품, 식료품, 린넨 제품, 모르방Morvan의 가내공업품, 요리도구, 주방의상, 요리책 등을 진열하여 판매함으로써 사업경영의 수완을 발휘하기도 했다.

1998년에 파리 8구에 탕트 루이즈Tante Louise 식당이 문을 열었는데, 그 해 12월 23일 베르나르 루아조 그룹의 주식이 제2파리의 증권시장(제2시장)에 상장되었다. 1999년에는 파리 7구에 레스토랑 탕트 마르게리트Tante Marguerite가 문을 열었고, 2000년에는 파리 17구에 탕트 잔Tante Jeanne의 문을 연달아 열어 레스토랑 재벌로서의 성장을 도모했다. 결국 그는 2002년에 국가 공로훈장을 수여받는 영광을 누렸다.

루아조는 뒤멘 방을 만들어 놓을 정도로 그를 유난히 좋아했다.

자료 : THURIES, No0.49. 2003.5월호, p.12.

베르나르 루아조가 라 코트 도르의 혁신과 확장을 시도한 결과, 그곳은 이제 교통요지와 별장 체인점의 꽃이 되어 그 지역의 매력과 품위를 발산하면서도 최고의 현대적 서비스와 안락함을 제공한다. 루아조의 요리 스타일은 단지 요리조합을 위한 매개자가 아니라 위대한 창작품을 만들어내는 것이었다. 그가 독창적으로 만든 음식은 미각의 가장 세련된 위치를 차지하지만, 이따금 부르고뉴Bourgogne 지방 특유의 맛이 불쑥 나타나기도 하고 부르고뉴 지방과는 정반대의 맛이 나타나기도 한다. 어쨌든 그는 과도한 지방과 설탕의 사용을 자제하면서 음식을 만드는데, 어떤 요리 비평가들은 그것을 '물과의 결합'이라고 지적하지만 물이라기보다는 즙에 더 가깝다. 이러한 그의 요리 스타일은 빠른 속도로 하나의 요리양식으로 자리 잡게 되었다.

그러나 2003년 2월 24일에 베르나르 루아조는 갑자기 자살을 선택했다. 그는 라 코트 도르를 프랑스에서 가장 아름다운 레스토랑으로 만들기 위해 많은 자금이 필요했던 것이다. 그의 갑작스러운 죽음에 모든 사람들이 안타까워했다. 사실 2001년에 발생한 많은 부채가 2002년에 와서 조금 줄어들었고 또 보험회사의 보증으로 루아조가 사망할 때는 그의 그룹의 출자를 담보로 그룹을 회생시킬 수 있었기 때문이다. 이리하여 회사는 2003년에 그룹의 빚을 갚게 되었고 그의 반려자인 도미니크 루아조Dominique Loiseau가 그룹의 총수로서 전체 식당의 운영을 맡았다. 그녀는 생화학과 미생물학 학위를 가지고 있으며 이들 학문을 음식에 결부시켰다. 또한 호텔학교에서 교편도 잡았었고, 호텔 관계 잡지의 기자도 했으며, 많은 책도 저술했다. 그리고 1983년에 요리 자격증을

루아조의 행복했던 모습

자료 : B. Loiseau, La Cuisine en Famille, 1997. 표지

취득하여 1990년에 베르나르 루아조를 돕기 위하여 솔리외에서 재결합했다. 지금 이들 식당들은 모두 베르나르 루아조의 정신을 이어받아 운영되고 있으며, 회사의 요리 부분은 20년 넘게 루아조를 곁에서 도왔던 파트릭 베르트롱Patrick Bertron이 맡고 있다.

루아조와 그의 직원들

자료 : THURIES, No.28. 1991.4월호. p.13.

루아조의 불후의 저서들

《맛의 고양 *L'Envolée des Saveurs*》, Hachette/Michel Lafon, 1981, 1992년의 요리책 부문 수상작

《비결, 책략 그리고 손재주 *Trucs, Astuces et Tours de Main*》, Hachette, 2003

《별을 찾기 *La Quete des Etoiles*》, Hachette

《베르나르 루아조의 일요일 *Les Dimanches de Bernard Loiseau*》, Chêne, 1994, D. Loiseau와 공저

《베르나르 루아조의 맛의 세계 *Le Monde des Saveurs de Bernard Loiseau*》, CD-ROM

《베르나르 루아조의 가정 요리 *Bernard Loiseau Cuisine en Famille*》, Albin Michel, 1997, D. Loiseau와 공저

《주방장처럼 요리하기 *Je Cuisine comme un Chef*》, Albin Michel, 2003

《부르고뉴, 리옹, 오베르뉴 지방의 요리법 *Mes Recettes du Terroir Bourgogne-Lyonnais-Auvergne*》, Albin Michel, 2000

● 한 사람과 여러 사람은 다르다. 〈서울대학교병원 윤태진 교수 '아들아, 삶에 지치고 힘들 때 이 글을 읽어라' 중〉

퀴르농스키가 인정한 세계 최고 요리사의 손자

조르주 블랑

Georges Blanc, 1943~

프랑스 보나스 지방의 최고 요리사

자료 : THURIES, N0.9. 1989.5월호. p.7.

조르주 블랑은 1943년 1월 12일에 프랑스 남부 브레스Bresse 지방의 보나스Vonnas에서 태어났다. 평범한 농부인 아버지 장 루이 블랑이 마구간을 개조해 식당을 연 것은 1872년이었다. 그의 집은 대대로 식당을 운영해 왔다. '블랑 어머니la mère Blanc' 라고 불렸던 할머니는 퀴르농스키Curnonsky(p. 338 참조)로부터 세계 최고의 요리사라고 칭송받았으며 1931년, 《기드 미슐랭》은 이 식당에 별 2개를 부여했다.

처음에는 목요일마다 열리는 보나Vonnas 장터에서 달걀 장수들에게 뜨거운 수프나 팔아볼까 해서 식당을 열었다고 한다. 그런데 식당을 이어받은 며느리 엘리사는 요리 솜씨가 매우 좋았다. 메뉴도 수프에서 브레스 명물인 닭고기, 크레프Crêpe, 개구리 다리까지 있었다. 사람들은 대도시에서 자동차를 몰거나 기차를 타고 보나까지 찾아왔다. 엘리사의 큰 아들 장과 며느리 파울레타가 식당을 이어받았고, 1965년에는 그들의 장남 조르주가 누나를 제치고 부엌일을 맡았다.

블랑은 여느 시골 아이들처럼 평화로운 어린 시절을 보냈다. 브레스

Bresse에 있는 기술고등학교를 수석으로 마치고, 주네브 Genève에서 멀지 않은 토농레벵Thonon-les-Bains 호텔학교에 입학했다. 니스Nice의 라 레제르브 드 보리외 La Réserve de Beaulieu와 디본 레 벵Divonne-les-Bains의 르 그랑 호텔Le Grand Hôtel에서 요리를 배웠으며 해군에서 병역을 마친 후 다시 고향 보나스로 돌아와 가업인 식당업에 참여하였다.

개구리 뒷다리 요리

요리 : 호텔 신라.

블랑은 열다섯 살 때부터 부엌을 들락날락하였다. 군복무 때에도 취사병이었던 그는 마침 보나 인근의 한 호텔학교를 수석으로 졸업한 참이었다. 5년 뒤 조르주는 식당 주변의 고성을 사들여 호텔과 식당으로 개조했으며, 각종 요리 경연대회에 참가하여 상을 받기도 하였다.

그 덕분에 지도에도 나오지 않던 작은 마을이 일약 미식의 마을로 떠올랐다. 보나스는 프랑스 남부 중심도시 리옹에서 자동차로 1시간을 가야 하는데 조르주의 식당에 찾아오는 사람들이 몰려들면서 고속도로에서 식당까지 도로를 닦아야 할 정도였다.

처음 엘리사 할머니의 식당L'Ancient Auberge에서 자신의 이름을 따서 조르주 블랑 'George Blanc' 으로 바꾸고, 50개 객실의 호텔을 만들었다. 미테랑 전 대통령과 알랭 들롱과 진 해크먼, 톰 크루즈와 니콜 키드먼 부부

20대 초반의 조르주 블랑

등도 1주일 동안 머물 정도로 유명하다. 식당 로비에는 그간 이곳을 다녀간 유명인사의 사진이 벽 하나로도 모자라 계단참까지 빼곡히 걸려 있다.

그가 세운 조르주 블랑 호텔은 음식은 물론 휴식과 여유를 제공하기 위해 귀족스러우면서도 자연과 완벽한 조화를 이루고 있다. 실내 건축과 가구와 그림 장식들은 뛰어난 심미적 즐거움을 고객들에게 선사한다. 1981년, 《기드 미슐랭》으로부터 최고의 영예인 별 3개를 부여받았는데, 당시 프랑스에서는 별 3개짜리 레스토랑은 16곳밖에 되지 않았다.

블랑은 요리에서 두 가지 원칙을 굳게 지킨다. 한 가지 원칙은 그 지역의 특산물을 최대한 활용하는 것이고 다른 원칙은 재료의 계절적 특성을 최대한 살려 사용한다는 것이다.

블랑은 프랑스 최고 훈장인 레지옹 도뇌르를 비롯하여 많은 문화훈장을 받았고 여러 권의 저서를 집필하였다. 1981년과 1982년에 《나의 요리법 *Mes Recettes*》 1, 2권을 차례대로 펴낸 이후 《부르고뉴의 요리 *La Cuisine de Bourgogne*》, 《나의 계절 요리 *Ma Cuisine des Saisons*》(1984), 《접시에 담긴 자연 *La Nature dans l'Assiette*》, 《사계절 백서 *Le Livre Blanc des Quatre Saisons*》를 차례로 발간하였다.

조르주 블랑은 요리 이외에도 16만m^2에 이르는 자신의 광활한 포도밭을 관리하여 많은 소득을 얻고 있으며 얼마 전부터는 고향 마을인 보나스의 시위원으로도 활발하게 활동하고 있다. 조르주 블랑 식당은 보나스의 풍경도 바꾸어놓았다.

르레 구르몽 호텔 (Place du Marche 01540, Vonnas, (Ain) France)

1965년에 7명이던 직원은 2007년에 250명으로 늘었는데 보나의 인구가 3,500여 명이니 10명 가운데 1명이 이 식당에 근무하는 셈이다.

조르주 블랑과 직원들

자료 : THURIES, N0.9.1989.5월호. p.15.

부르고뉴의 미슐랭 별 3개의 요리장

자크 라멀루아즈

Jacques Lameloise, 1947~

그는 에스코피의 재단의 강사이기도 하다.

자료 : THURIES, No.12, 1989, 7월호. p.7.

자크 라멀루아즈는 1947년 4월 6일에 프랑스 샤니Chagny에서 태어났다. 그의 할아버지인 피에르 라멀루아즈Pierre Lameloise는 플라자 아테네Plaza Athène, 르두아앵Ledoyen, 라퍼루즈Laperouse, 사보이Savoy와 같은 유명한 식당에서 에스코피에Escoffier를 비롯한 요리 거장들과 함께 일을 하였으며, 1937년에는 《기드 미슐랭》의 별 하나를 획득하였다. 그리고 그의 아버지인 장 라멀루아즈Jean Lameloise 역시 할아버지의 뒤를 이어 가업인 식당을 이어나갔다.

1962년부터 자크는 마치 할아버지가 거쳐 간 식당들을 뒤쫓듯 오베르가드Aubergade, 뤼카스 카르통Lucas Carton, 사보이, 푸케Fouquet, 르두아앵, 라세르Lasserre 등의 유명한 식당에서 요리를 배웠다. 그리고 마침내 1971년에 아버지를 돕기 위해 집에서 운영하던 식당으로 돌아왔다. 이때부터 식당의 상호를 라멀루아즈Lameloise로 바꾸었다.

라멀루아즈는 식당에서 디저트가 다른 요리에 비해 소홀하게 다루어지는 것을 보고 제과사를 따로 고용하고 직접 제과를 배우러 가는 등 최고의 결과를 얻기 위해 최대한 노력했다. 또한 그는 자신이 태어난 지방인 부르고뉴Bourgogne 지방에 대한 세밀한 지식까지 섭렵했을 뿐만 아니라 요리의 새로운 흐름과 관련하여 폭넓은 의견을 내놓았다. 그는 들라벤Delaveyne, 로뷔숑Robuchon, 게라르Guérard가 만든 '프랑스 최고급 요리회La Haute Cuisine Française'의 회원이었기에 이것이 가능했다. 그는 에스코피에 재단에서 요리를 가르치는 한편, 저서 《신선 요리 *La Cuisine Fraîcheur*》를 출판하였다. 가족이 꾸려나가는 식당이었지만 자신의 힘으로 고급 식당으로 성공적으로 변화시킨 그는 1979년에 《기드 미슐랭》 별 3개를 획득하는 영광을 누렸다.

자크 라멀루아즈와 레스토랑 직원들

자료 : THURIES, N0.12. 1989.7월호, p.13.

● 침묵이라는 무기, 의도적으로 침묵할 줄 아는 사람만이 원하는 것을 갖는다. 〈크로넬리아 도프〉

세계의 음식문화 러시아편

러시아는 유럽과 아시아에 걸친 다민족국가로, 보드카의 나라로도 잘 알려져 있다.

러시아는 개척과 식민의 오랜 역사 속에서 소박하면서도 독특한 음식문화를 잘 발달시켰다.

러시아는 지역에 따라 다양한 기후를 가졌으며 대륙성 기후가 가장 두드러진다.

식재료의 분포도 지역에 따라 다양하다. 툰드라와 타이가 지역은 토양이 좋지 않아 농업이 잘 이루어지지 않았고 남쪽은 혼합림, 낙엽수림지대와 스텝지대에서만 농·목축업이 발달하였다.

러시아는 13~15세기에 몽골의 지배를 받아 음식문화에 많은 영향을 받았다. 몽골인은 양고기를 석쇠에 굽는 요리인 샤시리크, 양배추를 소금에 절이는 음식, 요구르트 만드는 방법 등을 러시아인에게 알려주었다. 17세기 후반 상류층의 식탁이 서구화되어 샌드위치, 햄, 소시지, 청어, 소금에 절인 피클, 캐비아, 철갑상어 등이 식탁에 오르게 되었다.

러시아 음식문화의 일반적인 특징은 빵을 주식으로 하고 양배추, 토마토, 감자, 양파, 비트 등 저장채소 또는 염장채소와 같은 소박한 식재료를 사용한다는 것이다. 또한, 빵을 주식으로 하며 청어, 연어, 대구, 철갑상어의 알젓(캐비아)과 연어알젓(이크라)을 먹는다. 러시아는 추운 지방으로 죽과 수프가 발달하였다. 고기, 감자, 유제품을 많이 먹고 남녀노소 아이스크림을 즐겨 먹는다는 것이 특징이다.

러시아의 대표적인 음료에는 신맛 나는 청량음료인 크바스가 있고, 40% 이상의 알코올을 함유한 무색투명의 증류주인 보드카가 있다.

러시아 보드카

시베리아를 녹이는 술, 보드카. 보드카에 대한 러시아인들의 자부심은 대단하다. 상류층부터 서민까지 누구나 즐기는 국민주가 바로 이 술이다. 보드카는 14세기경 러시아에서 최초로 제조된 뒤 북유럽을 거쳐 미국으로 옮겨갔다. 보드카가 출생지인 러시아를 떠나 미국까지 가게 된 계기는 '러시아 혁명'. 1917년 혁명을 피해 유럽으로 망명한 백인계 러시아인들이 망명지에서 보드카를 만들었고, 그 감칠맛에 반한 서구인들이 앞다투어 찾게 됐다. 1933년 미국에서 금주법이 폐지되고 칵테일이 유행처럼 번지면서 그 베이스로 적합한 보드카의 수요도 급격히 증가했다. 특히 보드카는 그 제조법이 위스키나 브랜디와 별반 다르지 않으면서 원료만 같다면 어느 나라 어떤 지방에서 만들든 맛에 큰 차이가 없다. 무색, 무미, 무취이며 높은 도수에 비해 맛이 부드러운 보드카는 가격 또한 다른 증류주에 비해 비싸지 않은 것이 장점이다. 옥수수, 호밀, 보리, 감자 등을 원료로 해 만들어진 술을 증류하는 과정에서 자작나무로 만든 숯에 통과시켜 냄새를 제거한 것이 원래의 보드카다. 하지만 오늘날에는 연속 증류기를 이용해 만든 95%의 알코올을 물로 희석, 농도 40~50%로 조절한 다음 다시 목탄으로 여과한다. 목탄, 즉 나무로 만든 숯은 냄새와 색깔을 흡착시키는 성질이 강하다. 따라서 알코올을 여과시키면 잡다한 맛의 성분과 냄새가 완전히 제거된다. 이렇게 해서 깨끗한 유리잔과 같이 무색투명한 보드카가 탄생하는 것이다. 냄새나 맛이 없는 보드카는 나무통에 보관하는 위스키와는 달리 스테인리스 탱크에 저장한다. 병에 넣을 때는 적절한 알코올 농도 40~50%를 유지하며, 경우에 따라 감미를 하거나 과일 향을 섞어 보드카만의 특성을 살리고 있다. 보드카는 칵테일의 베이스뿐만 아니라 그 자체로도 충분히 매력적인 술이다. '블랙러시안', '블러디메리', '키스 오브 파이어', '섹스 온 더 비치' 등이 보드카를 베이스로 쓴 칵테일이다. 집에서 보드카를 즐길 때 이것저것 넣지 말고 탄산음료(특히, 콜라)나 오렌지주스 둘 중 하나를 보드카와 섞어 마시는 것도 방법이다.

보드카는 러시아의 '스톨로치나야', 핀란드의 '핀란디아', 미국의 '스미노프' 등이 유명하다.

보드카는 스트레이트로 마시는 것이 일반적이나, 때에 따라 칵테일로 마시기도 한다.

보드카를 베이스로 한 유명한 칵테일은 러시안, 블랙러시안, 블러디메리 등이 있다.

러시아에서 가장 인기 있는 차로는 사모바르가 있다. 1638년 몽고 사절단에 의해 소개되었으며 설탕 덩어리를 먼저 입에 넣고 차를 마신다. 그 외에도 요구르트 음료인 케피르가 있는데 신맛이 강하고 건강에 좋은 유산균이 다량 들어있다.

러시아의 대표적인 음식으로는 베이컨, 햄 등과 비트, 토마토, 감자, 당근, 양파, 양배추 등 채소를 넣고 끓인 러시아식 고기 수프 보르시치와 양고기의 꼬치구이로 주로 축제 때 볼 수 있는 샤시리크, 고기를 넣고 튀긴 만두 같은 빵인 피로시키가 있다.

전채요리로는 대부분 찬 음식이 나오며 소금에 절인 캐비아, 생선요리, 육류요리, 샐러드, 달걀요리, 흰 빵, 흑빵 등 다양한 음식이 제공된다. 러시아의 대표적 육류요리로는 프랑스 요리사가 러시아에 소개한 비프 스트로 가노프가 있다(97쪽 참조).

명절과 결혼식에 반드시 등장하는 러시아의 전통 빵 피로그는 신혼부부가 결혼식 다음 날 구워 손님들에게 포도주와 함께 제공한다. 손님들은 피로그를 먹으면서 신혼부부의 행복을 빌어준다.

러시아인들은 아침에는 죽이나 밀가루 빵으로 만든 샌드위치와 커피, 차, 우유를 마신다. 점심에는 전채요리, 수프, 주요리 후식순으로 코스정찬을 먹고, 저녁에도 비슷하나 수프가 없는 것이 특징이다.

러시아의 생활문화

1. 러시아 문자

• 영어 알파벳처럼 대문자와 소문자가 있다.

2. 러시아의 대표 음식

• 러시아 사람들은 빵을 주식으로 하며 포크, 칼, 숟가락을 이용하여 식사를 한다.

• 흑빵: 러시아 사람들이 즐겨먹는 호밀로 만든 빵

• 보르시: 고기 국물에 감자, 당근, 양배추를 넣고 빨간 무와 토마토소스로 붉게 색깔을 낸 스프

• 샤실리크: 양념에 재운 양고기를 채소와 함께 꼬치에 꿰어서 구워 먹는 음식

3. 이즈바: 러시아의 주택

• 러시아의 전통적인 집 형태로 통나무를 쌓아 올려 만듦

4. 러시아의 의생활

• 사라판: 소매가 없는 몸체에 긴 치마가 이어져 있는 여성용 옷

• 루바시카: 블라우스와 비슷한 남성용 옷

5. 삼보: 러시아를 대표하는 스포츠

• 러시아의 전통 스포츠로 유도와 레슬링이 혼합된 격투기

6. 러시아 사람들의 생활모습(목욕)

• 러시아 사람들은 추운 날씨를 견디기 위해 목욕을 한다. 러시아의 목욕탕에는 벽 한쪽에 난로가 있는데, 난로에 물을 부어 김이 나게 하여 뜨거운 증기로 몸을 데운다. '베니크'라고 하는 빗자루처럼 생긴 도구를 이용하여 젖은 몸을 두드리는 풍습도 있다(네이버 지식백과, 러시아의 문화).

현존하는 세계 최고의 요리장

조엘 로뷔숑

Joël Robuchon 1945~

어려서부터 요리에 천부적이었던 조엘 로뷔숑

자료 : J. Robuchon, L'Atelier de Joël Robuchon, p.31.

조엘 로뷔숑은 1945년 4월 17일 프랑스 푸아티에Poitiers에서 태어났다. 그의 아버지는 벽돌공이었고 어머니는 평범한 가정주부였다. 그는 어릴 적부터 요리에 입문할 집안의 배경이 있었던 것은 아니었다. 단지 부모님의 이혼 후 푸아티에에 있는 작은 신학교 학생이었던 시절에 14세부터 누이를 도와 음식을 만들기 시작하면서 요리사로서 그의 천부적인 자질이 드러나기 시작했다.

그 후 로비숑은 생계를 위해 를레 드 푸아티에 호텔Relais de Poitiers Hôtel에 수습생으로 취직하게 되면서 자연스럽게 요리사의 길로 접어들게 되었다. 그로부터 13년 후, 그의 나이 28살 되던 해에 호텔 아모니 라파예트Hôtel Harmony-Lafayette의 수석 요리사가 된다.

1960년에서 1973년까지 로뷔숑은 당대에 엄격하기로 유명했던 르 베르켈레Le Berkeley, 알랭 상드랑스Alain Senderens, 앙리 포제롱Henri Faugéron 같은 요리 거장들을 만나면서 요리 세계에 한 계단씩 단계를 밟아 올라갔다. 1974년에서 1978년까지는 파리 콩코드 라파예트Concorde-

주방에서 그는 항상 신중하고 말을 아낀다.

자료 : L_Atelier de Joel Robuchon, p.13.

Lafayette 호텔의 주방장을 지냈으며 1978년에서 1981년까지 니코 드 파리Nikko de Paris 호텔에서 주방장을 지냈다. 이후 그는 파리에서 자신의 식당을 개업했고 고든 램지Gordon Ramsay나 마이클 케인Michael Caines(주-1969~, 영국의 요리장)같은 뛰어난 요리사를 배출해 내기도 했다.

그리고 1981년에 레스토랑 자맹Jamin을 매입함으로써 드디어 꿈에 그리던 자신의 식당을 가지게 되었다. 작게 시작한 레스토랑 자맹은 로비숑의 노력으로 3년만에 《기드 미슐랭》의 별 3개의 반열에 올랐다.

은퇴 전까지 근무했던 파리 16구 51, avenue raymond poincaté에 위치했던 레스토랑 Joöl Robuchon

자료 : 저자 소장

그러나 이 성공은 그의 친구 프레디 지아르데Fredy Giardet처럼 처음부터 아주 자연스럽게 이루어지거나 어떤 소명 의식을 가지고 직업을 택한 데서 얻어진 것이 아니다. 앞서 말한 바와 같이 생계수단으로 요리를 시작하여 엄격한 선배 주방장들의 모진 훈련과 혹독한 질타를 견디어 내고 한없이 자세를 낮추어 가며 배운 요리기술과 그 기술을 바탕으로 한 엄격하고 충실한 요리관이 일구어낸 결과라고 할 수 있다. 예컨대

조엘 로뷔숑과 그의 동료들

자료 : J. Robuchon, L'Ateleir de Joel Robucho, p.27.

그는 투르 드 프랑스Tour de France에 합류하여 '충실한 푸아티에인Poitevin-la-fidelité'이라는 별명을 얻을 정도로 열심히 일했으며 거기서 자신의 정신적인 아버지로 생각하는 장 들라벤Jean Delaveyne을 만나 엄격한 직업의식과 요리인으로서의 상도를 배웠다.

조엘 로뷔숑의 화려한 경력을 보면 1962년에 프로스페르 몽테뉴 상Prix Prosper Montaigne, 1969년부터 1974년까지 5년 동안 19개의 국내외 요리대회에 출전하여 19개의 메달을 휩쓸었고 1976년에는 MOF(주–Meilleur Ouvrier de France), 즉 프랑스 최고 요리장 자격을 획득했으며, 1980년에

고든 램지 Gordon Ramsay

1966년 11월 8일 스코틀랜드에서 태어난 프랑스 음식 요리사. 그는 2001년 최고의 정찬 레스토랑 및 2002년 올해의 레스토랑상을 수상하였다. 한국에서 그는 최악의 레스토랑을 다시 일으키는 텔레비전 프로그램 '미션! 최고의 레스토랑'으로 유명해졌다. 영국 램지의 식당은 9곳이 있고 그 중에 6곳이 미슐랭의 별을 획득하였으며 미국 뉴욕의 '고든 램지 런던' 레스토랑은 별 2개를 받았다. 이뿐만 아니라 도쿄 신바시의 콘래드Conrad, 두바이의 힐튼 호텔의 베르Verre도 고든 램지의 레스토랑이다.

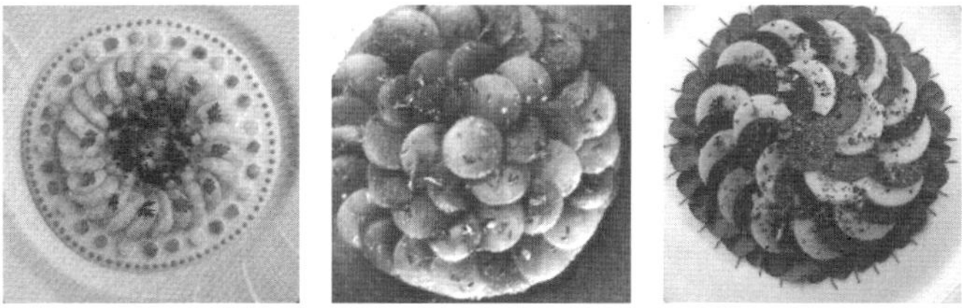

조엘 로뷔숑의 작품들(왼쪽부터 새우 전채요리, 향을 가미한 토마토 타르트, 검정 송로 버섯과 감자 샐러드)

자료 : Joel Robuchon. Cuisine Actuelle, 1993.

피에르 테탱제 상Prix Pierre Taittinger 등으로 자그마치 20여 회의 수상 경력이 있다. 그리하여 사람들은 그를 두고 '요리 역사의 한 페이지를 다시 쓴다', '의식 있는 예술가'라는 등의 찬사를 끊임없이 보내고 있다. 그는 현재 프랑스뿐 아니라 세계의 요리계를 대표하는 요리장이다. 권위 있는 《라루스 인물사전》에 나폴레옹 황제, 미테랑 대통령 등과 나란히 이름이 올라 있으며, 유명 요리만화 '맛의 달인'에도 출연하였고, 프랑스 정부로부터 레지옹 도뇌르 훈장도 받았다. 《고미요》에서 '금세기 최고의 요리사Chef of the Century'를 수여받기도 했다.

그럼에도 불구하고 그는 거만하거나 자만하지 않고 항상 자신의 자리인 주방에서 고객들을 위하여 휘하의 많은 요리사들과 함께 묵묵히 요리에 최선을 다하고 있다. 특히 콩코드 라파예트 호텔에서 많은 학생들에게 전수한 '거위 기름으로 세운 새우 요리'라든가 '양배추 크림의 캐비아 젤리', '훈제 베이컨을 얹은 송로 케이크' 등의 마술같은 요리와 자연의 샘물에서 흘러나오는 것 같은 기막히게 맑은 국물 요리들 그리고 최근에 그가 재창조해 낸 '부르주아 요리(주-버섯에 은근히 구워낸 송아지 요리 등)'

는 그의 이런 겸손하고 조용한 성품을 그대로 드러내주고 있다.

이제 그는 자신에게 요리를 배우기를 꿈꾸며 길게 줄서 있는 젊은이들을 위하여 로뷔숑 요리학교Ecole Robuchon를 통하여 엄격하고 어렵지만 귀중하고 가치가 있는 자격증을 소지한 젊은 요리사들을 배출해내고 있다.

요리의 유래 부야베스 Bouillabaisse

생선 수프 중 하나인 부야베스는 프로방스 지방이 원산지이며 오일과 토마토, 사프란saffron(주-외떡잎 식물의 여러해살이풀. 높이는 약 15cm이며 알뿌리는 지름 3센티미터로 납작한 공모양이다)을 이용해 만든다. 부야베스의 어원은 프로방스어이며, bouia와 abaisso의 합성어이다. 프로방스어로 bouia는 표준어로 bous, 즉 '끓이다'이며 abaisso는 abaisse로 '줄이다'의 뜻으로 풀이할 수 있다. 그러므로 부야베스는 '끓여 졸인 액체'라는 뜻이다.

부야베스의 요리법은 지중해를 비롯해 마르세유, 파리 등 방법도 가지각색이며 어부가 있다면 부야베스가 있을 정도로 프랑스 전국에 널리 퍼져 있다. 하지만 진짜 부야베스의 원조는 마르세유이며 생선의 종류도 많게는 40여 가지의 생선을 섞어 사용하지만 라스카스Rascasse(주-쏨뱅이의 일종)를 빼먹지 않는 것이 전통이다.

다양한 요리법이 있는 부야베스

요리 : 호텔 신라.

방스의 프랑스 최고 요리사

자크 막시맹

Jacques Maximin, 1948~

프랑스 북부 출신의 자크 막시맹

자료 : THURIES, No.109-1999, 5월호, p.91.

자크 막시맹은 1948년 3월 3일에 프랑스 북부의 파드칼레Pas-de-Calais의 랑뒤 필레르Rang-du-Filers 마을에서 태어났다. 부모님은 카페와 담배를 파는 식당을 경영하였는데 바쁜 생활 탓에 어린 막시맹은 주로 동네를 돌아다니거나 해안가에서 축구를 하며 시간을 보냈다. 기숙사 생활을 했던 고등학교 시절, 교장 선생님의 제안으로 여름 방학 동안 요리사였던 교장 선생님의 친구의 일을 도우러 가게 되었고 이것이 요리사의 길로 들어서게 되는 계기가 되었다. 프랑스 북부의 연해도시 투케Touquet의 샬뤼Chalut에서 수습을 시작하여 모나코Monaco의 라 쇼미에르La Chaumière, 볼Baule의 에르미타주Hérmitage, 로제 베르제가 운영하던 물랭 드 무쟁Moulin de Mougins과 조 로스탕Jo Rostang의 본 오베르주Bonne Auberge 등의 식당에서 일했다.

막시맹은 오랫동안 프랑스 요리의 이단아로 불렸다. 프랑스 북부에서 태어났지만 대부분의 시간을 남부 프로방스Provence 지방에서 보냈기 때문이다. 28세가 되던 해, 그가 주방장으로 있던 니스의 네그레스코

옛 극장을 개조한 자크 막시맹의 레스토랑

자료 : THURIES, No.15, 1989. 10월호. p.13.

Negresco 식당이 《기드 미슐랭》의 별 2개를 받았고 1979년에는 프랑스 최고 요리사MOF에 도전하여 성공을 거두었다. 그는 40세가 넘어 방스Vence에 자신의 개성을 보여주는 독특한 식당을 열었다. 버려진 옛 극장을 개조하여 만든 이 식당은 부서진 거울로 구성된 조각들과 대리석을 재료로 세웠고 벽면을 장식하고 있는 수많은 첼로 등 그 실내장식이 독특한 것이 이 큰 자랑거리다.

● 거절을 잘해야 핵심에 집중할 수 있다. 10%의 핵심에 집중하려면 나머지 90%를 거절해야 한다. 〈임정민의 창업가의 길에서〉

트러플의 고향 프로방스

프랑스 남부의 프로방스는 맛있는 트러플이 많이 나기로 유명한 지역이다. 1월 중순부터 2월 중순 정도까지가 트러플의 계절인데 이 시기를 전후해 맛있는 트러플을 사기 위해 수표나 신용카드보다는 현찰을 선호하는 상인들이 줄을 서고 있다. 트러플은 씹는 감촉도 좋지만 향기가 생명이다. 시간이 지날수록 향기가 서서히 사라지기 때문에 보관을 잘해 뒀다가 먹어야 한다.

한국에서는 전혀 나지 않아 모두 수입하는 트러플은 재배가 불가능하고 유럽의 몇 개국에서만 나는 희한한 버섯이다. 관세품목 분류상 송로버섯이라고 되어 있으나 소나무와는 아무 관계가 없다. 호텔 등 고급 프랑스 식당에서는 트러플을 넣은 소스 정도는 맛볼 수 있다. 떡갈나무 숲의 땅속에서 자라는 이 버섯은 못생겼고 육안으로는 돌멩이인지 흙덩이인지 구분도 어렵다. 땅속에서 채취한다면 식물 뿌리로 생각하기 쉽지만 엄연히 버섯류이다. 종균은 5~30센티미터 깊이의 땅속에서 자라며 더러는 1미터 깊이에서까지 발견되기도 한다.

훈련된 돼지는 트러플을 찾는 데 이용된다.

자료 : LaCuisine des terroirs. p.395.

따스한 인간미로 성공한 요리장

기 사보이

Guy Savoy, 1953~

자유와 모험을 즐겼던 기 사보이

자료 : THURIES, No.145, 2002.12월호, p.4.

기 사보이는 1953년 7월 24일에 프랑스 중부 부르고뉴 지방에 있는 니에브르 주의 주도 네베르Nevers에서 태어났다. 스위스 혈통의 아버지는 시청 소속의 정원사였고 어머니는 집의 일층에 시소유의 작은 주점을 운영했다. 그는 무엇보다도 어린 시절을 넓은 자연 속에서 자유롭게 보낼 수 있었다. 요리사가 된 그가 훗날 파리다카르Paris-Dakkar 자동차 랠리에 참가한 것도 바로 이때부터의 성격으로 그가 간직해 온 자유와 모험에 대한 동경 때문이었다. 더불어 아버지의 멋진 솜씨 덕택으로 그의 집은 매번 마을에서 가장 꽃이 아름답게 핀 아름다운 집으로 선정되기도 했다.

사보이는 중학교에서는 언제나 반에서 1, 2등을 다투는 뛰어난 학생이었지만 고등학교 시절은 순탄하지 않았다. 학교를 마친 후 요리사가 되겠다는 결심 때문에 그는 친구들로부터 따돌림을 받아야만 했다. 요리사라는 이미지가 오늘날과는 달랐기 때문이다. 하지만 그는 요리사가 되겠다는 고집을 꺾지 않았다.

사보이는 트루아그로Troisgros 레스토랑에서 3년간의 행복한 수습시간을 보냈다. 장Jean과 피에르Pierre는 그에게 기술과 품성 등 모든 면에서 훌륭한 스승이었다. 그 후 라세르Lasserre와 주네브의 리옹 도르Lyon d'Or, 오아시스Oasis, 나풀Napoule을 거쳐 파리의 바리에르 드 클리쉬Barrière de Clichy 등의 일급 레스토랑에서 요리장으로 일했다.

사보이가 트루아그로 레스토랑에서 일한 3년 동안에 식당의 매상이 3배가 불어났다. 이는 그가 식당 운영에 천부적인 재능을 지니고 있음을 잘 말해준다. 그래서 1980년에 처음으로 자신의 식당을 열었을 때, 개점 5분 만에 그가 만든 음식을 먹으려고 찾아온 손님으로 식당은 만원이 되었고 1985년에 《기드 미슐랭》의 별 2개를 획득했다. 1987년에는 트루아용Troyons 거리로 식당을 옮겨 자신의 이름을 딴 식당 '기 사보이'를 새롭게 개점했다.

사보이는 돈을 벌기 위해 외국에 요리를 가르치러 다시는 것에는 반대했다. 그것이 프랑스 요리의 명성을 드높이는 것은 인정하지만 자신의 요리에 일정한 값을 매기는 것에는 동의하지 않았다. 한편 그는 요리 예술에서 창조성을 키우는 가장 좋은 방법은 식당의 실적에 대해 관심을 갖도록 하는 것이라고 말한다. 그리고 그는 뚱뚱하고 거칠며 고함지

기 사보이와 레스토랑 직원들

자료 : THURIES, No.47, 1993.3월호, p.11.

2002년, 프랑스 셰프상을 받는 모습

자료 : THURIES Megazine, N145. 2002. 12월호. p.17.

르는 요리사의 이미지를 싫어했다. 대신 요리사들이 조용하고 평온한 분위기 속에서 차분히 일할 수 있도록 관심을 가지고 깊이 배려했다. 다시 말해서 그는 요리의 기술적인 측면이 아니라 인간적인 요소를 더욱 중시했다. 그래서 그는 보다 편안하고 안락한 분위기에서 간단하게 먹을 수 있는 비스트로를 식당과 함께 운영하고 있다.

미식가협회 로티세리 'Chain des Rotisseurs'

Chain des Rotisseurs는 가이드 로티세리Guild of Roaster란 의미로 오늘날에는 미식가Gourmet Society 모임의 성격을 많이 띠고 있다. 단순하게 '로스트Roast하는 사람들의 모임'으로 해석되지만 당대(13세기)에는 요리방법이 거의 굽기에 의존하고 있었기 때문에 요리사를 의미한다고도 볼 수 있다.

당시 로스트는 쇠꼬챙이 통구이를 주로 포도나무를 불태워 요리하였으며 어원은 롤roll, 돌리다에서 파생되었다. 유럽요리의 역사를 통하여 볼 때 16세기 카트린 드 메디시스Chtherine de Medicis와 앙리 2세Henri Ⅱ의 결합이 오늘날 프랑스 요리를 발전시키는 데 중추적인 역할을 하였으며 로티세리 체인점은 요리 기술을 예술적 차원으로 이끌어 가는데 그 기초를 다지는 계기가 되었다고 생각된다.

이미 알려진 것처럼 중세기 유럽에서는 종교가 매우 성행하였고 따라서 수도원이 발전되었던 시기이며 이곳에서 식음료 문화가 꽃을 피우기 시작했던 것이다. 예를 들면 빵과 케이크, 맥주, 리큐르, 와인, 샴페인 등의 제조기술이며 이때의 리큐르인 베네딕틴Benedictin, 샤트루즈Chartreuse 등은 아직까지 그 비법이 전해져 오고 있다. 이러한 배경과 함께 세계종교전쟁인 십자군 전쟁이 일어났고 전쟁이 끝난 후, 원로 수도승들이 전문 요리인 양성을 위한 모임을 'Chaine des Rotisseurs'라 명하여 탄생시켰으며 오늘날까지 지속되고 있는 것이다.

로티세리 체인의 로고

이 모임의 로고에서 1218~1950은 연도를 표시하였는데 1218년에 최초로 모임이 만들어졌으며 제 1, 2차 세계대전 때 모임이 일시 중단되었다가 1950년에 재생되었다는 의미이다. 방패와 창은 십자군 전쟁 당시의 문화를 뜻한다. 오늘날에는 세계적으로 약 3만 명의 회원으로 구성되어 있으며 우리나라에는 150명 정도의 회원이 있다. 요리사만이 회원이 되는 것이 아니라 경제인, 호텔리어, 식음료 관계 비즈니스맨, 와인 상인 등 다양한 멤버로 구성되어 있으나 미식가gourmet의 입단을 환영하고 있다.

복장 또한 턱시도, 테일-코트를 규정하고 여성은 이브닝드레스를 입도록 되어 있으며 다양한 테마 파티를 모임의 개념에 맞게 준비하고 있다. 13세기 전에는 요리사가 검정색 실크 모자를 쓰고 있었는데 지금은 흰색 모자를 쓰고 있는 것도 이 모임이 결성된 후 시작되었다고 한다.

● 작은 일에도 불행해 하면 당신은 불행해질 것이다. 〈정신의학신문 정신과 전문의〉

요리의 유래 리큐르 Liqueur

고대 그리스의 의사인 히포크라테스가 약용으로 만들어 사용했던 것을 이탈리아 카트린 드 메디시스가 앙리 2세의 왕비가 되었을 때 프랑스 궁정에 처음 소개되어 리큐르의 제조법이 보급되게 되었다. 리큐르는 과일이나 곡물을 증류하여 만든 주정을 기본으로 설탕이나 꿀로 단맛을 낸다. 그리고 과일, 씨, 뿌리 등을 첨가하여 향미 · 색을 갖게 한 혼성주이다.

리큐르

그랑마니에르(대표적인 리큐르로 오렌지향이다)

허브와 스파이스

1. 허브(herb)

주로 따뜻한 지방에서 자라며 줄기, 잎, 꽃봉오리 등 부드러운 부분을 이용하고 사람들의 생활에 도움이 되는 향기가 있는 식물의 총칭을 말한다. 성분을 보면 식품이나 음료 등에 보존용 향신료 또는 건강 증진제로 첨가되는 식물과 이들 식품, 음료 외에 향수, 화장 등의 제품에 세정효과를 위해 쓰여지는 등 식물의 전부라고 정의를 확대해도 무방하다.

흔히 표현하는 식물의 꽃, 열매, 씨, 뿌리 등으로 방향 자극성이 있는 것을 말하며, 음식물에 향미를 첨가하여 식욕을 촉진시키는 역할을 한다.

2. 스파이스(spice)

열대와 온대에서 생산되어 유럽에 전해진 귀한 향신료로서 방향성과 자극성이 뛰어나다. 건조한 것을 지칭하며 종류는 고추, 겨자, 와사비, 홀스래디쉬, 산초, 휀넬, 딜, 코리엔더, 아니스, 커민, 게러웨이, 깨, 훼누크리크 등을 만한다. 식물의 가지, 열매, 껍질, 뿌리 등을 사용할 때 부르는 이름이며 통째로 혹은 건조해서 가루로 사용한다.

양파, 마늘, 생강, 와사비, 홀스래디쉬와 같이 생으로 이용되는 것을 말하며 종류는 월계수, 다임, 박하류, 세이지, 마조람, 로즈마리, 쳐빌, 오레가노, 세이보리, 케이퍼, 타라곤 등 신선한 잎과 줄기를 모양 그대로의 형태로 사용하거나 말린 형태로 사용하는 것이라 말할 수 있다.

Part 03

현대 요리의 거장 46인

1. 로베르 [illegible] (Robert [illegible]xe, 1929 ~)
2. 피에르 로[illegible] (Pierre Ro[illegible], 193[illegible] ~)
3. 장 [illegible] (Jean-[illegible]dat, 19[illegible] ~)
4. 프레디 지[illegible]르데 (Fredy Girardet, [illegible]6 ~)
5. 필립 데페 (Philippe Depée, 1937 ~)
6. 조르주 페노 (Georges Paineau, 1939 ~)
7. 미셸 루 (Michelle Roux, 1941 ~)
8. 제라르 클로르 (Gerard Clor, 1943 ~)
9. 마르크 므노 (Marc Meneau, 1944 ~)
10. 미셸 샤브랑 (Michel Chabran, 1945 ~)
11. 미셸 트라마 (Michelle Trama, 1947 ~)
12. 장 쿠소 (Jean Coussau, 1949 ~)
13. 장 마르크 들라쿠르 (Jean-Marc Delacourt, 1949 ~)
14. 피에르 가녜르 (Pierre Gagnaire, 1950 ~)
15. 브뤼노 시리노 (Bruno Cirino, 1953 ~)
16. 크리스토프 퀴삭 (Christophe Cussac, 1955 ~)
17. 질 투르나드르 (Gilles Tournadre, 1955 ~)
18. 장 마르크 방조 (Jean-Marc Banzo, 1955 ~)
19. 장 피에르 자콥 (Jean-Pierre Jacob, 1955 ~)
20. 장 마리 고티에 (Jean-Marie Gautier, 1955 ~)
21. 마르크 마르샹 (Marc Marchand 1955 ~)
22. 올리비에 뢰링저 (Olivier Roellinger, 1955 ~)
23. 알랭 뒤카스 (Alain Ducasse, 1956 ~)
24. 장 미셸 로랭 (Jean Michel Lorain, 1959 ~)
25. 미셸 로트 (Michel Roth, 1959 ~)
26. 파트릭 피뇰 (Patrick Pignol, 1960 ~)
27. 질 구종 (Gilles Goujon, 1961 ~)
28. 미셸 사랑 (Michel Sarran, 1961 ~)
29. 크리스티앙 르 스케르 (Christian Le Squer, 1962 ~)
30. 페랑 아드리아 (Ferran Adria, 1962 ~)
31. 필립 브라운 (Philippe Braun, 1962 ~)
32. 알랭 솔리베레 (Alain Solivères, 1963 ~)
33. 에릭 프레숑 (Eric Frechon, 1963 ~)
34. 푸르셀 형제 (les frères Pourcel, 1964 ~)
35. 프레데릭 앙통 (Frederic Anton, 1964 ~)
36. 필립 고브로 (Philippe Gauvreau, 1964 ~)
37. 베르나르 기요댕 (Bernard Guihaudin, 1966 ~)
38. 장 루이 노미코 (Jean-Louis Nomicos, 1967 ~)
39. 에두아르 루베 (Edouard Loubet, 1970 ~)
40. 가스통 르노트르(Gastom Lenotre)

로베르 랭스

Robert Linxe, 1929~

스위스 초콜릿의 대가이자 제과사

랭스는 1929년 9월 17일 프랑스 바이욘Bayonne에서 매우 가까운 부코Boucau의 부유한 가정에서 태어났다. 그는 부모님 곁에서 유년기를 보냈고 음악 소리가 잔잔하게 들리는 평화로운 어린 시절을 보냈다. 또한 포도원 주인이었던 앙리Henri 삼촌에게서 포도주에 대한 애정을 배웠다. 랭스는 한 부인이 만들어 준 파이 맛에 반해서 제과사가 되기로 결심했지만 부모님이 그의 뛰어난 성적을 아쉽게 생각하여 공부를 계속할 것을 제안했다. 그래서 그는 바이욘 기술대학에서 무역학을 공부했고 요리는 그 후에 배우게 된다.

랭스는 바이욘에 있는 루이 바레르Louis Barrére의 가게인 자쿠오트Jacquotte 제과점에서 제과를 배웠는데 무척 힘든 시간이었다. 그러나 그가 관심을 가진 유일한 일이 요리를 만드는 것이었기 때문에 더 열심히 일을 하였다. 그는 군대를 면제받고 낙담하지만 오히려 요리의 기초를 다지는 시간을 많이 가지게 되었다. 이후에 칼튼Carlton 호텔 앞에 있는 앙리에Henriet의 제과점으로 가서 일을 계속했다.

랭스는 파리로 올라가서 생 라자르St. Lazare 역 근처에 있는 한 제과점에서 일했다. 그때 그는 스승의 도움으로 코바Coba에서의 3개월간 수습을 할 수 있었고 그 다음해에는 프레르 메이주Fréres Meige라는 제과사에게 스위스 초콜릿을 만드는 비법을 배우게 되었다. 1953년 10월에는 뇌이Neuilly에 있는 초콜릿 가게 레 바이킹스Les Vikings에 합류했다.

랭스의 초콜릿

랭스는 메뉘 씨Monsieur Menu 덕분에 생 라자르 역에 있는 유명한 맥주 양조장인 가르니에Garnier의 요리팀에 합류하게 되는데 이 경험으로 요리에서 나타나는 여러 제약을 발견하고 지젤 귀요Gisele Guyot와 함께 파리를 평정하기로 결심했다. 귀요는 크림, 버터, 치즈 도매상의 딸로 1954년에 랭스와 결혼한다.

1955년에 랭스는 처갓집의 도움으로 바그람 거리Rue de Wagram에 제과점을 열었다. 그는 1977년에 메종 뒤 쇼콜라Maison du Chocolat에서 신비로운 초콜릿 제품으로 판매에 대성공을 거두게 된다. 그 후 랭스는 파리에 또 다른 초콜릿 가게를 열었고 뛰어난 과자장식을 만드는 아르노 사에즈Arnaud Saez를 영입하여 매번 환상적이라고 느껴지는 제품을 만들었다. 이 두 사람의 멋진 공모로 그들의 초콜릿

랭스의 비스킷로즈

은 항상 인기가 있었다. 그는 초콜릿을 손수 맛보았고, 자나 깨나 초콜릿만을 생각했다. 초콜릿의 맛을 아는 진정한 대중들을 많이 만났으며 초콜릿 제조인으로서 높은 명성을 얻었다. 랭스는 초콜릿은 그것을 만든 사람의 인격을 반영하기 때문에 사랑할 수 있다고 생각했다.

랭스는 그의 초콜릿을 뉴욕으로 수출하여 성공했고 그의 이름은 초콜릿을 사랑하는 애호가들에게 오랫동안 우아함과 품위의 동의어로 사용되었다.

향기의 탐험가인 랭스는 평온하면서도 열정적인 요리장이다. 그는 여러 지역에서 지속적으로 초콜릿 사업을 했으며, 초콜릿에 대한 자신의 열정을 공유하면 깊은 행복을 느꼈다.

랭스의 초콜릿가게

● 잃을 것이 없는 사람을 경계하고 피하라 〈서울대학교병원 윤태진 교수 '아들아, 삶에 지치고 힘들 때 이 글을 읽어라' 중〉

피에르 로메이에

Pierre Romeyer, 1930~

벨기에 3대 요리사 중 한 명인 피에르 로메

피에르 로메이에는 1930년 6월 28일 프랑스 브뤼셀Bruxelles 교외에서 태어났다. 융단업자인 아버지와 간호사인 어머니 사이에서 태어난 그는 요리와는 전혀 관련이 없어 보이지만 벨기에 요리계의 세 명의 별 중 한 명이 되었다. 그가 어렸을 때 전쟁이 발발하였고 그의 부모는 그를 보호하기 위해 쥐라Jura로 보냈다.

로메이에는 14세에 요리 수업을 시작하여 조르주 미셸George Michel에게서 요리를 배웠고 식당 랄사시엔L'Alsacienne에서 화덕의 불을 담당했다. 1946년에 군에서 돌아온 후 그는 사부아Savoie로 돌아갔다. 그곳에서 요리와 소스, 고기를 굽는 일인 로티rôti를 담당하는 등 여러 분야에서 요리사로서 경험을 쌓기 시작했다. 4년 후에는 브뤼셀의 칼튼Carlton에 있는 쥘리앙 베르무슈Julien Bermouche 휘하에 들어갔다. 그리고 그는 1950년에 벨기에 문화학술 옹호자인 알베르 구브레르가 제정한 상을 1등으로 수상했다.

1955년에 로메이에는 소스 요리로 프로스페르 몽타니에Prosper Montanier 대회에서 1등 상을 받았다. 그러나 그가 수상한 요리는 의외로 사람들의 호응을 받지 못했고, 이에 실망한 그는 왕실 자동차 클럽의 요리장이 되기 위해 떠날 결심을 했다.

자동차 클럽은 실로 요리사의 천국이었다. 그는 자신의 요리팀과 함께 7만 5천 가지의 요리와 3만 가지의 칵테일을 만들어 냈다. 그 후 로메이에는 자신의 동업자와 힘을 합쳐서 식당을 열었다. 그는 브뤼셀에서 15킬로미터 떨어진 소아네 숲 한가운데에 있는 전망이 좋은 곳에 메종 드 부슈 Maison de Bouche를 열었다. 이 식당은 맑은 호수와 울긋불긋한 단풍 사이로 가을 햇살이 따사로이 비치는 아름다운 곳으로 로메이에의 진귀한 요리를 편안하게 맛볼 수 있는 곳이다.

로메이에는 모든 사람들에게 잘 알려진 위대한 요리사이다. 그는 '33인 클럽' 과 '100인 클럽' 에서 학위를 수여받았다. 1960년에는 프랑스 요리학교의 멤버가 되었고 또 프랑스 요리 부문 국제훈장을 받았다. 현재 그는 프랑스 요리 교사회의 국제단체에서 기사 작위를 갖고 있다.

로메이에는 현실에 안주하는 단순한 요리사가 아니라 항상 선두에 서서 새로운 방식에 도전하는 요리사이다. 또 그는 '유로토크Eurotoques' 라는 단체를 조직했는데 이 단체는 유럽식 요리법을 지킨다. 유로토크의 잡지는 공통된 주제에 대해 각자 자유롭게 표현할 수 있는 자유 논단이 되었고 이 발상은 룩셈부르크, 아일랜드, 네덜란드 및 그 외 다른 여러 나라에서도 열띤 논쟁과 경쟁을 부추겼다. 이처럼 그는 유럽의 요리발전에 커다란 기여를 하였다.

세계의 음식문화 주방 조직편

프랑스 요리장 에스코피에(George Auguste Escoffier, 1846~1935)는 주방계층 시스템을 주방장(chef), 부주방장(sous chef), 파트장(chef de partie), 조리사(commis) 총 4단계로 구분하였다. 하지만 현대의 주방은 시스템과 규모가 커지면서 다음과 같이 8단계 계급으로 구분된다. 그것은 총주방장(executive chef), 부총주방장(executive sous chef), 주방장(chef), 부주방장(sous chef), 파트장(1st cook/chef de partie), 2급 조리사(second cook), 3급 조리사(3nd cook), 조리사(cook), 조리보조(cook's helper)이다.

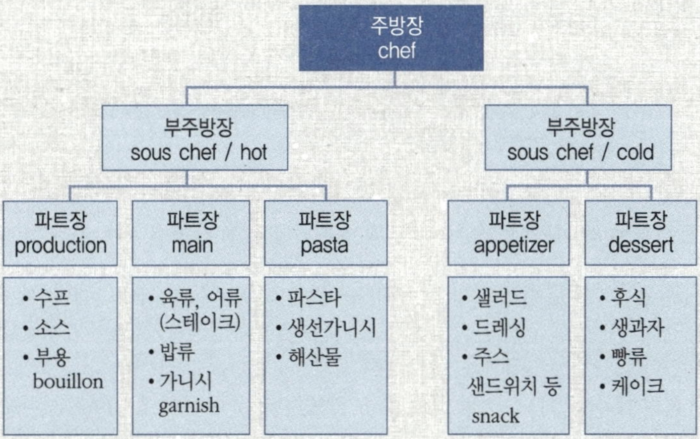

분야별 담당요리

- 소씨에saucier : 소스, 스튜, 스톡, 핫 전채, 소테 담당
- 스프potager : 수프, 스톡, 차우더
- 생선poissoner : 생선요리
- 앙트루메entremetier : 야채, 감자, 쌀 등 전분류, 계란요리
- 로티rotisseur : 로스팅, 브레이징
- 그릴아딘grillardin : 그릴 아이템, 생선 튀김
- 가르드망제garde manger : 샐러드, 드레싱, 파떼, 찬 전채, 뷔페
- 파티시에patisseier : 페이스티, 디저트, 빵
- 기타tournant : 돌아가면서 일 할 수 있는 예비 인력

장폴 파세다

Jean-Paul Passedat, 1933~

프티 니스의 유명 요리장
장 폴 파세다

자료 : THURIES Megazine, No.62. 1994. p.7.

장폴 파세다의 아버지는 프랑스 코사드Cossade에서 20여 킬로미터 떨어진 오티Otti 출신이다. 1943년과 1945 사이에 독일군이 이 지역을 침략해서 파세다는 아라 지방으로 피난을 떠났고 13세가 되던 해에 제과 · 제빵 기술을 배우기 위해 프랑스로 돌아왔다. 그는 마르세유Marseille를 거쳐서 샤르트르Chartre에 자리를 잡았다. 파세다의 어머니 루시 카소Lussi Casso는 오페라 가수였지만 가족을 위해서 자신의 직업을 포기하였다.

파세다의 아버지는 그를 니스의 호텔학교에 보냈지만 학교를 도중에 그만두고 캄파 에 쉬르쿠르에 요리를 배우러 들어갔다. 파세다는 군대에 입대하여 요리에 대한 책임감을 배웠고 제대한 후에는 음악학교 시험을 보았는데 교수의 눈에 띄어 라디오, 텔레비전, 오페라 테너로서 계약하고 활동하게 되었다. 동시에 그는 프티 니스에서 요리사로 일했다. 그러나 아들인 제랄드Gerald가 태어나서 그의 아내 알베르틴Albertine이 혼자서 육아를 감당하지 못하자 그의 이상적인 생활은 끝이 났다. 그는 아버지인 제르망German의 뒤를 따라 열심히 요리를 배워 마르세유에서 구운 생선 요리,

부이야베스bouillabaisse로 맹위를 떨쳤다.

파세다는 1972년에 호텔을 증축하고 요리 스타일도 바꾸었다. 이러한 요리에 대한 피나는 노력으로 프티 니스는 1977년과 1981년에 각각 《기드 미슐랭》으로부터 별을 1개씩을 수여받았다. 파세다의 아내 알베르틴은 프티 니스를 파뇰Pagnol 지방의 가장 값진 미식의 경지에 올려놓기 위해서 열심히 일했다.

장 폴 파세다는 진정한 요리의 맛을 찾기 위해서 외국에서 많은 시간을 보내고 있다. 종종 희화화되기도 하는 파뇰 지방과 사람들에게 악평을 받기도 하는 도시 마르세유는 장 폴 파세다로 인하여 사랑을 받게 되었다. 미식가들은 프티 니스에서 왕과 같은 대접을 받고 이러한 삶의 여유와 한가함은 인생에서 진정한 휴식 그 이상의 것을 느끼게 된다.

니스의 아름다운 파세다의 레스토랑에서 그의 직원들과

자료 : THURIES Megazine, No.62. 1994. 9월호. p.10.

● 맨 앞에서 달리지 마라 〈서울대학교병원 윤태진 교수 '아들아, 삶에 지치고 힘들 때 이 글을 읽어라' 중〉

프레디 지라르데

Fredy Girardet, 1936~

스위스 로잔의 유명 요리장

지라르데는 1936년 11월 17일에 스위스에서 출생하였다. 그가 태어난 당시 그의 아버지는 5개월째 실업 상태여서 집안 사정이 그리 좋지 않았다. 요리사였던 아버지와 식당종업원이던 어머니는 생계를 위해 일을 하느라 집을 자주 비웠다.

지라르데는 다른 아이들과 마찬가지로 보통학교에 들어갔다. 그는 크리시에Crissier에 위치한 학교를 다녔는데 운동을 가장 좋아했고 수학, 과학 등의 이과과목들을 좋아했다. 그는 15세에 요리 실습을 시작했고 이는 자연과 모든 사물에 대해 애정을 가지게 된 시발점이 되었다.

지라르데의 어머니는 하루하루의 삶이 힘들었기 때문에 그가 요리사가 되는 것을 원치 않았다. 그래서 지라르데는 철판 인쇄공으로 실습을 하기 시작하였다. 그러나 그의 아버지는 이 일이 아들이 진정으로 원하는 길이 아님을 깨닫고, 그 시대 최고의 식당인 로잔Lausanne에 들어가도록 도와주었다.

지라르데의 아버지는 상트랄 벨뷔Central Bellevue의 요리사였지만 이 프랑스 식당을 스낵 바로 전환하는 것에 반대하여 사직하였고 1953년에 크리시에 시청의 식당 관리직을 맡았다. 지라르데는 1960년 힘들어하는 아버지를 돕기 위해 요리장의 자격으로 그랑 셴Grand Chene으로 돌아왔다. 이때 그는 레코드 가게의 책임자였던 뮈리엘 봉가르트너Murielle Baumgartner를 만나 1964년 12월에 결혼했다.

아버지가 돌아가신 후 지라르데는 손님에게 일상적인 요리를 제공하는 동시에 창조적인 요리를 만들기 위해 계속 연구했다. 1976년에 그는 자신이 살던 지역의 역사를 사들여 많은 돈을 투자하여 내부 시설을 모두 개조했다. 파란만장한 12년을 보낸 후에야 지라르데는 드디어 자신의 가게를 운영하게 되었다.

요리사 지라르데에게 있어서 가장 본질적인 문제는 요리 그 자체였기에 요리에 어떠한 속임수도 쓰지 않았다. 그의 식당에서 제공하는 요리는 한껏 멋을 부린 요리가 아니라 그의 이름처럼 정직하고 담백한, 한 가지 요리에 둘 또는 세 가지 이상의 재료들을 혼합하지 않은 요리이다. 덧붙여 그의 식당은 그 지방에서 나는 특산 포도주와 12~18개월 동안 숙성시킨 그뤼예르gruyere 치즈의 맛도 요리 못지않게 유명하다.

많은 요리사들이 사람들의 취향이나 요리책의 권고에 따라서 요리법을 바꾸지만 지라르데는 자신의 요리법을 충실히 고수했다. 한편으로 요리는 개선시켜야 하지만 자신의 요리가 추구하는 방향은 바꾸지 말아야 한다는 것이 그의 생각이다. 근본적으로 프레디는 이상주이자이고 그의 요리에 대한 통찰력은 그에게 큰 장점이다.

요리전문가들은 레스토랑 지라르데Girardet가 젊은이들이 요리사로서 첫 발을 내딛기 좋은 곳이라고 말한다. 왜냐하면 지라르데는 자신뿐만 아니라 다른 사람들에게도 까다롭기 때문에 좋은 훈련을 받을 수 있기 때문이다. 그래서 그는 명망 높은 요리 콩쿠르의 심사위원이 되어달라는 요청을 종종 받기도 한다. 자신의 직업에 대해 가진 높은 도덕성으로 인해 모든 이들의 경탄의 대상이 된다.

그뤼예르 치즈 Gruyère

스위스의 프리부르Fribourg의 그뤼예르에서 무살균 우유를 사용해 가열하고 압착하여 숙성시킨 대형 하드 치즈이다. 모양은 대형 원반과 같다. 지름은 70~75센티미터이고, 높이는 9~13센티미터이며, 무게는 30~45킬로그램이나 된다.

그뤼예르 치즈

이것은 에멘탈Emmental과 비슷하고 작은 구멍이 치즈 전체에 흩어져 있으며 보다 긴 숙성기간 동안의 처리 때문에 향기가 더 강하고 감촉이 약간 더 부드러운 노란 호박색을 띠고 있다.

이 치즈의 이름은 스위스의 불어 사용지역인 이 지역의 이름을 따서 붙여진 것이다.

● 인연이 끝난 사람과 만나지 마라 〈서울대학교병원 윤태진 교수 '아들아, 삶에 지치고 힘들 때 이 글을 읽어라' 중〉

필리프 데페
Philippe Dépée, 1937~

일급 레스토랑 탕플리에의 사장 겸 요리장

자료 : Thuries Megazin, No.107. 1999. p.4.

필리프는 1937년 5월 20일에 프랑스 베르사유Versailles에서 태어났다. 아버지인 자크 데페Jacques Dépée는 법학자였고, 어머니 뤼시엔 안Lucienne Anne은 사서였다. 그리고 8살 위인 누나 시슬렌Chislaine이 있다. 그는 화려한 베르사유 성 안에서 태어나지는 않았지만 성에서 가까운 동네에서 태어났다. 행복으로 가득했던 데페 가족은 1943년에 발발한 제2차 세계대전으로 한순간에 불행해졌다. 아버지는 가족의 안전을 위해 1939년에 사 두었던 농가로 이사했다.

1944년에 전쟁은 끝났지만 데페 가족은 그 농가에 남기로 결정했다. 데페 가족은 그 집을 수리하여 1년 후에 레스토랑 오베르주 데 탕플리에Auberge des Templiers를 열었다. 처음에는 그의 어머니 뤼시안이 요리사를 맡았고 그녀는 요리를 하면서 요리에 대한 자신의 열정과 재능을 깨달았다. 이 식당은 파리 사람들 사이에서 유명해졌고 언론에서도 많은 찬사를 받았다. 1952년에 《기드 미슐랭》으로부터 별 하나를 받았고, 1953에는 전면적으로 식당을 보수하였으며, 1954년에 를레 드 캉파뉴Relais de Campagne 체인에 소속되었다. 아버지인 자크 데페는 이 체인의 부회장이

를레 에 샤토Relais et Châteaux

를레 에 샤토는 전 세계에 있는 호텔과 레스토랑의 모임이다. 55개국에 470여 개의 호텔과 레스토랑이 가입해 있다. 이것은 1954년 프랑스에서 '시골에서 휴식을 취하고 가는 장소'란 의미의 '를레 드 캉파뉴Relais de Campagne'를 만든 것으로부터 시작되었다. 이어 1962년에는 호텔로 사용하는 성城들의 체인인 '샤토 호텔Châteaux-Hôtels'이 생기고 1972년에는 유명한 요리를 맛볼 수 있는 식당을 선정하여 소개하는 레스토랑 체인 '를레 구르망Relais Gourmands'이 생겼다. 1975년에 이렇게 세 가지로 나뉘어 있던 호텔과 식당은 '를레 에 샤토'라는 이름으로 합쳐졌다. 이 체인에 가입하려면 우선 건물이 아주 조용한 곳에 위치해야 하고 성, 저택, 샬레, 작은 요새처럼 독특한 형태여야 한다. 또한 무엇보다도 객실 수가 1백 개를 넘으면 안 되며 이러한 건물 내에서 고객과 직원 간에 개인적이고 친밀한 서비스가 이루어져야 한다.

를레 샤토 로고

를레 샤토는 세 종류로 분류된다. 보라색 문장은 최고 수준의 서비스와 시설을 제공하는 아주 특별한 호텔, 노란색 문장은 멋진 장소에서 세심하게 배려한 편안함을 제공받을 수 있는 호텔, 파란 문장은 시골풍의 아름답고 예쁜 호텔을 의미한다.

되었고 이 체인은 나중에 를레 에 샤토Relais et Chateaux로 이름이 바뀐다.

1960년 필리프 데페가 23세가 되었을 때, 그는 요리실습을 하기 위해 대학을 그만두었다. 1년 후에 탕플리에로 다시 돌아와서 그해 1월에 크리스티안Christiane과 결혼했지만 1970년에 세계적인 의류 메이커인 니나 리치Nina Ricci의 모델인 프랑수아즈Françoise를 만나 부인과 이혼하고 그녀와 결혼하였다.

필리프의 식당은 1975년《기드 미슐랭》으로부터 별 2개를 받았다. 1년 후 어머니가 요리를 그만두면서 필리프는 공식적으로 가업을 물려받아 사장이 되었다. 그해에 필리프는 멋진 곳으로 소문난 탕플리에를 더 아름답게 보수하고 규모를 키워 일급의 레스토랑으로 만들었다. 정원에는 새로운 건물과 수영장도 만들었고 식사 공간도 더 넓고 아름답게 만들어 쾌적한 분위기를 연출했다. 그의 어머니 데페 부인은 현역에서 물러났지만 여전히 그 레스토랑에서 생기 있고 미소 띤 얼굴로 손님들을 맞이하고 있다.

필리프 데페의 스페시알 메뉴인 개구리로스트요리

자료 : La Houte Cuisine. p.232.

필리프는 미적 감각이 날카로운 요리사이면서 동시에 경제적인 측면에도 재능 있는 경영자이다. 그래서 모든 사업을 균형 있게 잘 이루고 있다. 특히 그는 식당의 내부 장식보다 서비스나 요리에 이러한 감각을 더 훌륭하게 발휘한다. 또한 항상 최고의 요리장을 찾아내고 최상의 요리를 준비하여 손님을 맞고 있다. 그리고 그의 식당은 식사용 포도주 역시 훌륭하다. 왜냐하면 그는 갓 만든 포도주와 보르도Bordeaux산 포도주를 선호했기 때문에 식당의 저장고에는 놀랄 만큼 다양하고 질 좋은 포도주가 보관되어 있다.

필리프 데페의 부인과 두 아들

자료 : TTHURIES Megazine, No.107. 1999. 3월호. p.9.

조르주 페노
Georges Paineau, 1939~

퀘스탕베르라는 작은 마을을 일약 유명하게 만든 요리장

자료 : THURIES Megazine, No.103. 1999. 10월호. p.4.

조르주는 1939년 4월 16일에 샤토뇌프라 포레Chateauneuf-la Foret에서 태어났고 그곳에서 9년을 살았다. 그 후 그는 기술자이며 공무원이었던 아버지를 따라 브르타뉴Bretagne 지방의 낭트Nantes로 이사했다. 그리고 1955년 에콜 데 보 자르 미술학교Ecole des Beaux Arts에 입학하여 미술 공부를 시작하였다. 그는 여기에서 2년간 미술을 공부했지만 적응하지 못했고 오히려 요리가 그의 소명이라는 것을 깨달았다. 그래서 그는 1957년에 클레르몽 페랑Clermont-Ferrand의 기숙 요리학교에 입학했고 이 학교에서 미래의 부인이 될 미슐레Michele을 만나게 되었다. 1959년에 조르주와 미슐레는 결혼하였고 그 후 조르주는 군대에 입대하여 3년 동안 모로코에서 프랑스 장군의 요리사로 일했다. 제대 후 겨울에는 라 므제브La Megève의 몽 다르부아Mont d'Arbois 호텔에서, 여름에는 볼Baule의 에르미타주Hermitage 호텔에서 요리를 했다.

1963년, 조르주는 비엔나Vienne의 식당 피라미드페르낭 푸앙Pyramide-Fernand Point에서 부분 요리장으로 일한 후 낭트로 돌아갔다. 미슐레는 뒤세스 안Duchesse Anne 호텔에서 계산원으로 일했고 그는 제2요리장으로 일했다. 그리고 3년 후에는 이곳을 떠나 르동Redon에서 관리직을 맡았다.

그러던 1965년, 조르주는 광고를 보고 퀘스탕베르Questembert에서 건물을 사들여 이 마을에 정착하게 되었다. 브르타뉴 지방의 대서양과는 떨어진 곳에 있는 작은 마을의 평범한 호텔을 최고의 식당인 를에 에 샤토 중 하나로 변모시킨 역사는 바로 여기에서 시작되었다.

이 식당은 문을 연 지 6년 후에 손님이 많아지고 호텔에 객실이 꽉 찰 정도로 대성공을 하였다. 1972년에는 《기드 미슐랭》에서 별 1개를 받았고, 1976년에는 두 번째 별을 받았다. 아내인 미슐레는 호텔 실내장식에 공을 들여서 벽에는 자신의 그림을 걸었고 4년 후에는 호텔을 더 크게 증축하기 위해서 단지를 건축했다.

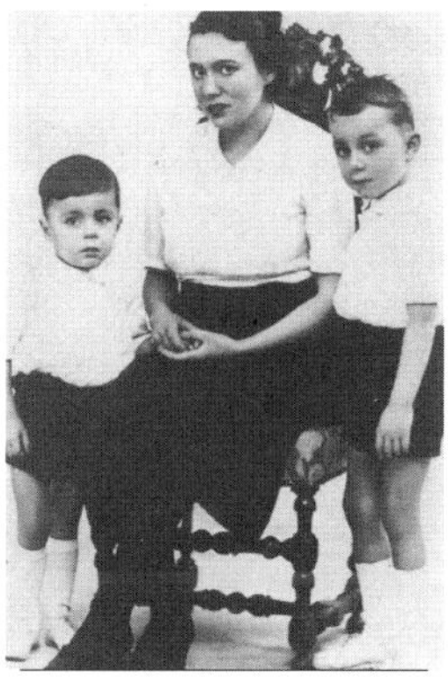
1942년, 조르주 페노가 어머니와 큰 형과 함께 찍은 사진

자료 : THURIES Megazine, No.113. 1999. 10월호. p.8.

그의 레스토랑은 가족이 경영하는 사업장이다. 조르주와 그의 사위가 주방을 책임지고 있다. 사실 조르주는 완전하게 새로운 요리를 만들기보다는 기존의 요리를 응용하는 것이 대부분이고 새로 만드는 요리는 1년에 두세 가지를 넘지 않는다. 그는 맛의 균형을 우선시하면서 브르타뉴를 재해석했고, 기존과는 다른 느낌을 주는 요리를 고객들에게 제공한다.

미셸 루

Michel Roux, 1941~

500여 명의 직원을 거느린 영국 요리계의 선두주자

자료 : THURIES Megazine, No.3. 1988. p.7.

미셸은 1941년 프랑스 샬롱 에 루아르Chalon et Loire 지방에 있는 샤롤에서 정육점을 하는 루 집안의 둘째 아들로 태어났다. 항상 부지런했던 미셸은 스승 카미유 로얄Camille Royal에게서 일에 대한 사랑뿐만 아니라 피곤을 이기는 참을성을 배웠다. 그는 형 알베르가 요리자격증을 따기 위해 공부하는 동안에 형과 함께 그들의 이름으로 레스토랑을 차릴 계획을 세웠다.

3년 후 미셸은 그 시대 가장 명문 가문인 로칠드Rotschild 집안에 들어가 일했다. 그 후 군대에 입대하여 비밀기지의 요리사 신분으로 근무했고 제대 후에는 세실 드 로칠드의 부름으로 다시 로칠드 집안에서 일했다.

1963~1976년까지 미셸은 모든 종류의 요리 공쿠르에 참가했고 많은 상을 받았다. 그중에서도 그는 1976년 제과부문에서 '프랑스 최고 장인'이라는 명칭으로 상을 받은 일을 가장 자랑스럽게 여겼다. 또한 재능을 인정받아 '1986년 요리상'을 수상하기도 했다.

1967년에 미셸과 그의 형 알베르는 런던에 르 가브로슈Le Gabroche란 식당을 열었고 마침내 그들의 꿈이 실현되었다. 몇 년 후에 그들은 500여 명의 직원을 거느린 영국 요리계의 선두주자가 되었다. 이들은 2007년 5개의 식당을 운영하고 있다.

또 미셸은 런던 템스Thames 강변에 워터사이드 인Waterside In 식당을 열었다. 이곳은 훌륭한 인테리어와 흘러가는 강물, 노 젓는 사람들, 요트 주변의 아름다운 경치로 인해 수많은 런던 손님들에게 인기가 있다.

이 식당의 추천 메뉴는 석쇠에 구운 토끼 가슴살 요리로, 식당을 찾는 손님들은 맛있는 요리와 멋진 주위 경치에 매료되어 행복한 시간을 가진다.

미셸과 알베르가 쓴 두 권의 요리책은 여러 언어로 번역되어 그들만의 요리법이 전수되고 있다. 1983년에 출간된 《새로운 전통 요리》와 세계적인 베스트셀러가 된 《루 형제의 과자와 케이크》가 바로 그것이다. 미셸은 제과장의 세미나에 자주 참석하여 주제에 따라 새로운 제과방법과 재료를 사용하려는 시도를 했다. 그 결과 그는 뛰어난 자질과 창의성으로 프랑스

1956년 미셸루가 16살 때 파리에서 실습을 하는 모습이다(오른쪽)

자료 : The Roux Brothers on Patisserie, p.11.

제과업계에서 유명해졌다.

또한 미셸은 각 지방에서 나는 좋은 요리 재료와 포도주를 찾아내는 데도 열심이었고 동양 등 다른 나라의 음식 문화에도 관심을 가졌다. 그는 매년 각 요리의 원산지와 특산품을 알기 위해 여행을 했고 그 결과 그의 요리는 프랑스 요리에 뿌리를 두면서도 그 시대의 미각에 맞게 응용되었다.

미셸루의 작품

완벽주의자인 미셸은 한 번 보기만 해도 소스나 요리를 정확히 알 수 있는 비상한 요리감각을 지니고 있어서 맛을 본다는 것은 곧 그의 생각을 확신하는 행동이다.

레스토랑의 직원들과 함께 한 미셸 루

자료 : THURIES Megazine, No3. 1988. 10월호. p.14.

● 근묵자흑(近: 가까울 근, 墨: 먹 묵, 者: 놈 자, 黑: 검을 흑)
먹을 가까이 하면 자신도 모르게 검어진다. 〈중국 서진(西晉) 때의 문신 · 학자인 부현(傅玄)의 '태자소부잠(太子少傅箴)' 중〉

제라르 클로르

Gerard Clor, 1943~

자유분망한 현대적 요리법의 계승자

자료 : THURIES Megazine, No.131. 2001. p.14.

제라르는 1943년 6월 18일에 제2차 세계대전이 한창이던 프랑스 벨포르Belfort에서 태어났다. 그의 아버지는 항해사이자 대형 여객선의 요리사였는데 친구의 권유로 제라르를 대학교와 학원에 보냈다. 이 학원은 콜마르Colmar에 있는 마리아니스트Marianiste 일가一家의 학원이었다. 1958년에 제라르는 조르주 블랑Georges Blanc과 같은 시기에 토농레벵Thonon-les-Bains의 호텔 학교에 입학하였다. 이때 그는 아름다운 추억을 많이 만들 수 있었다.

제라르는 1960년에 《기드 미슐랭》의 별 하나를 받은 뒤크 드 부르고뉴Ducs de Bourgogne 식당에서 뤼팽에게서 요리를 배우고 1961년에는 그랑 호텔 베르티에Grand Hôtel Bertier에서 일했다. 또 그해 겨울에는 몬테카를로Monté Carlo에 있는 메트로폴Metropole 호텔에서 일했다. 그는 1962년에 에스칼Escale 식당에서 요리를 했는데 식당의 소유주인 샤를 베로Charles Berot는 한때 제라르의 아버지와 이 식당에서 일했었다. 제라르는 이곳에서 1년 반을 일했고 샤를 베로의 조카인 다니Dany를 만나 결혼했다. 그는 군대를 다녀와서 프레시네지프리앙Freyssinet-Gyprien에 입사하여 프로방스Provence에서 일하게 되었다.

그 후 제라르는 스위스와의 국경에 위치한 알자스Alsace에서 일했는데 이곳에서는 아버지와 친분이 있었던 크리스티앙 윌레Christian Willer의 요리 스승인 펠드네Feldner와 함께 일했다. 펠드네는 형식에 얽매이지 않는 요리사였고 특히 현대적인 요리법을 많이 사용하였다. 제라르에게 있어 펠드네와 일한 경력은 큰 행운이었다.

취미로 바다에서 낚시를 즐기는 제라르의 모습

자료 : THURIES Megazine, No.131. 2001. 7월호. p.10.

제라르가 요리장이 된 것은 남들보다는 조금 빠른 21세로 제라르 프라얄Gerard Prayal이 요리장이었던 아비뇽Avignon의 그랑제트Grangette에서였다. 그는 1964년부터 1966년까지 이곳에서 일했고 그 후 벨포르의 부모님이 운영하던 식당으로 돌아왔다. 1967년 말에 그는 생디Saint-Die에 위치한 객실 24개를 가진 호텔식당 스타니슬라Stanislas를 사들였다. 그는 이곳에서 9년 동안 요리장으로 생활했고, 이후 카리르루에Carry-le-Rouet로 이사를 갔다. 1976년 1월 초에 그는 자신이 일했던 에스칼 식당을 샀는데, 이 식당은 《기드 미슐랭》의 별 2개를 가지고 있었고 소유주였던 베로에 대한 인지도가 높아서 잘 운영되었다. 하지만 1981년에 별 하나를 박탈당하는 등 우여곡절을 거치다가 1986년에 이를 다시 돌려받았다.

마르크 므노

Marc Meneau, 1944~

《요리축제》의 저자이자 부시장 출신의 요리장

자료 : THURIES Megazine, No.35. 1999. 12월호. p.7.

마르크 므노는 1943년 5월 16일에 프랑스 아발롱Avallon에서 태어났다. 그가 7살 때 아버지가 사망했기 때문에 식료품점을 하던 어머니는 어린 므노에게 집안의 기둥이 되어야 한다고 말하곤 했다. 그는 기숙학교인 스트라스부르Strasbourg의 호텔 학교Ecole Hôtelière에서 호텔경영을 선택하여 공부했다.

므노는 군대를 제대하고 나서 아내 프랑수아즈Françoise와 함께 아버지의 가게를 개축하여 식당을 차렸다. 이 식당 에스페랑스Espérance는 1972년에 《기드 미슐랭》의 첫 번째 별을, 1975년에는 두 번째 별을 획득했다.

식당 에스페랑스는 밤마다 크리스마스처럼 빛나는 수천 개의 작은 불빛이 합쳐져 만들어내는 찬란한 스테인드글라스가 유명하다. 대표 메뉴는 입에서 살살 녹아드는 크로메스퀴cromesquis(주-새우, 새 등으로 만든 러시아식 크로케)와 대서양大西洋에서 나는 굴로 만든 요리, 완두콩 수프와 빵가루를 입힌 후 사프란Saffron(주-노란색을 내는 식물, p.245 사진 참조) 가루를 묻혀 튀겨낸 생선요리이다.

므노는 끊임없이 요리를 연구했고 요리책을 쓰는 것이 요리를 만드는 최고의 연습이라고 생각했다. 그는 라퐁Robert Lafon 출판사와 《요리 축제 *La Cuisine en Fêtes*》를 출간하였고, 또 다른 책도 준비 중이다. 그는 호텔식당을 경영하면서 포도까지 재배하고 있다. 또한 사회적 활동도 활발히 하여 부시장까지 지냈다. 그러나 이런 일들은 사소한 것이고, 그의 인생에서 가장 중요한 것은 언제나 요리라고 한다.

므노는 자신의 요리에 지대한 영향을 미쳤고 요리를 개발하는 데 큰 도움을 준 위대한 요리 스승으로 주저 없이 세 명을 언급한다. 첫 번째는 알렉스 위베르Alex Humbert이다. 위베르는 므노에게 3일 동안 한 마디 말도 없이 오직 요리만을 맛보았다. 이러한 가혹한 시험을 거친 후 므노 부부는 1주일 동안 가게 문을 닫고 요리를 연구했고 3개월 후 알렉스를 다시 초청했을 때 드디어 자신을 돕겠다는 그의 결정을 들을 수 있었다.

두 번째 스승은 베르나르Bernard이다. 그는 드골De Gaulle, 이란의 샤

마르크 므노 레스토랑의 종업원들과

자료 : THURIES Megazine, No.35. 1991. 12월호. p.12.

흐Chah, 다소Dassault에게 요리를 제공했고, 그 외 여러 유명한 유럽 식당의 요리장을 역임한 바 있었다. 그는 전 세계의 다양한 문화를 접했고 그의 요리에는 이러한 국제적 문화 체험이 투영되어 있다.

므노가 파리에서 세 번째 스승인 앙드레 귀요트Andre Guillot를 만났을 때 그는 《기드 미슐랭》의 세 번째 별을 받았다. 그가 7년 동안에 배운 것을 하루만에 정리하고 향후 10년간 배울 요리를 그때 한꺼번에 배웠다고 생각할 정도로 귀요트는 훌륭한 스승이었다.

샤프란. 붓꽃과에 속하는 다년생 식물로 비늘줄기가 없다. 황금색의 끝이 뾰족한 입술머리를 따서 음식의 맛이나 염료로 귀중하게 쓰인다. 손으로만 수확이 가능해 매우 비싸다.

● 여유로움에서 오는 방심은 곧 독이다. 〈서울대학교병원 윤태진 교수 '아들아, 삶에 지치고 힘들 때 이 글을 읽어라' 중〉

미셸 샤브랑

Michel Chabran, 1945~

완벽주의자로 정확한 맛을 내는 요리사

자료 : La Haute Cusiue Fransaie, Minewa. P. 219.

샤브랑은 1945년 5월 25일에 프랑스 투르농Tournon에서 태어났으며, 작은 카페를 가진 외조부모와 함께 살았다. 나중에 그는 외조부모가 소유했던 농가와 땅을 상속받았고 이것은 요리사라는 직업을 선택하는 데 영향을 미쳤다. 1960년에 그는 발랑스Valence에 있는 앙드레 픽André Pic에게서 3년 동안 요리를 배웠고 1963년에는 아버지의 사망으로 고향으로 돌아와 조부모와 어머니를 도와 요리를 했다. 샤브랑의 어머니는 그와 17살 차이밖에 나지 않았고 그의 아버지가 일찍 사망했기 때문에 어머니는 재혼을 해서 아들을 낳았다. 그래서 그는 큰아들과 같은 나이의 동생이 생기게 되었다.

샤브랑은 군대를 면제받은 후 조부모가 소유한 술집을 열심히 운영하여 성공했다. 1970년, 어머니가 재혼을 하여 집을 떠나자 조부모는 술집에서 손을 뗐고 샤브랑이 이 가게의 소유주가 되었다. 조부모로부터 물려받은 이 작은 술집을 변화시키기 위해서는 우선 규모부터 키워야 했다. 그는 은행에서 대출을 받아 돈을 마련했고 1974년 술집의 개축 작업에 착수했다.

1976년에 샤브랑은 프랑스 소장 요리사 연합회Association Jeunes

Restaurateurs de France에 가입했고 이곳에서 장 폴 라콩브Jean-Paul Lacombe, 미셸 로스탕Michel Rostang, 폴 보퀴즈Paul Bocuse와 같은 거장을 만났다. 그리고 그 다음해인 1977년에 그의 식당은 《기드 미슐랭》의 첫 번째 별을 받았고, 1985년에는 두 번째 별을 획득했다.

1986년에 샤브랑은 를레 에 샤토Relais & Château 체인에 가입했으나 같은 해에 두 번째 별을 박탈당했다. 샤브랑은 그 원인을 찾으려 노력했고 식당을 전반적으로 재정비했다. 그는 3년 후인 1988년에 두 번째 별을 재획득했고 고급 레스토랑의 지위를 회복했다. 1994년에는 비스트로 데 클레르크Bistrot des Clercs라는 맥주 양조장을 세우고, 1995년에는 그랑 타블 뒤 몽드Grandes Tables du Monde의 '전통과 품격Tradition & Qualité'에 오르게 되었다.

샤브랑의 스페셜 메뉴인 쇠고기 요리

자료 : La Houte Cuisine. p.241.

샤브랑이 운영하는 퐁드 리제르Pont-de l'Isère 레스토랑의 외관은 다른 식당과 별반 차이가 없다. 그러나 내부는 다른 식당과는 차별화된 인테리어를 보여준다. 벽은 자연스러운 색이고 아름다운 양탄자는 식당 분위기와 조화를 이루고 있으며 멋진 식탁보와 커튼이 있고 나무와 꽃이 많은 정원은 매력적이다. 그리고 그는 완벽주의자이며 가공되지 않은 신선한 재료를 사용하여 정확한 맛을 만들어 내는 요리사이다.

미셸 트라마

Michel Trama, 1947~

타고난 탐험가인 요리장

자료 : THURIES Megazine, No.128. 2001. 12월호. p.4.

트라마는 1947년 1월 31일에 파리에서 출생했다. 그러나 그는 출생 후 매우 감각적인 나라인 모로코Moroco에서 13년을 보냈다.

그의 아내인 마리즈Maryse는 르 부르제Le Bourget 항공에서 근무했었고, 트라마는 마리즈와 결혼한 후 파리의 데카르트Descartes 거리에 있는 식당을 매입했다. 트라마와 그의 아내는 요리장이 만드는 요리가 그다지 만족스럽지 않아서 그들 자신이 직접 요리를 만들어 손님들에게 제공하기로 결심했다. 그는 그릴 요리를 맡았고 그의 아내는 좀 더 전문적인 요리를 맡았다. 이 부부는 1974년에 무프타르Mouffetard 거리에 있는 20명 규모의 또 다른 작은 식당을 인수하였다. 트라마가 요리사로서의 영혼의 흔들림을 느낀 곳은 바로 이 식당이었고 마리즈는 이곳에서 자신이 자신감을 가지고 있는 부르주아풍의 요리를 선보였다.

이 부부는 부르고뉴Bourgogne 지방에 머물렀던 적이 있었는데, 그때 그들은 베르나르 루아조Bernard Loiseau의 식당에서 점심식사를 하게 되었다. 루아조의 요리는 그들이 알고 있던 요리와는 달랐고 트라마는 그곳에서 요리실습을 했다. 그리고 그때의 경험으로 그들은 프로방스Province로 가기로 결심했다.

그들은 1978년에 파리의 한 부동산의 소개로 퓌미롤Puymirol 식당을 알게 되었고 그해 10월에 이 식당을 계약하였다. 그러나 퓌미롤 식당의 건물은 너무 낡아 벽과 지붕에 구멍이 뚫려 있어서 1979년에 보수를 해야 했다. 그리고 그들은 요리도 새로이 구상하여 한겨울에 문을 열었지만 그 다음해까지도 손님이 없어 결국 트라마는 사업에 실패했다. 그러나 1981년 1월에 다시 영업을 시작했고 한 달만에 《기드 미슐랭》의 별 하나를 받았다. 2년 후인 1983년에 퓌미롤 식당은 두 번째 별을 받았다. 1987년에는 근처의 건물을 사서 객실 10개가 딸린 호텔을 경영하기 시작하였는데, 이 호텔은 1989년에 '프랑스에서 묵고 싶은 아름다운 호텔'로 선정되었다. 트라마는 54세 때 수도원을 건립하고 그 수도원 내에 식당을 세우기도 했다.

조엘 로뷔숑과 친분이 깊은 미셸트리마

자료 : THURIES Megazine. No.128. 2001. 4월호. p.11.

그는 '완벽'과 '정확'이라는 단어로 설명이 될 수 있는 훌륭한 요리장이다. 타고난 탐험가인 그는 어려서부터 미지未知의 세계에 대한 호기심을 가지고 그것을 추구하기 위해 인생을 살기로 결심했다. 그가 탐험하고자 했던 첫 번째 대상은 바다였고 그 다음은 요리가 되었다. 현재 그는 요리계의 정상에 우뚝 서 있다. 이 자리에 오르기까지 늘 자신의 감각을 자극하였고 뜨거운 감정을 북돋우면서 생활했다. 그의 요리는 열정적이고 그 열정은 그의 삶 대부분을 차지하고 있다.

장 쿠소

Jean Coussau, 1949~

자연의 맛을 살리는 요리사

자료 : THURIES Megazine, No.109. 1999. 5월호. p.4.

장 쿠소는 1949년 5월 6일 프랑스의 에르에서 태어났다. 그의 아버지는 에른Hern에서 식료품점과 식당을 하고 있었고, 그가 세 살되던 해인 1957년에 그의 가족은 마제스크로 이사해서 호텔 쿠소Hôtel Coussau를 세웠다. 이 호텔은 바와 레스토랑을 겸하는 곳이었다.

15세 때 쿠소는 요리사가 되기로 결심하였다. 그는 1964년에 툴루즈Toulouse의 호텔학교에 입학하여 3년을 공부했고 대학입학 자격시험인 바칼로레아를 통과하였다. 그 후 그는 마제스크를 떠나 남부지방인 비아리츠Biarritz로 가서 1년을 머무른 후 1967년에 라포르Laporte의 카페 드 파리Café de Paris에서 요리실습을 하였다. 1968년에 그는 모니에Monnier가 있는 플라자 아테네Plaza Athénée로 옮겨 요리를 배웠다. 1969년에 그의 가족이 운영하는 마제스크의 호텔 쿠소는 별 하나를 받았고 1971년에 두 번째 별을 받았다. 그때 그는 언어를 배우기 위해서 스페인의 마드리드Madrid와 리츠Ritz로 갔다.

1972년에 쿠소는 마제스크로 돌아왔다. 그의 아버지는 식당건물을 개조하기로 하고 19세기풍의 오래된 집을 사서 호텔 식당으로 바꾼 후 를레 드 라 포스트Relais de la Poste로 이름을 붙였다. 1973년, 그는 이 호텔에서 안내 업무를 맡고 있던 아닉Annick과 결혼했다. 1978년에는 어머니의 건강에 문제가 생겨 요리를 더 이상 돕지 못하자 보르도Bordeaux에서 요리실습 중이던 동생 자크가 돌아와서 홀의 일과 포도주를 맡았다.

부인 아니크와 함께

자료 : THURIES Megazine, No.109. 1999. 5월호. p.10.

쿠소의 식당은 겨울철에는 활활 타오르는 벽난로 앞 넓은 홀에서 마주 앉아 식사할 수 있고, 여름에는 아름다운 정원의 수영장 옆에 파라솔을 친 식탁에 앉아 식사를 할 수 있다. 깔끔하게 잘 정리된 호텔의 방 역시 산뜻한 분위기를 느낄 수 있지만 가격은 다소 비싼 편이다. 이 호텔식당은 새로운 요리에 눈을 돌리지 않는다. 그의 아버지 베르나르는 항상 자신의 요리 스타일에 충실했고 사람들은 점점 이 지방의 요리를 높이 평가하게 되었다.

1994년에 77세의 나이로 베르나르가 은퇴했고 아들인 장 쿠소는 아버지에게 자연의 맛을 그대로 살리는 법을 배웠다. 베르나르는 더 이상 가게에 없지만 두 아들이 각각 주방과 홀에서 일하고 쿠소의 아내인 아닉이 식당의 매력을 잘 유지하고 있어서 르레 드 라 포스트는 여전히 사람들에게 사랑을 받고 있다. 이 식당은 《기드 미슐랭》의 별을 2개 받았고 1998년에는 를레 에 샤토 체인에 들어갔다.

장마르크 들라쿠르

Jean-Marc Delacourt, 1949~

1991년 MOF로 인정받은 요리장

자료 : THURIES Megazine, No.120. 2000. 6월호. p.4.

들라쿠르는 1949년 8월 6일에 프랑스 콩피뉴Compiegne에서 태어났다. 학교 공부에 흥미를 느끼지 못했던 그는 13살이라는 어린 나이에 직업교육을 선택했다. 그는 요리가 오감을 통해서 구체적으로 느낄 수 있고 과정과 결과를 볼 수 있으며 일에 대한 책임감을 느끼게 한다는 면에서 매력을 느꼈다. 그는 수습생활을 거친 후에 해군에서 인양선과 잠수함의 요리사로 군복무를 했다. 또한 다양한 경력을 거쳐 1985년 파리에 있는 식당 아폴리네르Apollinaire에서 요리장으로 일했고, 2년 후에는 그를 소개해 주었던 기 르게Guy Legay(주–당시 리츠 호텔의 총주방장)의 초청으로 리츠Ritz 호텔에 들어갔다. 또 1991년에는 동료 미셸 로트Michel Roth와 함께 프랑스의 최고 요리장MOF으로 임명되었다.

드라쿠르는 1992년에 리츠 호텔을 떠나 디본Divonne의 도멘Domaine이라는 식당을 맡아서 일했고 2년 후에는 《기드 미슐랭》의 별 하나를 획득했다. 그는 식당 경영진과의 이견으로 1998년에 코트 다쥐르Cote d'Azur의 에즈Eze에 있는 라 셰브르 도르La Chevre d'Or로 자리를 옮겼다. 그는 책임자 티리 네뒤Thierry Naidu와 의기투합하여 요리팀을 새로 만들고 이 식당을 발전시키는 데 몰두하였다. 그 결과 파란 지중해가 내려다 보이는 절경을 가진 이 식당은 2000년에 《기드 미슐랭》의 두 번째 별을 다는 기쁨을 누렸다.

들라쿠르는 자아수련을 강조한다. 자신을 알고 스스로의 한계를 파악함으로써 자신에 대한 믿음을 가지게 되고 동시에 자신의 잘못을 인정하고 문제를 시인할 줄 아는 정직함을 가지게 된다고 말한다. 또한 그는 성공을 위해 뚜렷한 목적의식을 가져야 한다고 말하면서 미래를 직시해야 한다고 충고한다. 삶이란 기쁜 순간만 아니라 나쁜 순간들도 있는 것이며, 미래를 위해 새로운 에너지를 끊임없이 만들어내야 하기 때문이다.

자전거 타기가 취미인 장마르크

자료 : THURIES Megazine, No.120. 2000. 6월호. p. 9.

● 내가 그의 이름을 불러주었을 때 그는 나에게로 와서 꽃이 되었다. 〈시인 김춘수 '꽃'〉

피에르 가녜르

Pierre Gagnaire, 1950~

'노래하는 화덕'이라는 별명을 가진 요리장

피에르 가녜르는 1950년 4월 19일에 프랑스 루아르Loire 고지대에 있는 인구 300명의 아피낙Apionac이란 작은 도시에서 태어났다. 그가 어렸을 때 그의 아버지 장 클로드는 아피낙에서 여름을 보내고 자신의 호텔식당 르 를레 디제르Le Relais d'Izere가 있는 발 디세르에서 겨울을 보냈다. 그로 인해 가족들, 특히 취학 연령이었던 아이들이 혼란스러워 해서 장 클로드는 생테티엔Saint-Étienne 근처에 자리를 잡았다. 그때 피에르 가녜르는 6살이었다.

가녜르는 14세가 되던 1964년 방학 기간에 리옹의 유명한 초콜릿 제조사였던 사람이 운영하던 제과점 무슈 뒤샹Monsieur Duchamps에서 요리사 수습생활을 시작하였으며, 1970년에는 해군에서 군대생활을 하였다.

제대 후 가녜르는 휴식기를 가지면서 미국, 캐나다, 멕시코를 여행했고, 여행에서 돌아온 후, 투르투르의 바스키드Baskid에서 요리장으로 일하게 되었다. 31세에는 비약적인 발전을 했고 유명한 요리 비평가 장 프랑수아 알베르Jean François Albert의 전폭적인 지지를 받게 되었다. 그리고 5년 후에는 친구이자 동업자인 아내를 만나 결혼하였다.

가녜르는 생테티엔의 조르주 테시에Georges Teyssier가와 리슈랑디에르Richelandière가에 식당을 열었는데, 특히 리슈랑디에르 5번지에 위치한 그의 식당에서 요리에 대한 열정을 불태웠다. 이 식당은《기드 미슐랭》의 별 3개를 획득했다.

1995년에 그는 재정적 어려움으로 생테티엔의 식당 문을 닫고 파리 발자크Balzac가에서 식당을 열었다. 2002년에는 런던, 2005에는 도쿄, 2006년에는 홍콩에도 식당을 열었다. 지금도 생테티엔의 중심가에는 미식가들이 그의 요리를 맛보기 위해 이 요리사의 식탁에 앉는다. 그의 요리는 너무나 인간적이기 때문에 모방이 불가능하다.

30대 초반의 피에르 가녜르

가녜르는 스스로가 과학적 재능을 지니지 못했고 훌륭한 가문도 아니기 때문에 요리를 잘 할 수밖에 없다고 말한다. 또한 그는 요리의 맛과 다채로운 모양도 중요하지만 그 토대는 있어야 한다고 말했다. 그는 자신의 식당에서 손님들이 행복을 찾을 수 있고 종업원들이 자신을 표현할 수 있는 '실수 한 점 없는 진짜 별 3개의 장소' 가 되기를 바란다. '노래하는 화덕' 이라는 별명을 가진 가녜르는 자신의 식당에 삶의 멋과 살아 있는 생기를 불어넣는다.

2008년 10월 1일, 서울 롯데호텔 신관 35층에 레스토랑 '피에르 가니에르 서울Pierre Gagnaire a Seoul' 이 개점했다. 신관 오픈과 함께 정통 유럽식 양식당으로 유명했던 예전 '쉔브룬' 의 자리에 들어섰는데, 2006년 8월에 시작한 피에르 가니에르 레스토랑 유치 작업은 8개월간의 대대적인 리노베이션을 포함, 장장 2년 2개월이라는 긴 시간과 노력이 들어가 있는 70억 원이 투입된 결과물이다.

서울지점 피에르 가녜르와 총주방장 제롬 루아

그는 "지금은 프랑스 음식이 대부분이지만, 앞으로 한국식 음식도 선보이겠다."며 "시골 작은 농가의 농작물 등 직접 재배한 재료 중 품질이 좋다면 무엇이든 찾아서 음식에 사용할 것"이라고 밝혔다.

그는 식재료의 조직과 요리과정을 과학적으로 분석, 질감과 맛을 조화해 식재료의 특징을 섬세하게 살려내며, 어울리지 않는 듯한 재료를 과감히 섞어 새로운 요리로 만들어내는 것으로 유명하다. 재료와 소스의 화학작용과 입 안에서 어떻게 녹아드는지 등을 정교하게 계산하는 '분자요리' 의 대가로 알려지기도 했다. 그가 운영하는 프랑스 파리의 레스토랑은 해마다 세계의 우수 레스토랑을 선정하는 미슐랭 가이드로부터 세계 68개밖에 없는 최고 등급(별 3개)을 8년 연속 받았다.

브뤼노 시리노

Bruno Cirino, 1953~

이탈리아에서 태어난 프로방스식 요리장

시리노는 1953년 5월 26일에 이탈리아 카프리Capri 근처 작은 마을인 스티오Stio에서 출생했다. 그가 두 살 때 그의 아버지는 벽돌공으로 일하기 위해 알자스Alsace로 이사갔다. 시리노의 어머니는 가족 중에 신부가 나오기를 간절히 바랐고 그는 어머니의 소원을 이루기 위해 신학공부를 선택했다. 그래서 그는 1963년에 사제가 되기 위해서 이탈리아의 발로Vallo 신학교에 갔으나 1년 후 그만두었다.

시리노는 제과요리사가 되고 싶어서 1967년에 호텔 뒤 파르크 오베르네Hôtel du Parc d'Obernai에서 요리실습을 시작했다. 그는 아버지의 권고에 따라 식당의 웨이터 실습으로 일을 변경했으나 책임자였던 위체Mme Wucher는 그를 다시 주방으로 배치하였다. 3년 후 그는 요리교사 자격증을 취득했다. 그리고 1970년에 코트 다쥐르Cote d'Azur로 가서 칸Canne의 호텔 몽플뢰리Hôtel Montfleury에서 제2제과 요리책임자로 일했으나 그곳에서 더 젊은 요리사를 원해서 그만두게 되었다.

시리노는 1986년에 생장드뤼Saint-Jean-de-Luz의 그랑 호텔Grand Hôtel의 요리장 자리를 수락했지만 그는 바스크Basque 요리에 친숙해야만 했다. 그는 언제나 최상의 재료를 찾았고 최고의 요리를 추구한 결과 바스크 요리의 달인이 되었고 《기드 미슐랭》으로부터 별을 받게 되었다. 그는 3년간 그 식당에서 일했고, 1989년에는 에즈 빌라주Èze-Village의 샤토 에자 Chateau Eza에서 요리장으로 일했다.

1992년에 시리노는 파리로 돌아왔다. 파리에서 요리사로서의 첫 시작은 호텔 베르네Hôtel Vernet였다. 그곳에서 그는 지중해식 요리를 제안하며 이를 제공할 것을 주장했다. 요리 재료를 구하기 위해 매주 금요일에는 니스로 가서 장을 보고 파리로 돌아오곤 했으며, 프로방스의 허브로만 요리를 하고 후추도 사용하지 않았다. 언론과 사람들의 입소문으로 많은 사람들은 이 남국풍의 색다른 요리를 맛보기 위해서 식당을 찾았다. 그가 일한 지 1년 만인 1993년에 호텔 베르네는 《기드 미슐랭》의 별 1개를 얻었다. 1995년에 그는 그곳에서 멀지 않은 자르댕 드 호텔 루아얄 몽소Jardin de Hôtel Royal Monceau로 자리를 옮겼다. 이곳에서 그는 별 1개를 또 받았으며 남부 프로방스와 코트다쥐르의 분위기에 손님들이 감동하기를 기대하면서 요리하였다.

시리노는 파리에 살면서 지속적으로 프로방스 스타일의 맛을 연구하고 손질하고 있다. 그에게 있어 '프로방스식 요리'란 용어는 모욕적인 표현이고 '프로방스의 영혼이 깃든 요리'란 용어가 정확한 표현이다. 그는 재료에 바탕을 두지만 재료들의 조합에만 의지하지 않고 입안에서 우러나는 미묘한 맛의 느낌에 기대어 요리를 제공한다.

● 믿어 줘라! 하지만 검증하라! 〈미국 레이건 대통령〉

세계의 음식문화 이탈리아편

파스타의 나라 이탈리아는 유럽 중남부에 있는 나라로 동경 12° 50′, 북위 42° 40′에 위치해 있다. 북쪽은 알프스 산맥, 프랑스 · 스위스 등과 경계를 이루고 삼면은 지중해에 면해 있다. 지리적으로는 북부의 알프스 산맥 지대와 반도의 등줄기를 이루는 아펜니노 산맥, 롬바르디아 평원으로 나뉜다. 북부는 쌀과 낙농제품을 많이 사용하고, 남부는 밀 요리 중심이며 과일과 채소, 해산물이 많이 생산된다.

이탈리아의 인종은 북부는 북방 유럽인들이, 남부는 아프리카의 혼혈족들이 많이 산다. 공용어는 라틴어에서 파생된 이탈리아어를 사용하고 이탈리아의 종교는 가톨릭의 본산지인 만큼 인구의 90% 이상이 천주교도이다.

이탈리아의 대표적인 음식은 파스타이다. 파스타는 달걀을 넣은 밀가루 반죽으로 쫄깃한 질감이 무척 강하고 삶아 놓아도 잘 불지 않으며 스파게티, 튜브형, 납작한 끈 모양 등 다양한 모양이다.

전 국토가 바다에 면해 있어 해산물을 이용한 요리가 발달했으며 또 해산물을 다양하게 조리할 줄 안다. 이탈리아가 속해 있는 지중해 연안은 올리브의 산지로서 올리브유를 식초와 섞어 샐러드 드레싱으로 이용하거나 육류나 빵 · 피자 위에 뿌려 먹고 요리용으로 쓰기도 하며 향유를 만들 때도 사용하는 등 올리브로 건강을 지키는 나라이다.

식사코스

- 식전주 : 포도주나 스파클링 와인인 프로세코 샴페인을 안주와 함께 제공
- 안티파스토(antipasto) : 전채요리로 계절 특산품 이용, 추파(zuppa) 수프 코스
- 프리모 피아토(primo piatto) : 메인디시 전에 나오는 요리로 파스타나 쌀요리가 주를 이룸
- 세콘도 피아토(secondo piatto) : 메인디시, 육류나 해산물요리
- 콘토로노(contorono) : 메인디시에 곁들여 나오는 음식(샐러드, 로스트 포테이토 · 강낭콩 등)
- 포르마죠(fromaggio) : 다양한 치즈
- 돌체(dolce) : 후식으로 아이스크림이나 케이크류 · 크레이프 등
- 카페(caffe) : 대개 에스프레소 커피 제공

디너메뉴 비교

Classical French	Italian	American
아뮤즈 부쉬(Amuse)	전채(Antipasto)	아뮤제(Palate Teaser)
전채(Hors d' oeuvre)	전채(Antipasto)	전채(Appetizer)
수프(Soupe)	수프(Zuppe)	수프(Soup)
생선(Poisson)	파스타(Pasta)	샐러드(Salad)
셔벗(Sorbet)	셔벗(Sorbetto)	셔벗(Sorbet)
메인(Entree)	메인(Pranzo)	메인(Main Course)
샐러드(Salad)	샐러드(Insalata)	
과일, 치즈	과일, 치즈	과일, 치즈
디저트(Dessert)	디저트(Dolci)	디저트(Dessert)
차(Cafe ou The)	차(Cafe espresso, Ti)	차(Coffee or Tea)

지역음식의 특징으로 중부 토스카나 지방의 수도 피렌체는 미식의 도시로서 담백하고 올리브 오일이 기본을 이룬다. 또한 버터와 파마산 치즈가 곁들여진 시금치 파스타, 키안티 포도주가 유명한 지역이다. 연중 따뜻한 기후이며 남부의 중심지인

나폴리는 오렌지 · 올리브 · 토마토 산출량이 많고, 올리브 오일과 마늘을 많이 이용한다. 피자와 파스타의 원조지역이며 피자 도우가 얇고 토마토와 치즈, 해물, 약간의 향풀만을 이용하여 토핑이 매우 간단하고 맛이 담백하다. 다음으로 지중해상의 최대의 섬 시실리는 풍부한 해산물, 돼지고기 · 어린 염소와 양고기 요리가 발달하였다. 베니스 지역은 생선과 갑각류를 이용한 요리가 많으며 마늘과 양파 · 허브 등의 향신료를 많이 쓰는 지역이다. 마지막으로 밀라노 지역은 낙농업이 발달하여 버터와 생크림, 치즈를 많이 사용하고 벼농사가 성하여 쌀로 만든 음식이 많으며 지역음식으로는 리소토나 미네스트론 등이 유명하다.

이탈리아는 여러 가지 파스타를 이용한 요리가 많다. 파스타 요리는 면의 종류와 소스의 종류를 조합하는데 볼로냐식 소스의 스파게티 · 카르보나라 소스의 스파게티 · 아스파라거스 크림소스의 페투치니 등이 있다. 라자냐는 판형으로 넓게 민 파스타를 이용하여 토마토소스와 파스타, 치즈를 켜켜이 놓아 오븐에서 구운 요리로 미트소스의 라자냐 · 참치소스의 라자냐 등이 있다. 또한 만두 형식의 라비올리는 두 장의 판형 파스타 사이에 치즈나 간 고기 · 새우 등으로 소를 넣고 소 사이를 눌러 붙여 만두형으로 만든 음식 소스와 함께 먹으며 북부지방에서 즐긴다.

전 세계에서 사랑받는 피자는 피체리아(pizzeria)의 화덕에서 구우는 요리이다. 가능한 얇게 밀어 피자 도우를 바삭하게 구워지게 한다. 토핑 재료로는 토마토소스와 치즈 · 살라미(페퍼로니) · 블랙올리브 · 안초비(기름에 절인 멸치), 여러 가지 채소(가지 · 피망 · 양파)나 해물(연어 · 조개 · 홍합 등) 등이 있다.

밀라노식 쌀음식, 리소토는 쌀농사가 발달한 북부 이탈리아를 중심으로 쌀요리가 발달하였다. 기름에 쌀과 채소 등을 넣어 볶다가 포도주로 향을 내고 닭육수를 넣어 익히는 요리이다.

밀라노식 송아지 커틀릿은 이탈리아인들이 메인디시로 먹는 요리이다. 이는 연하고 담백한 송아지 고기에 달걀과 빵가루를 입혀 버터에 지져낸 음식이다.

피렌체는 중부 토스카나 지방으로 음식문화의 발달지이다. 축산물과 해물, 농산물을 고루 쓰면서 식문화가 발달하였다. 대표적인 음식인 해산물 샐러드는 파스타

위에 새우 · 오징어 · 조개 · 아스파라거스 · 토마토 · 마늘 등을 올리브유에 볶아 올리고 파슬리 · 바질 등으로 향을 낸다.

베니스의 해산물 수프는 마늘 등의 향신료를 넣은 올리브유에 해산물(조개 · 새우 · 홍합 · 각종 생선 등)을 볶아 백포도주를 넣어 조리고 생선 육수와 토마토를 넣는다.

프로슈토는 햄이라는 뜻의 이탈리아어로 돼지고기를 절여 말린 음식이며 생산기간이 9~18개월 정도이다. 그대로 얇게 잘라 먹기 때문에 생햄으로 알려져 있다. 파르마산이 가장 유명하다.

이탈리아 사람들은 주로 에스프레소를 마신다. 에스프레소는 진하게 볶은 커피를 갈아서 다량을 넣고 끓는 물의 증기를 고압으로 만들어 추출하는 커피이다. 설탕만 넣어 먹거나 생크림을 얹어 마신다. 에스프레소 전용의 작은 잔을 사용하고 추출기는 전동, 수동 등 다양하게 생산된다. 카푸치노는 에스프레소 위에 거품 낸 생크림을 얹고 코코아 가루와 계핏가루 등을 뿌려 만든 음료이다.

이탈리아인들은 모든 요리를 포크와 나이프를 사용하여 먹지만 감자튀김이나 뼈를 발라내지 않은 고기, 빵 등은 손으로 먹기 때문에 손의 청결에 주의해야 한다. 팔꿈치를 식탁에 대고 있는 것도 실례이며 공동의 서빙용 접시에 담겨져 나온 음식을 뒤적거리며 선택하여 가져가는 것도 예의에 어긋난다. 이탈리아인들의 식탁 위에는 기본적으로 기름과 소금이 놓여 있고, 대부분 본인이 직접 가서 집어다 사용한다.

크리스토프 퀴삭

Christophe Cussac, 1955~

낭만과 뛰어난 음식맛으로 미식가를 유혹한 요리장

퀴삭은 1955년 8월 13일에 파리의 15구에서 태어났다. 그가 8살 때, 조부모가 호텔식당을 운영하던 부르고뉴Bourgogne 지방의 토네르Tonnerre로 이사를 갔다. 그의 할아버지와 할머니는 10세기 때 지어진 수도원을 구입, 개조해서 숙박과 식사를 제공하였는데 예상치 못한 큰 성공을 거두었다. 그리고 그들이 이 호텔식당을 힘들어 할 즈음에 퀴삭의 아버지가 물려받았다. 그의 아버지는 토목기사였지만 이 호텔식당에 너무나도 큰 열정을 가진 나머지 본업을 그만두고 가업을 이어받았다. 그리고 훗날 퀴삭 역시 요리사가 되어 이곳으로 다시 돌아오게 된다.

퀴삭은 1973년에 파리의 장 드루앙 호텔 학교École hôtelière Jean Drouant에 입학했다. 그곳에는 그의 부모와 친분관계가 있던 뮈레Muret가 교장으로 있었다. 이 교장을 통해 퀴삭은 요리뿐만 아니라 그의 진로에서 중요한 영향을 끼치게 될 사람들을 많이 만나게 된다. 그는 뮈레의 추천으로 유명 식당 루아얄 몽소Royal Monceau에서 일하게 되었고, 1977년에는 조엘 로뷔숑Joel Robuchon을 만났다.

좁은 길에 있었던 파리 16구의 레스토랑 자맹.
1991년경 문을 닫고 크게 확장하였다.

조엘 로뷔숑은 당시 콩코드 라 파예트Concorde la Fayette에 있었고 퀴삭은 그의 비서로 일하게 되었다. 그런데 이 비서일은 결코 쉬운 것이 아니었다. 로뷔숑은 3개의 레스토랑을 운영하고 있었을 뿐만 아니라 출장 연회도 맡고 있어서 그와 일하는 요리사들이 1백여 명에 가까웠기 때문이다. 그는 1978년에 로뷔숑을 따라 호텔 니코Hôtel Nikko로 자리를 옮겼다. 그곳에서 그는 다양한 경험을 쌓게 되는데 1년 반 동안 프랑스 최고 요리기능장인 미셸 푸사르Michel Foussard로부터 제과기술을 전수받고 다시 요리를 배웠다. 이렇게 그는 4년을 일한 후 로뷔숑과 함께 자맹Jamin(주-파리 16구에 위치한 로뷔숑의 작은 식당)에서 1년을 또 함께 일하고 1983년에 로안Roanne에 있는 레스토랑 트루아그로Restaurant Troisgros에서 근무했다.

이와 같이 퀴삭은 요리사로서 화려한 이력을 쌓은 후 1984년에 부모님이 경영하던 토네르의 식당으로 귀환했다. 이미 《기드 미슐랭》의 별 하나를 얻고 있었던 이 식당은 그가 오고 3년 후 다시 또 하나의 별을 추가하면서 프랑스에서 가장 이름 있는 체인인 를레 에 샤토Relais & Chateaux에 이름을 올렸다.

하지만 이 식당은 팔리게 되고 퀴삭은 니스에 있는 라 레제르브 드 보리외La Reserve de Beaulieu에 새 보금자리를 틀었다. 1880년에 세워진 이 식당은 소형 증기선을 타고 들어가야만 출입이 가능했었는데 이러한 낭만과 뛰어난 음식 맛은 곧 미식가들을 사로잡았다. 아름다운 자연경관과 일류 요리사들로 이루어진 이 식당은 1998년과 1999년, 2년 사이에 《기드 미슐랭》의 별 2개를 획득했다.

니스의 라 레제르브 드 보리외 식당은 아름다운 자연경관과 일류 요리사들로 이루어져 있다.

● 고구마 밭에 감자가 몇 개 있다고 하여 감자 밭은 아니다. 〈SBS 그것이 알고 싶다 '조폭과 권력–파타야 살인사건, 그 후 1년' 편에서 성남 국제마피아파와 이재명 경기도지사의 관계를 추적하던 중 이재명 지사 측 대변인의 해명〉

질 투르나드르
Gilles Tournadre, 1955~

프랑스 루앙의 최고 식당의 요리사

질 투르나드르는 1955년 6월 29일에 프랑스 루앙Rouen에서 출생하였다. 질이 요리에 관심을 갖게 된 것은 예정된 것이었다. 왜냐하면 그의 외할아버지는 루앙에서 부티크Boutique라는 제과점을 운영하고 있었고 그의 아버지는 루앙 근처의 이브토Yvetôt에서 음식점을 하고 있었기 때문이다. 할아버지의 병으로 인하여 그의 부모는 제과점 운영을 위해 루앙으로 이사왔다. 그러나 그의 아버지는 다른 분야에 더 많은 관심을 가졌기 때문에 자신이 직접 제과사가 되지 않았다.

반면에 질은 요리사라는 직업에 매력을 느끼게 되었고 1970년에 루앙에서 아주 유명하고 인기가 있으며 프랑스에서 가장 오래된 전원풍 식당인 쿠론Couronne에서 요리 실습을 시작했다. 그는 이 실습이 무척 어려워 그만두고 싶은 마음이 간절했지만 포기하지 않았다.

질은 1974년에 파리에 있는 유명 레스토랑 알베르Albert의 고몽Gaumont에게 요리를 배웠다. 또 장 피에르 비가토Jean-Pierre Vigato를 만나 최고의 친구가 되었고, 비가토는 질이 루카스 카르통Locas Carton 식당으로부터 제의를 받고 망설일 때 거기에서 일하라고 조언을 해주었다. 루카스 카르통에서 질은 지금까지와는 다른 열린 세계를 경험했고 또 콩비Comby 요리장 같은 사람들도 만났다.

1977년, 질은 르 루아레Le Loiret에 있는 유명 레스토랑 탕플리에서 6개월 동안 요리 실습을 했고, 메제브Megéve에 있는 샬레 드 몽 다르부와Chalet de Mont d'Arbois에서 한 시즌 동안 또 요리 실습을 하였다. 그리고 1978년 2월에는 타이방Taillevent의 요리장인 클로드 드리뉴Claude Deligne와 손을 잡았다. 1981년에는 오드리외Audrieu에 위치한 샤토 도드리외Château d'Audrieu 식당에서 요리장으로 일했다. 이곳에서 그는 《기드 미슐랭》의 별 한 개를 받게 되고 3년간 머물렀다.

그 후 28세에 루앙에서 직접 식당을 열기로 결심하고 귀향한다. 그 계획은 성공적으로 진행되어 1984년에 루앙 중심가에 식당 질Gille을 열고 8개월 후에 《기드 미슐랭》의 첫 번째 별을 수상했다. 그의 식당은 음식의 맛을 경감시키지 않고 재료의 맛에 치중한 요리와 단순한 흐름에 영향을 전혀 받지 않은 개인적 스타일로 루앙 식당들 가운데에서 최고의 식당으로 이름을 높여갔다.

질은 현재 루앙Rouen에 별 2개의 질Gille 식당을 소유하고 있다. 그에게 맛이란 표현할 수 없는 감각이고 요리란 멋진 요리 이전의 그 무엇이다. 레스토랑 질에 대해 얘기할 때 혹자는 아내인 실비 투르나드르Sylvie Tournadre의 보조에 주목하고, 아니면 홀에서 제공되는 세심한 배려에 주목하지만, 모든 요리에서 나타나는 질 투르나드르의 인간성을 말하는 데는 모두 이견이 없다.

장마르크 방조

Jean-Marc Banzo, 1955~

코트다쥐르 지방의 최고 요리사

방조는 1955년 5월 21일 아프리카 튀니지에서 태어났다. 그의 아버지는 군인으로 그는 군인들의 세계인 병영에서 자랐다. 1년 후 그는 튀니지에서 모리악Mauriac의 마시프 상트랄Massif Central의 작은 마을로 이사를 갔다. 그리고 그가 다섯 살 때 프랑스 남부 말로센Malaucene의 몽 방투Mont Ventoux 근처로 이사해서 그곳에서 1년을 살았다.

방조는 1971년에 그르노블Grenoble의 호텔 고등학교에 들어갔다. 그는 어렸을 때에는 군인이 되고 싶어했지만 13세이던 어느 날 용돈을 벌기 위해 식당에서 일하면서 거칠지만 인간적이고 따뜻한 요리의 세계에 빠져들게 되었다.

1973년에 방조는 리옹으로 가서 《기드 미슐랭》에서 별 2개를 받은 식당 메르 기Mere Guy에 들어갔다. 1년 후 그는 클로드 지라르Glaude Girard와 함께 별 2개의 식당 상통Santons에서 일했다. 이 열정의 시기 이후에 그는 해군 생활을 했고 1976년에 아비뇽Avignon에 있는 피에르 일리

Pierre Hiely 요리사로 일했다. 그리고 얼마 뒤 프리Pris에 있는 클로드 페로Claude Perrot의 비바루아Vivarois로 자리를 옮겼고 이곳에서 아내가 될 브리지트Brigitte를 만났다. 그녀는 방조와 함께 살기 위해서 자신의 일을 그만두었다.

어느 날 방조는 《오텔르리Hôtellerie》 신문에서 엑상프로방스Aix-en-Provence의 식당 하나가 매물로 나왔다는 광고를 보고 아내와 함께 그곳을 방문하였는데 그들은 그 식당이 너무나 마음에 들었다. 돈이 부족하여 여러 군데서 대출받는 등의 어려움이 있었으나 1979년 10월 15일에 드디어 레 카브 앙리 4세les Caves Henri Ⅳ를 소유하게 되었다. 하지만 처음 1년 동안은 매우 힘들었다. 하루 10~12명의 손님밖에 없었던 것이다.

그러던 어느 날 음식 평론가 필리프 쿠데르크Phillippe Couderc가 그들의 식당에 대해 짧은 기사를 썼고 이어 라 레니에르La Rayniere도 기사를 쓰면서 그들의 식당은 일약 일류가 되었다. 그렇게 하여 1983년에는 《기드 미슐랭》의 첫 번째 별을 받았다. 1986년에 그들은 엑상프로방스에 건물을 하나 사서 클로 드 라 비올레트Clos de la Violette라는 식당을 열었다. 이 식당은 해가 갈수록 점점 더 아름다워지고 우아해졌다. 1999년에 그들의 식당은 두 번째 별을 수상했고 기드 샹페라르Guide Champerard에서 코트다쥐르 지방의 최고 요리사로 선정되었다.

지금도 장마르크 방조는 여전히 멈추지 않고 자신의 요리를 발전 · 변화시키고 있다. 요리사라는 직업은 떨리는 감수성이 있어야 한다. 그는 아름다운 프로방스의 산물과 정신을 이용하고 거기에 젖어들어 자신의 감수성을 한껏 발휘한다. 그것이 바로 그의 요리의 강점이다.

장피에르 자콥

Jean-Pierre Jacob, 1955~

두 개의 바토 이브르 식당을 운영하는 요리사

자료 : La Haute Cusiue Fransaie, Minewa. p.230.

장피에르 자콥은 1955년 5월 10일 프랑스 엑상프로방스Aix-en-Provence에서 태어났다. 그때 자콥의 부모는 이미 부르제 뒤 락Bourget du Lac에서 식당을 경영하고 있었다. 그래서 그의 부모는 매우 바빴고, 어린 자콥과 여동생들은 어머니와 보낼 시간이 거의 없었다. 그는 부모의 영향으로 요리사를 직업으로 선택하게 되었고, 아버지에게 "어른이 되면, 아버지처럼 되고 싶어요."라고 항상 말하곤 했다.

1972년에 자콥은 피에르 라포르트Pierre Laporte와 함께 카페 드 파리Café de Paris에서 요리실습을 하였다. 그때 그는 월급을 받지 않고 하루 18시간 동안 일을 했다. 그것은 요리의 애정에서 비롯된 것으로 그는 별 2개를 가진 이 아름다운 식당에서 일하는 것이 무척 자랑스러웠다. 1973년에 그는 그르노블Grenoble 근처의 사세나주Sassenage에서 미셸 로스탕Michel Rostang에게서 요리를 배웠다. 그리고 1974년에 주네브Geneve 근처에 있는 리옹 도르Lion d'or에서 요리 실습을 하였다. 1976년에는 레제르브 드 보리외Reserve de Beaulieu에서 질베르 피카르드Gilbert Picard에게 요리를 배웠고, 2년 후에는 물랭 드 무쟁Moulin de Mougins에서 조제 베르주Roger Verge에게 요리를 배웠다.

그 후 자콥은 그의 아버지의 부름을 받고 가업을 이어받기로 결심하고 1979년에 집으로 돌아왔다. 그는 자신의 직업에 대한 애정과 열정, 재능을 가족의 식당에 모두 쏟아 부었다. 그러나 쿠르슈발Courcheval에 있는 그의 식당 바토 이브르Bateau Ivre는 1989년 올림픽 때문에 호텔을 부수고 다시 지어야만 했다.

르 바토 이브르의 대표메뉴. 이곳에는 해산물을 생으로 내기도 한다.

현재 자콥은 두 도시에 각각 르 바토 이브르 Le Bateau Ivre라는 같은 이름의 식당을 가지고 있다. 그래서 여름은 부르제뒤락 Bourget-du-Lac에서, 겨울은 쿠르슈발에서 보낸다. 부르제뒤락에 있는 바토 이브르는 그의 가족들이 소유하던 것으로 이미 《기드 미슐랭》의 별 하나를 소유하고 있었고 1987년에 그가 운영하면서 별 2개를 받았다. 그렇지만 두 번째 별은 옹브르몽Ombremont 호텔로 옮기면서 박탈당했다. 쿠르슈발에 있는 바토 이브르는 여전히 별 2개를 소유하고 있기 때문에 그의 식당은 총 별 3개를 가지고 있는 셈이다.

자콥은 계절마다 이곳저곳으로 다니는 것을 싫어한다. 그는 식당의 실내 장식이나 요리의 종류는 전혀 바꾸지 않지만 요리의 모양은 변화시킨다. 예를 들어 부르제뒤락에서는 생선 요리를 할 때 가열을 강하지 않게 하고 그날 호수에서 잡은 양식 물고기를 사용한다. 반대로 쿠르슈발에는 세계적인 손님들이 많이 오기 때문에 양식 물고기는 전혀 사용하지 않는다.

장마리 고티에

Jean-Marie Gautier, 1955~

바스크 전통 요리장

프랑스 최고의 요리장 MOF인 장 마리 고티에는 1955년 12월 18일에 프랑스 발랑케Valencay에서 태어나 어린 시절을 시골에서 보냈다. 그는 1970년 7월에 방 30개짜리 작은 호텔식당에서 요리 실습을 하였는데 주방에는 요리장과 고티에 두 사람뿐이었다. 일도 많고 고된 기간이었지만 이 과정을 통해 그는 요리에 익숙해졌다. 그는 CAP 과정(주–프랑스의 직업 교육 자격증)을 수료한 후 푸아티에Poitiers에 있는 릴레 드 푸아티에Relais de Poitiers에 주방직원으로 취직했다. 이곳에서 그는 요리장을 포함하여 모두가 팀을 이루어 일하는 법을 알게 되었고 8개월을 머물면서 요리를 배웠다. 그리고 1974년, 그는 아르장통쉬르크뢰즈Argenton-sur-Creuse의 슈발 누아르Cheval Noir 호텔에서 일했다. 또 파비용 블뢰Pavillon Bleu에서 직원으로 일하면서 파시 사람들의 삶을 알게 되었다.

고티에는 군대 생활을 마친 후에 셀리Sailly에 있는 이블린Yvelines에서 일했다. 당시 이곳에는 요리장이 없었기 때문에 사실 배울 것은 별로 없었다. 그러나 곧 모나코의 호텔 드 파리Hôtel de Paris에서 일했던 요리장이

도착했고 그 요리장은 별 3개짜리 식당에서 일하게 해주겠다고 고티에에게 약속했다. 이 약속은 지켜져서 그는 마침내 파리의 막심Maxim's 식당에서 1년을 일하게 되었다.

1982년에 고티에는 오베르주 데 탕플리에Auberge des Templiers에서 필립 데페와 함께 일했는데 이때 그는 부분 책임자로 지냈다. 1985년에 그는 를레 에 샤토에서 준요리장으로 일했고, 1986년에 칸Cannes의 마르티네Martinez 호텔에서 크리스티앙 빌레Christian Willer와 공동 요리장으로 일했다. 마르티네 호텔에서 일하고 있던 당시 그는 MOF의 준결승에 올랐고 호텔 뒤 팔레 드 비아리츠Hôtel du Palais de Biarritz를 개점한 후에는 결승을 통과하였다.

고티에는 크리스티앙 빌레의 영향을 많이 받았다. 그들은 오베르주 데 탕플리에에서 2년, 마르티네 호텔에서 5년을 함께 일했다. 그에게 있어서 크리스티앙 빌레는 훌륭한 요리사의 상징이다. 고티에의 요리는 바스크 전통으로의 회귀를 보여준다. 또 그의 요리는 아름답고 가식이 없다.

프랑스 비엔 지방의 푸아티에는 조엘 로뷔숑이 태어난 곳이기도 하다.

마르크 마르샹

Marc Marchand, 1955~

프랑스 전통요리를 재해석한 요리장

1955년 12월 22일, 마르크 마르샹은 프랑스 욘Yonne에 있는 빌프랑쉬 생팔Villefranche-Saint-Phal의 한 농장에서 태어나고 자랐다. 그의 부모님은 농부였고 그는 어린 시절 내내 농가의 작물을 먹고 자랐다. 그는 1969년에 알제리의 강베타 호텔 기술고등학교Lycée thechnique hôtelier Gambetta에 입학했다. 학교에서 처음으로 요리계에 발을 들여 놓게 되었고 이후 요리만이 그의 인생의 전부가 되었다. 그리고 그는 장 브르통Jean Breton의 식당에서 요리 실습을 했고 16세 때 욘에서 CAP를 획득했다. 그에게 요리실습은 항상 고된 일이었지만 실습 과정을 통해서 요리, 제과, 빙과류, 재료 손질 방법 등 기본적인 것부터 차근차근 배울 수 있었다.

1974년에 마르샹은 니스의 호텔 메리디앙Hôtel Meridien에서 요리장인 모리스 브라지에Maurice Brazier와 함께 일했다. 당시에 그는 주방에서 두 번째 요리사였다. 한동안 그는 이곳에서 머물다가 호텔의 맥주홀에서 일해 달라는 요리장의 요청으로 호텔을 옮기게 되었다. 그는 1975년 파리의 호텔 조르주 5세Hotel George V에서 뤼시앙 모장Lucien Maujean과 함께 일했다. 당시도 역시 그는 주방에서 두 번째 요리사였다.

마르샹은 전통 요리가 시대에 뒤떨어졌을지라도 프랑스 요리의 진수를 고수할 수 있는 장점이 있음을 인식하고 있었다. 그는 전통 요리에 대해 4년여 동안 연구를 한 다음, 1980년에 소피텔 파리Sofitel Paris의 책임자로 가게 되었다. 이곳에서 그는 요리장 롤랑 뒤랑Roland Durand에게서 1980년대 요리를 전수받는다. 그렇게 7년을 일하는 동안 이곳은 《기드 미슐랭》으로부터 별 하나를 받았다. 그리고 그는 마침내 요리장의 위치에 올랐다.

1990년에 마르샹은 호텔 뫼리스Meurice로 이직했다. 그는 이곳에서 요리를 표준화하는 것에 주력했고, 그 결과 1992년 《기드 미슐랭》으로부터 별 1개를 받았다. 그는 요리 아카데미Academie Culinaire의 사무국장을 역임했고 에스코피에Escoffier 회원이다. 그에게서 훌륭한 요리란 요리사 각자가 자기 방식으로 재해석해내는 요리이다. 따라서 그는 젊은 요리사들이 철학적인 요리법을 배우기에 앞서 가장 기본적인 것부터 습득해야 한다고 충고한다.

파리 1구의 호텔 르 뫼리스

● 바람이 불지 않는 인생은 없다. 바람이 불어야 나무는 쓰러지지 않으려고 더 깊이 뿌리를 내린다. 〈SBS 프로그램 '짝' 대사〉

올리비에 뢰링저

Olivier Roellinger, 1955~

해산물과 굴 요리 전문가

뢰링저는 1955년 9월 14일에 알자스Alsace 출신의 의사 아버지와 브르타뉴Bretagne 출신의 어머니 사이에서 태어났다. 그는 어렸을 때, 아버지를 잃었고 가족과는 떨어져 지냈으며 렌Rennes의 기숙학교에 있다가 휴가철에나 고향으로 돌아왔다. 그는 수학성적이 우수했기 때문에 요리사의 길을 선택하지 않았다면 아마 틀림없이 뛰어난 기술자가 되었을 것이다. 그는 불의의 사고로 18개월 동안 꼼짝 못하고 지냈어야 했고 이 강제적인 휴식기에 과학에 대한 꿈을 버려야 했다. 이 힘든 시기를 거치면서 그는 결국 고향에서 자신의 인생을 회복시키고자 했다. 결국 그는 렌의 상공회의소에서 6개월 과정을 이수하여 CAP를 취득했다.

뢰링저의 아내 잔Jane은 남편의 꿈을 실현시키는 데 많은 도움을 주었고 이 부부는 1982년에 이 꿈을 실현하기 위해 다른 식당과는 차별화된 메뉴로 식당 라 메종 드 브리쿠르La Maison de Bricourt를 열었다.

그의 식당은 성공하기 위해서 꼭 필요한 두 가지 요소인 대서양을 바라보는 경치와 해산물 요리 그 어떤 것도 가지고 있지 못했다. 따라서 그들에게는 미식가들의 관심을 사로잡기 위한 독창적이고 필수적인 요소가 필요했다. 그 결과 그들의 식당은 1990년에 《고미요》에서 19.5점을 받았고 또 《기드 미슐랭》에서 2개의 별을 받았다.

뢰링저가 개점한 또 다른 식당 코퀴야주Coquillage는 몽생미셸Mont-Saint-Michel의 아름다운 경치를 볼 수 있고 해산물과 생선구이 요리로 유명하다. 16세기에 캉칼Cancale(주–프랑스 최고의 굴산지)이 굴로 유명했다면 오늘날의 캉칼은 올리비에 뢰링저의 굴 요리로 인해 미각의 도시라는 새로운 이름을 갖게 되었다.

굴 Oyster

굴은 유럽과 미국의 해안을 따라 서식하는 대단한 진미이다. 특히 발트해, 독일 해안, 베니스, 미국의 대서양 해안에서 채취한 것을 최고로 여긴다.

굴은 익히거나 날것으로 먹을 수 있고 수프에도 사용하며 파이나 스튜stew, 속stuffing에 채워 넣을 때도 쓰인다. 보스턴식 굴 스튜는 세계적으로 잘 알려져 있다. 굴조개는 길이가 6센티미터 정도이고 긴 달걀형으로 대개 왼쪽이 크고 오른쪽은 작다. 큰 조개의 살은 맛이 좋고 돌에 붙어 살아 석화라고도 부른다. 굴은 여러 가지 영양소를 이상적으로 가졌고 고대 로마 황제 등이 즐겨 먹었으며 '바다의 우유'라고 불린다. 굴 중에 천연굴은 알이 잘고, 양식굴은 알이 크다. 맛은 천연굴이 더 좋지만 알이 잘아 회나 굴젓으로 알맞다.

굴을 이용한 요리

요리 : 호텔 신라.

알랭 뒤카스
Alain Ducasse, 1956~

전 세계에 레스토랑을 보유하고 있는 요리장

알랭 뒤카스는 프랑스의 서남부 랑드Landes 지방의 카스텔사라쟁Castelsarrazin의 평범한 농가에서 태어났다. 그의 부모님은 거위와 오리를 기르는 농부였는데 그 또한 시골에서 자랐기 때문에 신선한 재료를 사용하는 단순한 요리법이 몸에 밴 요리사이다. 그는 16세 때 요리세계에 입문하였고 근교의 유명 레스토랑에서 일자리를 잡았다. 그 후 요리를 더 배우기 위해 보르도Bordeaux에 있는 호텔 요리학교에 입학하여 요리의 기본기를 다졌다.

뒤카스는 요리학교 재학 시절 미셸 게라르Michel Guerard, 가스통 르노트르Gaston Lenotre 같은 유명 요리사의 식당에서 요리를 배웠고, 여러 레스토랑을 옮겨 다니며 근무하다 5년 후 로제 베르제Roger Vergé가 경영하는 물랭 드 무쟁Moulin de Mougins에서 프로방스 요리의 참맛을 배우게 된다. 그 후 로제 베르제는 그를 라 망디에La Mendier라는 유명한 식당의 총주방장으로 채용했다. 또한 뒤카스는 2년 간 알랭 샤펠Alain Chapel에게서 배우기도 했다.

레스토랑 라 망디에가 대성공을 거두자 뒤카스는 또 다른 레스토랑인

라 테라스La Terrasse를 총괄하게 되었고, 1984년에 《기드 미슐랭》의 별 2개를 받았다. 그리고 1987년에 그는 루이 14세Le Louis XIV 레스토랑에서 《기드 미슐랭》의 별 3개를 획득했다. 이때 그의 나이는 33세밖에 되지 않았었다. 1966년에 그는 자신의 이름을 딴 레스토랑 알랭 뒤카스를 파리 16구에 열었다. 8개월 후에 그의 식당은 《기드 미슐랭》의 별 3개를 획득했다. 그리고 모나코Monaco, 뉴욕, 모리스Maurice 섬에도 식당을 개점했다.

현재 뒤카스는 현존하는 프랑스 요리사 중 가장 높은 위치에 있는 일급 요리사다. 그는 일본과 한국을 비롯한 아시아에서도 유명하고, 2000년에는 일본에서 스푼 푸드 앤 와인Spoon Food and Wine이라는 레스토랑도 열었다.

알랭 뒤카스의 레스토랑

일류 요리사인 알랭 뒤카스는 전 세계에 15개의 레스토랑을 소유하고 있는 경영자이다. 그는 대부분의 시간을 비즈니스를 위해 항공기 내에서 보낸다. 그리고 자신의 레스토랑에 도착하면 가장 먼저 주방으로 가서 모든 음식의 맛을 보고 평가한다. 그가 요리에 대한 모든 사항을 승인하지 않으면 한 접시도 주방 밖으로 나가지 못한다고 한다.

그가 훌륭한 레스토랑을 세계 곳곳에 운영하는 비결은 최고의 제자들을 레스토랑의 책임자로 두는 것이다. 이들은 모두 그가 세운 '뒤카스 요리학교'를 졸업한 제자들이다. 어떤 사람들은 요리하지 않는 요리사인 뒤카스

뒤카스의 요리는 여성적이고 세련미가 있다

자료 : THURIES, No.83, 1996.10월호. p.17.

를 비난하기도 한다. 그러나 그는 요리사가 주방에만 있어야 한다는 것은 의미가 없다고 주장한다.

뒤카스는 이미 베스트셀러가 된 요리책 《요리백과 *Le Grand Livre de Cusine*》를 통해 요리를 전 세계에 전파하기에 여념이 없다. 그의 요리책에는 새로운 요리는 없지만 오늘날 프랑스 미식의 풍요로움을 만들어낸 요리들을 선보인다. 그는 프랑스 요리의 노하우와 맛의 진수, 다양성과 풍부함, 매혹적인 레스토랑을 자랑하면서 프랑스 요리의 전통을 고수하고 옹호한다. 그의 요리는 새로운 맛의 생태학을 만들어내며 동시에 열린 정신을 길러준다.

보졸레 누보 Beaujolais Nouveau

보졸레 누보는 가장 최근에 수확한 보졸레산 포도만으로 담근 와인을 일컫는 명칭으로 보졸레는 프랑스 리옹 근처에 위치한 유서 깊은 와인 생산지이다. 보졸레 누보의 진가가 세계적으로 알려지기 시작한 것은 1959년에 로버트 드로인Robert Drouhin이 그 해 11월에 수확한 보졸레의 포도만으로 와인을 만들어 가까운 친구들에게 선을 보이면서부터이다. 그 후 보졸레 누보는 파리, 브뤼셀, 밀라노 등에서 큰 인기를 모으면서 세계의 와인으로 그 명성을 날리게 되었다.

보졸레 와인에 대한 상식 10가지

- 보졸레 누보는 포도 수확 시작일에 관계없이 항상 매년 11월 셋째 주 목요일에 전 세계로 일제히 출시된다.
- 보졸레 지역은 프랑스 남부의 가장 큰 도시 리옹에 근접해 있으며 4천여 명이 넘는 와인 생산업자들이 와인을 생산하고 있다.
- 프랑스에서 손으로 포도를 수확하는 지역은 샴페인 지역과 보졸레 지역뿐이다.
- 보졸레 누보를 만드는 포도품종은 가메Gamay라고 하며 캘리포니아의 몇몇 와이너리에서 와인에 '가메 보졸레'라는 이름을 쓰기도 하지만 포도의 성장 과정과 맛이 프랑스의 가메와 확연히 다르다.
- 보졸레 누보는 보졸레와 보졸레 빌라주 지역에서만 생산된다.
- 보졸레 누보를 만드는 독특한 양조방법을 마세라시옹 카르보니크Macération carbonique라고 한다.
- 보졸레 누보는 만든 후 빨리 마시는 것이 좋다. 평균적으로 이듬해 5월까지는 원래의 맛을 보존한다. 또한 훌륭한 빈티지vintage의 경우 다음해 수확이 시작될 무렵까지 충분히 즐길 수 있다.
- 보졸레 누보는 12~13도 정도로 약간 차갑게 마실 때 과일향과 신선함을 더 잘 느낄 수 있다.
- 보졸레 지역의 포도농장에서 생산되는 와인의 약 3분의 1 이상이 보졸레 누보이다.
- 보졸레 지방은 와인은 물론 다양한 요리로도 매우 유명하다.

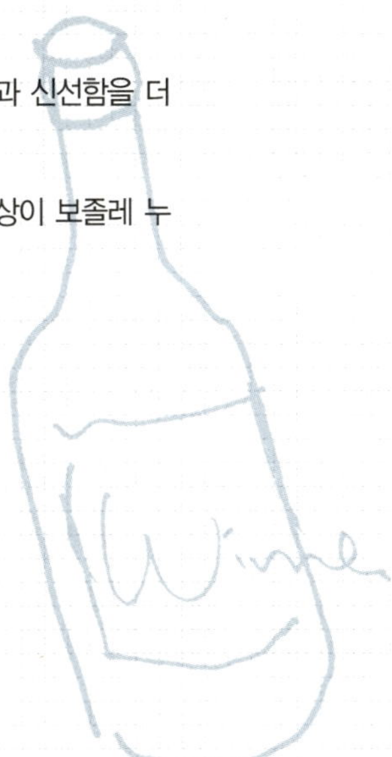

장 미셸 로랭

Jean Michel Lorain, 1959~

자유로운 독창성을 강조하는 요리사

로랭은 1959년 1월 7일에 프랑스 주아니Joigny 근교의 작은 마을 미젠Migennes에서 태어났다. 그의 집안은 할머니 때부터 식당과 연을 맺었다. 제1차 세계대전 때 주아니에는 포로수용소가 있었다. 그곳에 면회를 온 가족들은 식사할 곳이 없었고 로랭의 할머니인 마리 로랭Marie Lorain은 그 모습을 보고 펜션을 열게 되었다. 그 후 그의 부모님은 1958년 레스토랑 라 코트 생 자크La Côte Saint Jacques를 구입하여 오늘날까지 대를 이어 운영해 오고 있다.

1977년에 고등학교를 마친 로랭은 호텔학교를 거치지 않고 바로 현장 실습에 뛰어들었다. 그가 처음 들어간 곳은 라 메종 트루아그로La Maison Troisgros였다. 그는 1979년 파리의 타이방Taillevent과 1982년 프레디 지라르데Fredy Girardet가 맡고 있던 크리시에Crissier를 거쳐 1983년에 아버지가 운영하던 라 코트 생 자크에 본격적으로 합류했다.

라 코트 생 자크는 이미 《기드 미슐랭》의 별 2개를 보유하고 있었는데 1986년에 최고의 영예인 세 번째 별을 획득했다. 로랭은 당시 27세에 불과했지만 보조가 아니라 아버지와 동등한 요리장의 자격으로 그 공로를 인정받았다. 그리고 1993년 크리스티앙 미요Christian Millau(주-유명한 음식 평론가)는 그를 올해의 요리장으로 선정하였다.

로랭은 요리에서 자유를 강조한다. 전통 요리이든 현대 요리이든 아니면 완전히 독창적인 요리이든 그것이 고객들을 즐겁게 한다면 그 어떤 제한도 두지 말고 요리사의 자유로운 독창성을 발휘해야 한다고 말한다.

로댕의 라 코트 생 자크 레스토랑

● 화무십일홍(花無十日紅) : "한번 성한 것이 얼마 못 가서 반드시 쇠하여짐"을 이르는 말로 권세(權勢)나 세력(勢力)의 성(盛)함이 오래 가지 않는다는 사자성어

세계의 음식문화 치즈편

치즈(cheese)는 우유 또는 그 밖의 포유류 젖을 원료로 하여 젖산균이나 레닛 rennet 효소로 카제인을 응고·발효시킨 식품을 말한다. 전 세계 치즈의 종류는 70%를 차지하는 소, 20%의 염소, 10%를 차지하는 양으로 구분할 수 있다.

치즈는 단백질, 지방, 비타민 등 영양소가 풍부하고 이탈리아, 프랑스, 스위스 등의 유럽에서 많이 생산하고 소비된다. 고체화된 상태이기 때문에 우유보다 더 긴 저장 수명이라 할 수 있다. 또한 원료유의 종류와 제조방법에 따라 수백 가지로 분류한다.

치즈의 분류는 가장 부드럽고 숙성기간이 짧은 치즈로 숙성되지 않은 것을 Fresh Cheese로 만든 모차렐라, 카망베르, 리코타 등 연질과 젖산균이나 푸른곰팡이, 유청 등을 배출시켜 만드는 고르곤졸라, 블루 같은 반경질, 압력을 걸어 굳힌 체다나 메멘탈 같은 경질치즈, 가장 장기간(2년 정도) 숙성시켜 매우 굳게 만든 파마산 치즈 같은 초경질치즈로 구분할 수 있다.

프랑스는 생산량이 세계 2번째이며 세계에서 가장 많은 종류를 생산하는 나라이다.

다양한 기후와 토양과 지형적 특성 때문에 지방색이 강한 치즈가 많으며 자가소비가 이루어지는 나라이다. 드골 장군은 "일 년의 날짜만큼이나 다양한 치즈를 찾는 사람들을 어떻게 통치할 수 있겠는가?"라고 하며 프랑스인의 강한 개성과 치즈의 다양성을 말하였다. 프랑스의 치즈는 와인처럼 '원산지 보호법(AOC)'을 적용하여 전통 치즈 보호정책을 하고 있다.

브리 대표적 연질치즈로 파리 근교 브리 지방의 특산물이다. 제조과정 중 곰팡이를 첨가하여 신맛, 쏘는 맛을 더하며 솜털 같은 하얀 외피를 갖고 있다.

카망베르 비가 많은 노르망디 지방의 특산물로 부드러운 목초의 양질의 유제품 산지 '시드르(사과주)'가 유명하다.

로크포르 암양의 젖으로 만들며 1925년에 프랑스 최초 AOC를 받았다. 세계 3대 블루치즈이며 자극적인 향과 짠맛으로 파스타, 빵, 화이트와인과 잘 어울린다.

콩테 맛이 진하며 가장 대중적이다. AOC 생산량 최대 품목이며 쥐라 산악지방에서 생산된다. 단맛과 짠맛이 조화로우며 샐러드, 과일, 샌드위치와 잘 어울린다.

캉탈 프랑스 중남부 오베르뉴(Auvergne)의 특산물이며 경질치즈로서 2000여 년의 역사를 가지고 있다.

치즈의 보존은 통풍이 잘 되고 습하며(습도 85~95%, 온도 10℃) 어두운 지하가 적합하다. 포도주와 궁합은 엄밀한 의미의 규칙은 없지만 카망베르와 시드르, 콩테 치즈와 샴페인 같은 원산지의 포도주와 치즈는 잘 어울린다.

치즈는 희고 말랑말랑한 것부터 누렇고 딱딱한 순서로 담으며, 냉장고가 아닌 상온에 두어 차지 않게 먹는다. 하지만 블루치즈는 냉장 보관해야 한다. 치즈와 곁들이는 빵은 향이나 맛을 지워버리기 위해 한 조각씩 썰어낸다.

네델란드 치즈시장

사진자료 : corel

미셸 로트

Michel Roth, 1959~

미슐랭 별 2개를 받은 라세르 식당의 수석 요리장

로트는 1959년 11월 7일에 모젤Moselle에 있는 사르게민Sarreguemines에서 태어났다. 그의 아버지는 국영 철도 회사 직원이었고 마을의 이장이었다. 그러던 어느 날 그의 아버지는 소유하고 있던 땅을 낚시터와 맥주집으로 바꾸었고 그 사업은 성공적이었다. 어린 시절부터 로트는 요리사가 되고 싶었지만 미래가 보장되지 않아 선뜻 이 직업을 선택하지 못했다. 그때 그가 요리사의 길에 들어서도록 도와준 사람이 바로 그의 아버지였다.

로트는 1974년에 아버지의 친구가 운영하던 레스토랑 오베르주 드 라 샤뤼 도르Auberge de la Charrue d'Or에서 요리실습을 했다. 또 스트라스부르Strasbourg에 위치한 크로코딜Crocodile 식당에서 요리실습을 했고 1977년에는 CAP를 취득하였다.

1978년에 로트는 실습을 담당했던 기 르게Guy Legay의 추천으로 르두아옝Ledoyen 식당에서 직원으로 일을 하게 되었다. 2년 후 기 르게는 그를 파리의 리츠 호텔Ritz Hôtel에서 일하도록 해 주었다. 리츠 호텔은 객실이 200개 정도로 외국손님들도 많고 그로 인해 특별한 주문도 많은 곳이었다. 그는 이곳에서 기 르게에게 20년 가까이 많은 것을 배우고 요리의 훌륭한 초석을 닦았다. 그는 이곳의 주방에서 수석 직원, 부분 요리장, 준요리장, 요리 공동 책임자를 거쳐 요리장으로 일하였다.

파리의 그랑 팔레 앞에 아담하게 지어진 2층 건물 라세르

그 후 로트는 우연히 라세르Lasserre를 방문하였고 그곳의 분위기에 매료당해 무한한 가능성을 감지하였다. 무엇보다도 그곳의 요리는 그에게 흥미로웠다. 그리하여 그는 라세르에서 일하게 되었다. 그는 현재 《기드 미슐랭》으로부터 별 2개를 받은 라세르에서 수석 요리장으로 일하고 있다.

로트는 1985년에 피에르 테탱제Pierre Taittinger 국제요리대회에서 1등 상을 수상했고 1986년에는 국제 에스코피에Escoffier 대회에서 1등 상을 수상했다. 그리고 1991년에는 보퀴즈 도르Bocuse d'Or를 수상했다. 그는 전통을 지키며 요리를 한다. 다시 말하자면 현대식으로 변형된 전통 요리, 21세기 프랑스 요리를 상기시킬 수 있는 전통 요리를 시도하고 있다.

● 말하는 걸 좋아하는 사람은 어리석고, 듣는 걸 좋아하는 사람은 현명한 사람이다. 〈어느 대법관〉

파트릭 피뇰

Patrick Pignol, 1960~

서빙에서 시작하여 요리장으로 성공한 요리사

피뇰은 1960년 6월 4일에 파리 근교 아르장퇴유Argenteuil에서 태어났다. 그는 보기 드물게 독학으로 요리장이 되었다. 담배가게를 운영하던 부모 밑에서 자란 피뇰은 중학교를 마친 후 직업교육을 선택했고 파리에 있는 장 드루앙 호텔학교École Hôtellerie Jean Drouant에 진학했다. 그는 서빙 직업자격증을 취득하여 르두아앵Ledoyen 식당에서 일을 했고 2년 뒤에는 런던으로 건너가 루Roux 형제가 경영하던 르 가브로슈La Gavroche 식당에서 근무하게 된다. 그는 이곳에서 주방을 담당하던 샤를 플뤼멕스Charles Plumex를 만나고 훗날 요리사가 되기로 결심한다. 이때부터 그는 주방의 세계에 관심을 갖게 되었다.

그는 2년 반을 영국에서 일한 후 프랑스로 돌아와 유명한 일급의 식당들, 예컨대 로제 라마제르Roger Lamazere(주-《기드 미슐랭》 별 하나), 라 본 오베르주 당티브La Bonne Auberge d'Antibes(주-《기드 미슐랭》 별 셋), 시베르타Chiberta(주-《기드 미슐랭》 별 둘)에서 계속 서빙을 하다가 1984년에 드디어 르 를레 도퇴이유Le Relais d'Auteuil를 매입하고 요리사로서 식당을 운영하게 되었다.

식당의 운영은 처음부터 순조롭지 않았다. 그래서 그는 실내장식을 바꾸고 메뉴에 변화시켰으며, 하루 18시간의 강행군을 일주일 내내 지속하면서 식재료와 음식 자체를 연구하였다. 이런 노력으로 이 식당은 차츰 손님들의 관심을 끌기 시작했고 그의 고객들 중에는 식당의 발전을 지켜 본 15년 이상의 단골들도 있다고 한다. 드디어 그의 식당은 1990년 《기드 미슐랭》으로부터 별 하나를 획득했고 이어 1999년에 별 두 개를 받았다.

그는 요리사를 사랑의 직업이라고 설명한다. 즉, 음식에 대한 사랑을 가져야 한다고 말한다.

피놀이 요리사의 길을 가겠다고 마음먹었던 영국의 가브로슈 레스토랑

● 알렉산드로스 대왕과 디오게네스
어느 날 세계를 정복한 알렉산드로스 대왕이 디오게네스에게 가르침을 받고 싶다고 찾아왔다. 알렉산드로스 대왕은 공손하게 대화를 청했다. "그대가 원하는 것이 무엇이오? 내 무엇이든 해 드리리다." 그러자 디오게네스는 "위대한 왕이시여, 지금 당신은 나의 따뜻한 햇볕을 가리고 있으니 옆으로 한 발짝만 비켜서 주십시오."라고 대답했다. 권력과 명예에 관심이 없는 디오게네스에게 알렉산드로스 대왕의 방문은 전혀 중요한 게 아니였기 때문이다. 그에게 중요한 건 오로지 따뜻한 햇볕뿐이었던 것이다. 〈네이버 지식백과 '개처럼 살라, 행복하리니!'(재미있는 철학 이야기, 2014.10.20., 박찬구, 이수석, 김민송, 이예휘)〉

질 구종

Gilles Goujon, 1961~

텔레비전 방송으로 유명해진 요리장

구종은 1961년 12월 10일에 프랑스 부르주Bourges에서 태어났다. 그와 가족들은 마로크Maroc 등지에서 5년간 살았고 독일 프리부르Fribourg, 메츠Metz, 퐁타무송Pont-a-Mousson을 옮겨 다녔다. 그의 가족들은 몽펠리에Montpellier에 정착했으나 구종이 10세 때 아버지가 사망했고 어머니 혼자서 세 아이를 키워야 했으므로 베지에Béziers로 이사하였다.

구종은 토요일마다 식당에서 서빙을 하며 요리사의 꿈을 키웠다. 그는 그의 아버지도 요리사가 되고 싶었지만 가족의 반대로 뜻을 이루지 못했다는 것을 알고 더욱 확고하게 요리사가 되고 싶어했다. 그는 1977년에 베지에 역의 화려하고 고급스런 식당인 라 콩파니 뒤 미디La Compagnie du Midi에서 요리실습을 하였다. 그 후 그는 루케트Rouquette 형제의 식당 라게노Ragueneau에서 처음으로 일을 했으며, 1983년에는 물랭 드 무쟁Moulin de Mougins의 로제 베르제Roger Berge 아래에서 일했다. 주방의 직원이 30여 명이나 되고 《기드 미슐랭》으로부터 별 3개를 받은 이 식당은 그에게는 좋은 경험의 장소였다. 당시 그는 21세밖에 되지 않은 젊은이였고 지중해식 요리는 그를 놀라게 할 만한 것이었다. 그리고 그는 크림과 버터가 아니라 올리브 오일을 사용하는 것이 특징이다.

1985년 구종은 마르세유Marseille의 프티 니스Petit Nice에서 장 폴 파세다Jean Paul Passedat 아래에서 일했다. 그는 이곳에서 일하는 1년 반 동안 매우 힘들었지만 많은 것을 배울 수 있었다. 1986년에는 레스칼카리르루에l'Escale-Carry-le Rouet의 제라르 클로Gerard Clor 아래에서 두 번째 요리사로 일했다. 이 식당은 《기드 미슐랭》에서 2개의 별을 받은 곳이었다. 그는 제라르 클로르의 가게에서 계절 성수기에만 일했기 때문에 그 외의 기간에 할 일을 찾아야 했다.

구종은 1992년에 오베르주 뒤 비외 퓌Auberge du Vieux Puits를 사들여 운영했으나 불행히도 식당을 개장한 초반에는 하루종일 손님 한 명이 없을 정도로 고전을 면치 못하였다. 이 상황은 2년 동안 계속되었지만 1994년에 조금씩 나아지면서 1995년에 사부아르 플뤼Savoir Plus라는 텔레비전 방송에 소개되었고 점점 유명해졌다. 1996년에 그는 MOF 대회에 참가하여 수상하였고 1997년 《기드 미슐랭》의 첫 번째 별을 받으며, 2001년에는 두 번째 별을 받았다.

질구종이 태어난 부르주(Bourge)는 프랑스 중심부에 있는 상트르 지방 셰르 주의 주도이며 베리 운하를 끼고 예브르 강과 오롱 강이 만나는 지점에 있다.

미셸 사랑

Michel Sarran, 1961~

툴루즈의 스타 요리장

미셸 사랑은 1961년 4월 18일에 프랑스 노가로Nogaro에서 태어나고 자랐다. 그는 대입자격시험을 치른 후 툴루즈Toulouse에서 의학을 공부하였다. 툴루즈는 그 지방의 대도시였지만 전원 속의 도시였다. 그는 바리동M. Barridon의 식당에 처음으로 취직하였고 어머니와 함께 그곳에서 일했다.

사랑은 1982년에 파리의 라 멩 아 라 파트La Main à la Pâte에서 주방직원으로 일했다. 당시 이곳의 요리장은 바사노 여사Mme. Bassano였다. 1983년에 그는 바콩Bacon을 거쳐 1984년에 쥐아나쥐앙레팽Juana-Juan-les-Pins에서 주방직원으로 일했는데 당시 이곳의 요리장은 알랭 뒤카스Alain Ducasse였다. 알랭 뒤카스는 그에게 요리 인생을 가르친 인물이고 그를 요리사라는 직업으로 이끈 사람이었다. 사실 안면조차 없었던 알랭 뒤카스에게 사랑을 보낸 것은 바로 그의 어머니였다. 알랭 뒤카스는 사랑을 샤펠Chapel의 식당에 보내고자 했으나 그는 이를 거부하였다. 그 후 알랭 뒤카스는 비행기 사고로 쿠르슈발로 돌아왔고 1985년에 쿠르슈발의 비블로 데 네주Byblos des Neiges에서 일하게 되면서 사랑도 그의 요리팀에 합류하였다.

그러나 사랑은 산악 지방의 분위기를 싫어하여 다른 식당으로 가게 되었다. 1985년, 그는 프레 되제니Pres d'Euenie에서 주방직원으로 일했고 소스와 구이 부분의 책임자가 되었다. 당시 이곳의 요리장은 미셸 게라르Michel Guerard였다. 1987년에 그는 구아니Goigny에 있는 코트 생 자크Cote Saint Jacques의 주방에서 2인자로 일했으며 1990년에는 포르케롤Porquerolles에 있는 마 뒤 랑구스티에Mas du Langoustier에서 요리장으로 일했다. 이 식당은 1991년에 《기드 미슐랭》으로부터 별 하나를 받았다.

1995년에 사랑은 툴루즈Toulouse에 자신의 이름을 딴 '미셸 사랑'이라는 이름의 식당을 개장하고 요리장으로 일하였다. 이 식당은 1996년에 《기드 미슐랭》으로부터 별 하나를 받았고, 1997년에는 미식가비평협회Critique Gastronomique로부터 상을 받았다. 그는 2000년에 라바르당Lavardens에 샤토 드 라바르당Chateau de Lâvardens이라는 식당을 새로이 개장하였다.

알랭 뒤카스는 사랑에게 요리인생을 가르친 인물이다(314쪽 참조).

● 청출어람(靑出於藍) : '푸른색은 쪽(藍)에서 나왔지만 쪽빛보다 더 푸르다'라는 뜻으로, 제자가 스승보다 더 나음을 비유하는 고사성어, 나보다 어린 사람을 무시하면 안 된다는 뜻 〈네이버 지식백과〉

크리스티앙 르 스케르

Christian le Squer, 1962~

3개의 식당을 총 감독하는 최고의 요리사

크리스티앙 르 스케르는 1962년 9월 30일에 브르타뉴Bretagne의 플루이네크Plouhinec에서 태어났다. 그의 아버지는 목수였고 어머니는 가정주부였다. 평범한 가정환경 속에서 자란 그는 우연한 기회에 요리사의 길로 들어섰다. 그는 공부에 별로 취미가 없어서 중학교 과정을 끝으로 학업을 그만두었다.

여름방학이던 어느 날 그는 삼촌을 따라 15일간의 바다 조업에 나서게 되는데 대부분 어부가 되었던 마을 소년들처럼 그 역시 바다 세계를 알기 위해 나섰던 참이었다. 그런데 선박 안의 주방에서 식사준비를 도우면서 그는 요리가 고된 노동을 마친 선원들에게 즐거움과 행복을 선사한다는 사실을 발견하게 되었다.

이에 그의 부모님은 우선 그를 친구 부부가 운영하던 제과점에 보냈지만 2주일 후 그는 자신이 하고 싶은 일이 요리임을 다시 깨닫고 바로 반Vannnes에 있는 요리학교에 들어갔다. 그는 학교에서 좋은 성적을 올리면서 요리 선생 로뱅Robin이 운영하던 여름 식당에서 보조로 일할 기회를 잡았다. 로뱅은 보조로 매년 두 명의 학생만을 선발하였는데 스케르는 2년 연속 선발되었다.

1980년에 스케르는 스승의 소개로 라 트리니테쉬르메르La Trinité-sur-Mer에 있는 레 조르탕시아Les Hortensias에서 일했다. 여기에서 스케르의 열정을 눈여겨 본 요리장 미셸 카리우Michel Cariou는 그에게 파리로 가도록 조언을 했다. 그는 18세에 가방 하나만을 달랑 들고 파리로 상경했고 1981년에 엘리제콩코드Élysees-Concorde를 시작으로 본격적인 요리경력을 쌓기 시작했다. 1983년에는 르 디벨렉Le Divellec, 1985년에는 르 뤼카스 카르통Le Lucas Carton, 1985년에는 르 타이방Le Taillevent, 1988년에 호텔 리츠Hôtel Ritz를 거쳐 1994년에는 그랜드 인터콘티넨탈 호텔Le Grand Hôtel Intercontinental의 오페라 식당Restaurant Opera의 요리장으로 일했다. 스케르의 지휘 아래 2년 뒤 오페라 식당은 《기드 미슐랭》의 별 하나를 획득하고, 다시 2년 뒤 두 번째 별을 얻었다. 1998년 11월에 그는 파비용 르두아얭Pavillon Ledoyen으로 자리를 옮겨 3개의 식당(주–미식가 레스토랑Restaurant Gastronomique, 브라세리 르 세르클Brasserie Le Cercle, 레셉시옹Réceptions)을 총 감독하는 중책을 맡았다.

스케르는 요리를 지망하는 젊은이들에게 무엇보다도 인내심을 가지고 끊임없이 배우고 또 배워야 한다고 충고한다. 책임자가 되어 요리팀을 이끌게 되면 새로운 아이디어가 필요하게 되고 이것들은 바로 많은 견문과 실습에서 나올 수밖에 없었다. 그리고 그는 구성원 모두가 중요한 역할을 맡고 있음을 인식해야 한다는 것을 덧붙인다. 그리고 마지막으로 그는 요리가 무엇보다도 즐거움을 선사하며 그렇기에 사랑으로 만들어지지 않으면 좋은 요리가 될 수 없음을 힘주어 강조한다.

페랑 아드리아

Ferran Adria, 1962~

어디에도 없는 독특한 요리를 만드는 요리장

페랑 아드리아는 1962년 5월 14일 스페인 바르셀로나Barcelone에서 태어났다. 그는 미술 관련 사업을 하는 아버지와 가정주부인 어머니 사이에서 성장했고 7살 어린 남동생 알베르토Alberto가 있었다. 알베르토 역시 제과부문의 요리장이다.

페랑은 관심도 없고 흥미도 없는 경제학 공부를 했지만 계속 흥미를 느끼지 못했다. 그래서 축구팀에도 참가하지만 여기서 자신의 개성을 개발시키지 못하고 공동의 목표를 위해서만 노력해야 한다는 사실을 배우게 된다. 그래서 페랑은 18세에 공부를 중단하기로 결심한다. 이 사실을 알게 된 부모는 그의 마음을 돌리기 위해 이비자Ibiza에서 며칠 쉬라고 권했다. 이때 그의 아버지는 "네 휴가니까 너 스스로 휴가비를 마련하라."라고 말했다고 한다. 페랑은 휴가비를 벌기 위해 바르셀로나 근처 언덕에 위치한 플레야펠Playafels 호텔 식당에 들어가고 넉 달 후 그는 그 식당에서 샐러드를 담당하게 된다.

그 후 페랑은 이비자의 조그만 식당에서 일했다. 그곳은 모두 5명이 일하는 작은 곳이었기 때문에 한 사람이 많은 일을 해야 했다. 나중에 그는 바르셀로나로 돌아가 1여 년 동안 14곳의 식당에서 일했고 이 일을 통해 해야 할 모든 것과 하지 말아야 할 모든 것을 배웠으며, 이는 그의 인생에 있어 최고의 경험 중의 하나가 되었다.

1984년에 페랑은 엘 불리El Bulli 식당에 들어가게 되는데 이는 진정한 요리세계로 들어가는 첫 번째 기회였다. 그는 한 부문의 요리장을 맡았고 그 후에는 식당 전체 요리장을 역임하였다. 그 당시 직원이 12명이었던 엘 불리 식당은 현재 50명이 되었다. 1989년에 페랑은 아카데미 에스파뇰Academie Espagnole의 요리부분에서 상을 받았다. 1990년에 그는 엘 불리의 사장인 줄리오 솔리와 연합하여 새로운 식당으로 이사하고 1992년 《기드 미슐랭》으로부터 별 2개를 획득하였으며, 1997년에는 별 3개를 획득했다. 페랑의 식당인 엘 불리는 스페인의 코스타 브라바Costa Brava에 위치하고 있다.

페랑의 재능은 다른 요리를 잘 모방하는 것이다. 그는 책이나 어딘가에서 보았던 요리를 자신만의 방법으로 재해석했다. 먼저 위대한 정통 요리를 받아들인 후, 새로운 방법을 찾아내어 구상했다. 1992년에 그는 요리의 색다른 스타일을 고안했고 그때부터 페랑의 요리는 개인적인 것이 아닌 공공의 일반적인 요리가 되었다. 그는 자신의 독특한 요리를 고객들에게 선보이고 있으며 어디에서도 이와 비슷한 것은 찾아볼 수 없다. 따라서 그의 요리작품은 새로움이 가득 찬다.

페랑은 현재 또 다른 식당을 열었고 남동생 알베르토와 함께 운영하고 있다. 이곳에서 그는 매번 새로운 방법을 시도하고 이 전체 과정에서 항상 주도적 역할을 하고 있다.

세계의 음식문화 스페인편

스페인은 피레네 산맥을 경계로 하여 유럽에 연결되어 있는 이베리아 반도의 대부분을 차지하며 국토의 총 넓이는 한반도의 두 배 정도가 된다. 스페인의 북부는 숲 지대가 많으며 중앙부는 메세타고원 지대, 동남부는 지중해와 면해 있다. 전 국토의 2/3가 해발 600~1,000m의 고원지대로 이루어져 있고, 대륙성 기후로 건조하며 여름과 겨울, 주야의 기온차가 크다. 북부는 대서양의 해양성 기후, 동남부는 지중해성 기후이다. 스페인의 인종은 라틴계 에스파냐인이 많고, 원주민인 이베리아인 외에도 다양하다. 공용어는 에스파냐어이고 북부의 갈리시아어, 동부의 카탈루니아어 등도 사용하고 있다. 국민의 99%가 천주교도이다. 또한 외적의 침입을 많이 받았기 때문에 다양한 문화가 공존한다.

식생활의 일반적인 특징으로는 동양과 서양의 음식이 조화를 이룬다는 것이다. 동양으로부터는 각종 향신료와 쌀, 아랍으로부터는 오렌지와 레몬 · 사프란 · 후추 · 설탕 · 너트류 등이, 이탈리아로부터는 밀 · 양파 · 포도주 등이, 북아프리카로부터는 폴렌타(polenta, 옥수수가루로 만든 죽) 등이 유입되었다. 스페인은 15세기에 아랍을 지배하면서 다시 아랍문화의 영향을 받았다. 스페인 음식에는 향신료를 많이 쓴다는 것도 특징이다. 스페인은 기온이 높아 맛과 향이 강한 요리가 발달되었으며 마늘에 대한 선호도가 높아 마늘 수프가 발달했다. 스페인은 달고 색이 진한 포도주도 생산된다. 남부와 북쪽의 리오하(Rioja) 지방은 유럽의 대표적인 포도주 산지이다. 충분한 햇빛을 받고 자란 포도로 만들어 색이 진하고 단맛이 많다. 또한 스페인은 올리브유를 많이 쓰는 나라이다. 샐러드유는 물론 수프 · 채소나 해산물의 절임용으로도 이용된다. 아침 식사 메뉴로나 육 · 어류에 곁들여 먹는 곡류식품으로 추로스(churros)와 올리브유를 바른 빵 · 토스트 등을 들 수 있다. 또한 우유 외에 양젖 · 염소젖 등으로 만들어지는 요구르트 등 낙농제품이 풍부하고 쿠아하다(cuajada), 치즈(queso) 등을 많이 먹는다.

스페인 요리에는 콩을 많이 사용한다. 수프나 스튜 등에 맛을 내기 위해 여러 종류의 콩을 사용하여 생콩에서부터 말린 콩까지 다양하게 사용하며 콩의 크기와 색도 다양하다.

스페인의 대표적인 음식에는 전채요리 타파스가 있고 돼지고기의 넓적다리 살을 통째로 훈연하거나 건조 · 숙성시킨 음식인 하몬 세라노처럼 햄 종류가 발달하였다. 돼지고기를 건조, 발효, 훈연하여 저장이 가능하게 만든 소시지 초리조와 살치차도 유명하다. 오징어링 · 멸치류 · 서대 · 새우 등을 주재료로 딥프라이(deep fry), 구이, 올리브유 절임 등 해산물 요리도 발달하였으며 마늘과 양파로 향을 내어 닭고기 · 새우 · 홍합 · 조개 등을 볶은 후 쌀 위에 얹고 육수를 부어 밥을 지어 놓은 요리인 파에야(paella)도 스페인의 대표 음식이다. 주홍에 가까운 짙은 황색의 천연색소로 아자프란(azafran)이라는 꽃의 꽃술에서 얻어낼 수 있고, 파에야의 색을 내는 데 사용하는 사프란도 유명하다. 그밖에도 차게 먹는 수프 가스파초와 추로스도 스페인 대표 음식이다.

필리프 브라운
Philippe Braun, 1962~

여러 나라에서 새로운 경험을 쌓은 요리장

필리프 브라운은 1962년 8월 2일에 프랑스 스트라스부르Strasbourg에서 태어났다. 그는 석유화학 기술자인 아버지의 직장 때문에 어릴 때부터 중학교에 진학할 때까지 알제리, 벨기에, 스위스, 영국, 아르헨티나, 네덜란드 등의 여러 나라에서 살았다. 그는 제과기술자가 되기 위해 1977년 니스에 있는 니스 호텔학교École Hoteliere de Nice에 입학했다. 하지만 3년 과정을 모두 마치지 못하고 2년 만에 그만두었다. 그리고 그는 삼촌의 권유로 로티스리 드 제브레샹베르탱Rotisserie de Gevrey-Chambertin의 홀에서 6개월 동안 홀에서 일했다.

1980년 브라운은 보르도Bordeaux로 옮겼고 식당을 개설하려는 젊은 부부를 만나 요리장으로 있었지만 요리에는 실력이 부족하였기 때문에 곧 그 일을 그만두었다. 이것은 무모한 모험이었지만 그가 하고 싶어하던 일이 요리라는 사실을 발견하게 되는 계기가 되었다.

그 후 브라운은 독일의 글로터럴Glottertal에 있는 히르켄Hirchen 호텔 홀에서 1년간 일한 다음, 런던으로 건너가 미셸 브루댕Michel Bourdin의 코노트Connaught에서 근무했다. 1986년에 그는 조엘 로뷔숑Joel Robuchon

밑에서 요리를 배우는 행운이 있었다. 그는 어렸을 때 처럼 외국에서 많은 시간을 보냈고 불어, 영어, 독일어, 스페인어로 말할 수 있는 장점이 있다. 그럼에도 그는 1988년에는 멕시코로 옮겨가 새로운 경험을 쌓았으며, 1991년부터는 파리 샹젤리제Champs Élysées에 있는 레스토랑 로랑Restaurant Laurent에서 요리장으로 근무하고 있다. 《기드 미슐랭》에서 별 2개를 받은 레스토랑 로랑은 요리도 맛있지만 정원이 아름답기로 유명하다.

브라운의 요리는 고전적 스타일을 바탕으로 현대적 터치를 가미하고 있다. 그는 요리의 목적이 즐거움을 선사하는 것이라고 말하며 자신의 요리 인생에서 3명의 스승을 꼽는다. 첫 번째로 예술적인 측면에서 자신의 삼촌인 에밀 정Emile Jung을, 두 번째로 아카데믹한 면에서 미셸 브루댕Michel Bourdin을, 마지막으로 완벽함에서 조엘 로뷔숑Joël Robuchon을 꼽는다.

필리프 브라운의 요리 스승 3인방(왼쪽부터 에밀 정, 미셸 부르댕, 조엘 로뷔숑)

● 칼집에 있는 칼을 빼지 마라 〈서울대학교병원 윤태진 교수 '아들아, 삶에 지치고 힘들 때 이 글을 읽어라' 중〉

테킬라

16세기경 스페인 사람들은 멕시코를 정복할 당시, 멕시코의 중앙 공원지대에 위치한 라디하라 교외에 테킬라 마을의 주민들이 아가베라는 식물을 채취하여 만든 발효음료를 마시는 것을 발견하고, 원주민들의 증류기술을 이용하여 이를 맑고 독특하게 정제된 술로 만들어 메스칼Mezcal이라 하였다. 이 메스칼 가운데 테킬라 마을에서 생산된 것을 "테킬라"라고 칭하였다. *용설란은 선인장의 일종이다.

1. 테킬라의 등급

- 화이트 테킬라 : 숙성하지 않은 것으로 가볍고 무색이다.
- 골드 테킬라 : 오크통에서 약 2년 동안 숙성하였으며, 갈색이다.
- 아네호세 : 오크통에서 3년 정도 숙성시킨 것으로 스트레이트로 마신다.
- 레스테드 : 오크통에서 7년 정도 숙성시킨 것으로 부드럽고 향기롭다.

2. 테킬라 마시는 방법

주먹을 쥔 뒤, 손에 레몬즙을 문지르고 그 자리에 소금을 뿌린다. 소금을 혀로 핥아 그 맛이 입에서 퍼지는 동시에 테킬라를 '원샷'으로 마시는 것이다. 그리고 술을 마신 즉시 레몬이나 라임 조각을 깨문다. 테킬라로 만들 수 있는 대표적인 칵테일로는 '마가리타'와 '테킬라 선라이즈'가 있다.

알랭 솔리베레

Alain Solivérès, 1963~

남부 지방의 맛을 파리에 소개하는 요리장

알랭은 1963년 2월 21일에 프랑스 베지에Bézier에서 태어났지만 몽펠리에Montpelier에서 어린 시절을 보냈다. 그는 남부의 분위기가 물씬 풍기는 매우 가족적인 분위기에서 하루하루를 보냈다. 그의 아버지는 정보처리회사에서 일을 했었지만 푸줏간을 차리게 되었다. 그리고 그의 가족은 할머니가 정성들여 만든 요리를 즐겨 먹었다. 이런 어린 시절을 보냈기에 그는 가족의 따뜻함을 항상 간직하고 있다.

알랭은 16세인 1979년에 몽펠리에의 메르퀴르Mercure에서 요리실습을 하였다. 이 요리실습에서 그는 쇠고기를 자르고 뼈를 발라내는 것 등 아주 기본적인 것부터 배웠다. 그리고 그는 니스Nice의 호텔 네그레스코Négresco의 막시맹Miximin에게서 요리를 배웠다. 그 후 그는 니스를 떠나서 레몽 튈리에Raymond Thuilier의 보드프로방스Baux-de-Provence로 옮겼고, 그 다음 미셸 로슈디Michel Rochedy가 있는 쿠르슈발Courcheval에 들어갔다. 이곳에서 그는 2천 미터 고도에서 자란 경작물의 품질과 다양성을 알게 된다.

알랭은 군대 생활을 한 후 1986년에 파리의 알랭 상드랑스Alain Senderens가 있는 뤼카스 카르통에서 부분 요리장으로 일했다. 그곳에서 그는 생각을 실제 요리로 현실화시키고자 노력하는 브뤼노 시리노Bruno Cirino를 만났다. 브뤼노가 뤼카스 카르통을 떠났을 때 알랭도 이곳을 떠나 모나코Monaco의 루이 15세Louis XV를 거쳐 바스티드 드 고르드Bastide de Gordes로 갔다. 그곳에서 그는 비로소 처음으로 요리장의 자리에 올랐다. 그의 나이 26세의 일이었다. 3년 후인 1992년, 바스티드가 문을 닫아 알랭은 이곳을 떠났지만 1993년 파리에서 브루노 시리노가 엘리제 뒤 베르네Élysées du Vernet를 떠나면서 알랭을 그곳에 소개해 주었다. 엘리제 뒤 베르네는 1996년 《기드 미슐랭》으로부터 별 2개를 받은 곳이다.

파리 개선문 근처 8구의 고급호텔 엘리제 뒤 베르네

남부 지방의 평범한 아이였던 알랭은 세계에서 가장 아름다운 도시인 파리의 개선문 근처의 고급호텔에서 요리장으로 일했다. 그의 식당은 늘 손님으로 북적거렸고 그의 남부 지방의 요리는 파리 사람들의 입맛을 사로잡았다.

에릭 프레숑

Eric Frechon, 1963~

왕성한 호기심과 창조성으로 요리를 만드는 요리장

프레숑은 1963년 11월 16일에 코르비Corbie에서 태어났고 식료품 판매점을 경영하는 부모 밑에서 자랐다. 중학교를 마친 후 1978년, 그는 루앙Rouen의 호텔학교에 들어가 요리를 배웠다. 1980년에는 파리의 라 그랑드 카스카드La Grande Cascade에 취직하여 장 사빈Jean Sabine에게서 요리를 배웠다. 여기에서 보낸 2년은 그에게 매우 행복했던 기억으로 남아있다. 그는 사빈에게서 전통 요리의 기초와 빠른 시간 내에 요리하는 법을 배웠다. 1982년에 역시 사빈의 추천으로 브리스톨Bristol에서 에밀 타부르디오Émile Tabourdiau와 함께 일할 기회를 갖게 되었다. 이때 타부르디오는 프레숑에게 독창성을 발휘할 수 있도록 많은 자유를 주었다.

1984년에 프레숑은 타이방Taillevent 식당의 클로드 들리뉴Claude Deligne에게서 요리를 배웠다. 들리뉴는 투철한 직업정신과 더불어 인간적인 매력이 매우 풍부했던 사람이었다. 1985년에 그는 라 그랑드 카스카드에서 알게 된 파트릭 보지에Patrick Bausier와 함께 페인의 비블로스 안달루즈Byblos Andaluz에서 2년간 일하고 그 후 르 크리옹Le Crillon으로 자리를 옮겨 7년을 일했다.

프레숑은 르 크리옹에서 든든한 후원자가 될 크리스티앙 콩스탕Christian Constant을 만났다. 1993년에 그는 MOF를 수상하고 2년 뒤인 1995년 자신의 식당 라 베리에르La Verrière을 개업했다. 오늘날 라 카브 구르망드La Cave Gourmande로 이름을 고친 이 식당은 프레숑의 뛰어난 재능으로 성공했지만 크리스티앙 콩스탕의 지원도 빼놓을 수 없다. 콩스탕은 자신의 저서 출판기념회와 식당의 개업이 겹친 날 저녁, 모임에 참석했던 모든 친구와 기자들을 데리고 프레숑의 가게를 찾아와 라 베리에르를 알리는 데 결정적인 도움을 주었다.

1999년 프레숑은 미셸 델 뷔르고Michel Del Burgo의 후임으로 요리장이 되어 르 브리스톨Le Bristol을 다시 찾는다. 프레숑은 일에 대한 몰두와 열정, 섬세함을 강조한다. 더불어 그는 왕성한 호기심과 창조성을 강조하고, 요리가 개인의 작업이 아니라 구성원 각자가 제 역할을 다함으로써 이루어지는 단체작업임을 강조한다.

파리 8구의 고급호텔 르 브리스톨

● 갑작스럽게 지나친 호의를 피하라 〈서울대학교병원 윤태진 교수 '아들아, 삶에 지치고 힘들 때 이 글을 읽어라' 중〉

푸르셀 형제

les fréres Pourcel, 1964~

오감을 자극하는 요리를 만드는 쌍둥이 요리장

쌍둥이인 푸르셀 형제는 1964년 9월 13일 프랑스 애드Adge에서 태어났다. 그들의 아버지는 포도를 재배하였고 어머니는 평범한 주부였다. 이 형제는 젊고, 자리를 잡은 지 10여 년밖에 되지 않았지만 빠른 시간에 성장하였다. 로랑Laurent과 자크Jacques라는 이름을 가진 푸르셀 형제와 올리비에 샤토Olivier Chateau는 늘 함께 행동한다. 로랑과 자크는 일란성 쌍둥이이기 때문에 누가 로랑이고 누가 자크인지 분간하기는 쉽지 않다. 그들은 어린 시절 늘 붙어 다녔으며 옷과 머리 스타일까지도 같다.

로랑은 1984년 라귀올Laguiole에 있는 미셸 브라Michel Bras에서 요리사로 일했고, 1985년에는 미오네Mionnay에 있는 알랭 샤펠Alain Chapel에서 요리사로 일했다. 자크는 1984년에 퓌미롤Puymirol에 있는 미셸 트라마Michel Trama에서 요리사로 일했고 1986년에는 베젤레Vézelay에 있는 마크 므노Marc Meneau에서 요리사로 일했고 1987년에는 생테티엔Saint-Étienne에 있는 피에르 가녜르Pierre Gagnaire에서 제과 요리장으로 일했다.

그들은 처음에는 요리사라는 직업에 대해서 깊이 생각하지 않고 선택했지만 미식과 요리에 대한 열망을 심어준 여러 요리장들 덕분에 요리사의 길에 대해 비로소 깊이 생각하고 원하게 되었다. 이런 청소년기를 벗어나서 이들은 23세에 올리비에 샤토와 함께 자리를 잡는다. 이 세 명은 미셸 브라Michel Bras에서의 일을 그만두고 돈을 더 모으기 위해 쿠르슈발에서 일을 했다. 올리비에는 식당을 열 계획을 실행하기 위해 이곳에 더 머물렀고, 각자 모두 열심히 일한 결과 그들은 건물을 매입했다. 그리고 드디어 1988년 11월에 레스토랑 자르댕 데 상스Jardin des Sens가 문을 열었다.

1990년에 이 식당은 《기드 미슐랭》으로부터 별 1개를 받았고 고미요의 황금열쇠Cle d'Or Gault et Millau를 수상하였다. 또 1992년에는 별 2개를 받았고, 1994년에는 뱅 드 프랑스Vin de France 잡지에서 올해의 포도주 메뉴상을 수상하였으며, 1995년에는 를레 에 샤토Relais et Chateau 체인에 가입하였다. 그리고 마침내 1998년에는 영광스럽게도 《기드 미슐랭》으로부터 별 3개를 받았다.

그들은 오감을 모두 자극할 수 있는 공간을 원했다. 그래서 미각을 위해서 정원을, 시각을 위해서 정원에 분수를, 촉각을 위해서 올리브 나무와 포도 나무를, 후각을 위해서 향기로운 나무를 심었다. 자르댕 데 상스는 1988년에 문을 연 후 오늘날까지 같은 모습을 유지하지 않고 빠른 속도로 확장되었다. 푸르셀 형제의 요리는 특별한 방식으로 오감을 자극한다. 게다가 단순한 감각에 빠지지 않기 위해서도 노력한다.

기드 미슐랭

선정방식

1. 평가원은 철저히 익명성을 유지한다.
2. 정기적인 방문을 통해 일반 고객과 동일한 서비스하에 평가한다.
3. 음식값을 지불해 공정성을 유지한다.
4. 미쉐린 가이드에 소개된 모든 정보는 매년 재평가해 새롭게 갱신한다.

맛에 대한 평가 기준 다섯 가지

1. 요리 재료의 수준
2. 요리법과 풍미의 완벽성
3. 요리에 대한 쉐프의 개성과 창의성
4. 가격에 대한 합당한 가치
5. 전체 메뉴의 통일성, 언제 방문해도 변함없는 일관성

Q. 타이어 회사가 왜 레스토랑 안내서를 냈을까?

A. 앙드레와 에두아르 미쉐린 형제가 타이어 회사를 설립한 1899년 프랑스에는 자동차가 3천 대 정도에 불과했다. 이들은 사람들이 차를 많이 타고 여행을 자주 하면 타이어도 많이 팔릴 거란 생각에 회사 설립 이듬해부터 호텔, 레스토랑, 주유소 등의 정보를 담은 여행 가이드북을 펴냈는데, 이것이 〈미슐랭 가이드〉의 시작이다.

Q. 레스토랑에선 미슐랭 평가원들이 다녀간 사실을 알까?

A. 알 수도 있고, 모를 수도 있다. 미슐랭 평가원들은 주로 2인 1조로 움직이며, 일반 손님과 똑같이 직접 예약과 주문을 한다. 식사 중에는 절대 메모를 하지 않고, 밥값도 직접 계산한다. 하지만 평가가 끝난 후에는 필요하면 자신의 신분을 밝히고 레스토랑에 대한 정보를 문의할 수 있다. 이번에 3스타를 받은 신라호텔의 라연 측은 미슐린 평가원들이 방문한 사실조차 몰랐다고 한다. 서울 편 심사 과정에서 모 레스토랑에 심사위원들로 보이는 사람들이 다녀갔다는 소문이 몇 차례 돌았지만 진위는 확인되지 않았다.

〈153쪽 참조〉

프레데릭 앙통

Frédéric Anton, 1964~

조엘 루뷔숑의 가장 뛰어난 제자 중 한 명

프레데릭 앙통은 1964년 10월 15일 프랑스 낭시Nancy에서 태어났다. 그의 아버지는 군인이었고 어머니는 평범한 가정주부였다. 손으로 무엇인가를 만드는 일을 좋아했던 앙통은 가구 세공학교에 들어가기를 거부하고 제라르드메Gerardmer의 호텔 고등학교에 입학했다. 그 당시 그가 요리사라는 직업에 대해 현실적으로 심사숙고했던 것은 아니었다. 그는 15세에 호텔학교에 들어갔고 요리사의 길을 선택한 것은 19세였다.

처음에 앙통은 제라르드메에 있는 그랑 호텔 브라가르Grand Hôtel Bragard에서 식당 종업원으로 일했다. 거기에서 몇 달을 보낸 후, 그는 제라르 베이시에Gerard Veissier가 있는 카푸생 구르망Capucin Gourmand에서 일하다가 2년 후 낭시를 떠나 릴Lille로 가서 별 2개짜리 식당인 플랑베르Flamberd에서 부분 요리장으로 일했다. 그 후 별 3개짜리 식당들 몇 군데에서 2년을 일하고 조엘 로뷔숑Joel Robuchon의 식당 자멩Jamin에서 제2요리장이 되었으며, 1990년에는 26세의 나이로 요리장이 되었다.

앙통은 규칙 속에 안주하는 부류는 아니다. 그는 지속적으로 창의적 욕구를 가지고 이를 입증하고자 했는데, 조엘 로뷔숑의 지대한 영향 하에서 요리의 수준은 점점 올라갔다.

그 후 1993년에 파리의 별 2개 식당 알랭 뒤카스Alanin Ducasse에서 요리장으로 일했고, 1997년에는 별 1개 식당 프레 카틀랑Pres Catelan에서 일했다. 이 식당은 그가 일한 지 단 2년 만인 1999년에 《기드 미슐랭》의 두 번째 별을 받았고 미슐랭은 이 앙통의 요리를 매우 고귀한 재능의 분출이라고 격찬하였다.

식당 프레 카틀랑은 품위 있는 프랑스식 전통을 이어오고 있다. 프랑스인들은 이곳에서 삶의 예술을 찾아볼 수 있고, 그것은 요리장 프레데릭 앙톤 덕택이다. 그는 요리의 본질을 지키면서 창조의 길을 가는 것에 망설이지 않았다. 그는 조엘 로뷔숑의 가장 뛰어난 제자 중 한 명이다.

파리 16구 블로뉴에 위치한 프레 카틀랑(외부와 내부)

필리프 고브로

Philippe Gauvreau, 1964~

리옹의 카리노 식당을 일류로 만든 요리장

고브로는 1964년 10월 30일에 프랑스 생클루Saint-Cloud에서 태어났다. 그는 어린 시절 내내 랑부예Rambouillet의 녹색 자연 속에서 성장했다. 학교수업이 없는 수요일에는 제과 출장요리사인 삼촌을 도왔는데 이것은 후일 요리의 세계로 들어서는 계기가 되었다. 그는 용돈을 벌기 위해서였지만 제과에 차츰 취미를 갖게 되면서 공휴일과 토요일에도 삼촌에게로 달려갔다.

그가 16세 되던 1980년에 샤르트르Chartres에 있는 비에유 메종Vieille Maison에서 첫 요리 수습생활을 시작하여, 1982년에는 파리의 르 케 데 조름Le Quai des Ormes의 조르주 마스라프Georges Masraff와 함께 일하게 된다. 군복무 후인 1984년에는 앙드레 시뇨레Andre Signoret가 이끄는 그랑 베푸르Grand Vefour에 들어갔다. 이 식당은 당시 이미 《기드 미슐랭》의 별 2개를 획득하고 있었던 식당이었다.

4년간의 파리 생활 후 고브로는 남부의 앙티브Antibes로 옮겨가 1985년 라 본 노베르주La Bonne Auberge의 조 로스탕Jo Rostang과 함께 일했다. 1987년에는 니스에 있는 네그레스코Negresco에서 자크 막시맹Jacques

Maximin의 팀장으로 근무하게 했다. 막시맹은 다혈질이었지만 매력적인 사람이었다. 그래서 그는 2년 후 그를 따라 파리의 르두아얭Ledoyen으로 자리를 옮겼다. 르두아얭은 네그레스코를 파리로 그대로 옮겨놓은 곳이었는데, 그때부터 지중해 요리가 파리에 알려지기 시작했다. 르두아얭에서 막시맹은 고문을 맡고, 니스에서 그의 부요리장이었던 필립 도랑주가 요리장에 위임되었다. 1991년에 그는 처음으로 리슈몽트레모이Richemont-Tremoilles에서 요리장으로 주방을 지휘했다.

파리의 분위기에 싫증나 있던 고브로는 1993년 리옹에서 위베르 벤아무Hubert Benhamou를 만났다. 그는 카지노를 30년대의 아르데코로 장식하고, 그 부속 식당을 《기드 미슐랭》의 별 2개의 반열에 올려놓으려는 야심찬 계획을 가지고서 고브로를 요리장으로 초대했다. 그리하여 고브로는 그의 전폭적인 지원 아래 식당 라 로통드La Rotonde에 심혈을 기울이게 되었고 다음해에 곧 별 하나, 2000년에는 두 번째의 별은 얻었다.

고브로는 요리 수습생활의 중요성을 강조한다. 요리 지망생은 그 기간 동안 직업의 어려움과 더불어 그것을 극복하는 강인함을 갖추어야 한다고 말한다. 그리고 장기적인 계획 속에서 인내심을 가질 것을 주문한다. 아울러 그는 자신의 가능성을 알고서 역량에 맞추어 일할 것과 일을 조직하고, 혁신하며, 미래에 대비할 수 있도록 시대 흐름에 대한 정확한 인식과 사태를 분석할 수 있는 예리한 눈을 키워야 한다고 조언한다.

● 준비가 안 된 채로 큰물에 나가서는 안 된다. 〈서울대학교병원 윤태진 교수 '아들아, 삶에 지치고 힘들 때 이 글을 읽어라' 중〉

베르나르 기요댕

Bernard Guihaudin, 1966~

코르동 블뢰의 아시아 책임 교수를 역임한 요리장

베르나르 기요댕은 전설적인 주방장인 알랭 샤펠Alain Chapel로부터 요리를 사사받으면서 요리계에 입문했다. 그는 파리의 비바루아Vivarois에 위치한 《기드 미슐랭》에서 3개의 별을 받은 클로드 페로Claude Peyrot에서 제과요리장으로 일하며, 그만의 독특하고 창의적인 디저트 요리로 요리 비평가들로부터 명성을 쌓았다.

1975년, 그는 아트 딜러이자 레이스용 말 소유주인 대부호 다니엘 비덴스타인Daniel Widenstein의 개인 주방장으로 수많은 여행을 수행하면서 다양한 세계 요리에 대한 지식을 쌓았으며, 모로코의 마라케시Marrakech에 있는 레스토랑 라 마무니아La Mamounia의 주방 컨설턴트로 활동했고 더불어 미국, 브라질, 우루과이, 아르헨티나, 터키 및 일본 등 세계 여러 지역에서 미식 프로모션을 진행했다.

또한 파리의 레스토랑 로랑Restaurent Laurent에서 《기드 미슐랭》의 별 2개를 획득했으며 가장 최근에는 별 3개를 가진 파리의 역사적인 레스토랑인 라 투르 다르장La Tour d'Argent의 총주방장을 역임했다. 이후 2000년부터 그는 최고의 요리학교인 르 코르동 블뢰Le Cordon Bleu의 아시아

담당 책임교수로 정통적인 프랑스 요리를 전수하고 있다. '최고의 식자재를 바탕으로 전통적인 기법과 정성으로 개성 있는 요리를 만드는 것' 이 그의 요리철학이다.

갈라 디너 Gala Dinner

호텔 레스토랑에서 축제나 특별한 행사 또는 어느 특정 지방 및 특정 국가의 기념일을 위하여 개발한 메뉴이다. 기존의 평범한 디너를 뛰어넘는 화려하고 성대한 '만찬'의 의미다. 갈라 디너는 파티의 성격이 강하므로 참석자는 드레스 코드 또한 정장을 지향한다.

동 페리뇽 갈라디너

자료 : 호텔 신라.

장 루이 노미코

Jean-Louis Nomicos, 1967~

옛날 요리책에서 현대의 요리를 만드는 요리장

자료 : THURIES Megazine, No.130. 2001. 6월호. p.4.

노미코는 1967년 6월 4일에 프랑스 마르세유에서 10킬로미터 떨어진 작은 마을인 알로Allauch에서 태어나고 자랐다. 그의 아버지는 벽돌공이었고, 어머니는 가정주부, 외조부모는 농부였다. 외할머니는 노미코에게 지중해 요리를 항상 만들어 주었고 친할머니는 이탈리아 요리를 항상 만들었다.

노마코는 15세 때, 르세유에 있는 우르시나드Oursinade의 알로앙M. Alloin 아래에서 요리를 시작하였다. 이 식당은 현재 존재하지는 않지만 그 시대에는 좋은 평가를 받던 호텔식당이었다. 그는 CAP를 수료한 후에 알로앙의 도움으로 쥐아나Juana에 있는 알랭 뒤카스의 쥐앙레펭Juan-les-Pins으로 갔다. 그때 이미 이 식당은 《기드 미슐랭》의 별 2개를 가지고 있었다. 이곳에 들어간 지 2개월 만에 그는 부분 요리장의 위치에 오른다. 그는 쥐아나에서 계절 성수기의 영업이 끝난 후 마로크Maroc에 있는 한 식당에 1년 동안 머물렀는데, 이곳은 오르로주Horloge라는 곳으로 알랭 뒤카스가 추천한 곳이었다. 그는 오르로주에서 부분 요리장을 지냈다.

노미코는 군대 생활 후 10개월 동안 휴식기를 가졌다. 10개월이 지난 어느 날, 그는 알랭 뒤카스의 오른팔이었던 브뤼노 케로니Bruno Caironi의 부름으로 새로운 생활을 시작한다. 뒤카스가 호텔 드 파리의 식당으로 옮겨 간 1년 후, 노미코는 그릴 요리 담당자로 이 팀에 합류한다. 그 후 이 식당은 《기드 미슐랭》으로부터 별 하나를 수상하였다.

노미코는 모로코에서 만족스러운 5년을 보낸 후, 알랭 뒤카스의 주선으로 파리의 그랑 카스카드Grand Cascade의 식당에서 요리장이 되었다. 그 식당은 80명 이상 100명 이내의 손님을 맞이할 수 있었고, 그의 팀은 모두 25명으로 구성되어 있었다. 알랭 뒤카스는 정기적으로 이곳에 들러서 그의 새로운 요리를 평가했는데 노미코는 전설적인 요리장 에두아르 니농Edouard Ninon 등의 옛날 요리책에서 영감을 얻어 이를 바탕으로 시대에 맞게 적용시킨 요리를 선보였다.

노미코의 부인과 그의 자녀들

자료 : THURIES Megazine, No.130. 2001. 6월호. p.11.

에두아르 루베

Edouard Loubet, 1970~

세상에서 가장 아름다운 식당을 가진 요리장

프랑스에는 많은 요리사가 있다. 그러나 가장 용감한 요리사로는 에두아르 루베를 꼽을 수 있다. 그는 1996년 미슐랭의 첫 번째 별을 수상했는데 그때 그의 나이 25세였다. 겨우 3년 후 그는 루르마랭Lourmarin에서 두 번째 별을 받았다. 이 식당은 별을 2개나 가졌으면서도 은식기는 단 하나도 없었다.

루베는 1970년 9월 25일에 프랑스 오트사부아Haute-Savoie에서 태어났다. 그의 조부모는 고도 2,300미터의 발토랑스Val-Thorens에 호텔을 열었고 이곳에서 그의 어머니는 미용실을 운영했다. 발토랑스가 발전하면서 이 호텔도 확장하여 맥주양조장도 갖춘 훌륭한 식당이 되었지만, 그의 어머니는 별 4개짜리 호텔 피츠 로이Fitz Roy를 건축하기 위해 이 호텔을 팔았다.

루베는 부모의 권유로 호텔 학교에 들어가게 되었다. 이때 아버지인 프랑수아Francois는 그에게 요리의 기본을 가르쳐 주었고 그의 스승이 되어 주었다. 그리고 그의 어머니는 미국의 요리장을 몇 명 알고 있었기 때문에 그를 시카고로 보내 1년을 머무르도록 하고 영어를 가르쳤다. 하지만 도중에 그의 부름으로 그는 크리스마스 시즌 동안 발토랑스로 돌아오게 되었다. 그 후 1989년에 그는 미요네Mionnay의 알랭 샤펠Alain Chapel의 식당에서 제과부문의 직원으로 일했고 쇼방Chauvent과 함께 투르 로즈Tour Rose를 개장하기 위해 리옹으로 가서 일했다. 1990년에는 안시Annecy에 있는 마르크 베라Marc Veyrat 식당에서 일했는데, 이 시기에 그는 허브와 향신료에 대해서 열정적으로 연구하게 되었다.

리옹에서 일한 후, 루베는 에피당Efidan의 식당에서 일 년 반 정도 일했는데 이곳은 경영과 요리가 밀접하게 연결된 곳이었다. 즉, 요리사와 홀서비스가 완전히 분리되지 않아서 그는 동시에 두 역할을 해야 했다. 이런 분위기는 그에게 잘 맞았고 1992년 이곳을 떠났지만 그는 이때의 기억을 오랫동안 잊지 못했다.

1992년 8월 루베는 22세에 물랭Moulin이 있는 루르마랭Lourmarin으로 옮겼다. 이 시기에 그는 영광과 암흑을 동시에 겪었다. 첫 번째 해에는 하루에 손님이 한 명도 없을 정도로 아주 어려웠다. 그래서 그의 가족은 이 식당을 보수하고 모든 인테리어를 새로 바꾸었다. 할아버지는 그를 도와 주방에서 일을 했고, 할머니는 접시를 닦았다. 결국 1996년 이 식당은 미슐랭의 첫 번째 별을 받았고 곧 두 번째 별을 받았다. 동시에 그는 프랑스에서 《기드 미슐랭》의 별을 받은 최연소 요리사가 되었다. 루르마랭의 식당 물랭은 프로방스 지방에서, 프랑스에서, 더 나아가서는 세계에서 가장 아름다운 식당 중 하나로 알려져 있다.

● 욕심내지 마라! 물 흐르듯 편안하게 살아라! 〈영화 '나에게로 오라' 대사〉

세계의 음식문화 프랑스편

프랑스는 5세기에 프랑크 왕국이 처음 건국되면서 843년 베르됭 조약으로 현재와 같은 판도의 틀을 잡았다. 14세기에 100년 전쟁 등 여러 전쟁을 거친 후, 중앙집권적인 절대왕정을 거쳐 1789년 대혁명, 1792년 공화정을 선포하였다. 나폴레옹 시대를 거쳐 파리 코뮌, 1 · 2차 대전을 치루고 1958년 드골 제5공화국을 세웠다. 프랑스는 사회보장제도와 인권이 존중되는 나라로 잘 알려져 있다.

프랑스는 국토 면적의 2/3 이상이 완만한 평야와 낮은 구릉지대로 형성되어 있다. 프랑스의 북부는 연간 기온 변화가 적고 일조량이 적으며, 10월~5월에 강수량이 많다. 반면, 남부의 지중해변은 연중 따뜻하고 여름은 고온 건조하다. 프랑스는 농 · 축 · 수산물이 풍부한 나라이다. 인종은 프랑스인이고, 남쪽은 에스파냐인, 서쪽은 켈트족, 북동쪽은 게르만인 등으로 구성되어 있다. 종교는 대부분 천주교이다. 17세기 이탈리아의 메디치가 왕녀로부터 전파된 음식문화가 프랑스에서 꽃을 피웠다. 프랑스 음식은 맛은 물론 시각적 효과도 중시한다. 그것은 1980년대부터 선보인 누벨 퀴진(nouvelle cuisine)에서 두드러진다. 맛과 시각적인 효과를 중시하고 음식의 양은 점진적으로 줄기 시작했다. 프랑스는 다른 나라의 문화를 수용하면서 다양한 음식문화가 발달하였다. 식민지가 많았던 프랑스의 문화는 외국의 문물에 대해 수용적이다. 음식문화도 중동, 아프리카, 동남아시아 등의 음식문화가 프랑스에 번창하였다. 또한 프랑스는 동아시아(중국과 일본, 한국 등)의 음식점도 다양하게 자리하고 있다. 프랑스는 일반적으로 아침식사는 간단하게, 저녁은 푸짐하게 먹는다. 아침에는 크루아상(croissant) 한두 개와 카페오레(cafe au lait) 혹은 바게트나 비스코트 등에 버터와 잼 등을 발라서 간단하게 먹는다. 반면에 저녁식사는 2~4시간 정도로 코스별로 서비스 된다. 저녁 만찬 등 초대 시에는 8시쯤 모여 3~4시간 정도 코스요리를 즐겨 먹는다. 식사하는 동안 대화와 토론이 심도 있게 진행된다. 프랑스는 식사시간을 매우 중요하게 생각하여 일과시간 중 공식적인 점심식사 시간은 12시부터 2시까지이다. 점심식사로는 단체급식이나 인근 카페, 카페테리아, 브라스리 등에서 코스요리를 섭취하거나 간단하게 바게트 샌드위치나 크로크무슈 등을 곁들이기도 한다.

식사코스

1. 오르되브르(hors-d'œuvre) 혹은 수프
- 전채요리 : 짠맛이나 신맛의 음식으로 식욕을 돋우는 작용을 함
- 수프 : 콩소메(consomme)는 대표적인 맑은 수프, 포타주(potage)는 건더기가 많은 수프

2. 메인디시
- 주로 생선요리나 육류요리로 구성
- 앙트레와 로스트로 나뉘기도 함
- 채소나 곡류가 곁들여져 음식으로 나옴
- 대표적인 메인디시로는 육류 스테이크, 그릴, 로스트, 소테(saute), 어류의 소테, 그릴, 튀김 등이 있음

3. 샐러드와 치즈, 디저트
- 메인디시 후 입가심용으로 제공
- 주재료는 채소와 갑각류, 쌀, 배추 꼬리, 참치나 훈제생선, 달걀 등을 다양하게 활용

- 드레싱(소스)으로는 식초와 기름, 소금, 후추, 겨자를 주성분으로 하는 프렌치 드레싱을 주로 사용
- 가니쉬로 토마토, 비트, 올리브, 레몬, 향풀, 등을 올림
- 샐러드를 먹은 후 치즈와 빵이 제공됨
- 후식으로 달콤한 맛의 케이크, 푸딩, 셔벗, 무스, 아이스크림 제공

4. 차와 식후 음료
- 식후에는 커피나 우려서 만드는 차인 티잔(tisane) 등을 마심
- 식후 음료로 소화제(digestive)라 불리는 도수가 높은 증류주를 마시기도 함

주인이 개인의 취향, 화술 등을 고려하여 전체가 대화에 참여하도록 자리 배치를 한다. 자리 배치는 상석인 남자 주인의 오른편에 주빈이나 최연장자가 앉고, 남녀가 번갈아 앉으며, 한 가족이 연이어 나란히 앉지 않는다. 자리 배치를 받으면 곧바로 앉지 말고, 주인과 주빈이 앉은 후에 앉도록 한다. 앉을 때는 식탁을 향해서 섰을 때 의자의 왼쪽에서 앉고 식탁과 너무 멀리 떨어지지 말고, 의자 등받이에 기대지 않는다. 의자에 앉아 식사를 하기 전에는 손은 자연스럽게 식탁 위에 놓거나 무릎 위에 올려놓는다. 냅킨은 요리가 나오기 시작할 때 펴는데, 이등분해서 접은 후 접힌 끝단이 밖을 향하게 놓고 입을 닦을 때는 냅킨의 안쪽을 사용한다. 냅킨은 식사 후 커피를 마실 때까지 무릎에 두며, 다 사용한 후에는 접시 왼쪽에 가볍게 접어둔다.

안주인이 식사를 시작하면 손님이 시작하고 모든 사람이 끝날 때까지 식사를 한다. 포크와 나이프는 요리가 나올 때마다 바깥쪽부터 좌우 한 개씩을 사용한다. 사용 중인 포크는 아래를 향하게 하고 나이프는 칼날 부분이 아래로 향하게 하여 팔(八)자로 걸쳐놓는다. 식사가 끝나면 포크는 위를 향하게 하고 나이프의 칼날을 안쪽으로 향하게 해서 접시 중앙의 오른편에 나란히 놓는다.

샐러드는 기호에 따라 드레싱을 적당히 얹어 한입에 들어갈 정도로 떠서 먹는다. 샐러드를 나이프로 잘라서 먹지는 않는다. 수프는 왼손으로 수프 접시를 잡고

수프 스푼을 자기 앞쪽에서 반대쪽으로 향하게 해서 소리가 나지 않게 떠먹는다. 수프가 조금 남으면 접시 앞쪽을 들어서 살짝 기울인 다음 떠먹는다. 빵은 샐러드나 수프 등과 함께 먹기 시작하는데 손으로 알맞은 크기로 떼어서 먹는다. 생선요리는 뒤집어 먹지 않고 윗면의 살을 먹은 다음 뼈를 발라내고 나머지 부분을 먹는다. 곁들인 레몬은 포크로 고정한 후 나이프의 넓은 면으로 살짝 눌러 즙을 낸다. 차갑게 마시는 포도주는 잔의 받침대 부분을 잡는다. 후식이 제공되기 전에 핑거보울이 나오는 경우는 손가락을 서너 개 물에 담갔다가 냅킨으로 닦은 후, 후식으로 제공되는 과일이나 케이크를 먹는다. 핑거보울에는 양손을 넣지 않는다.

바게트

La baguette de pain(라 바게트 드 팽), 줄여서 la baguette

Le pain(빵)과 더불어 가장 일반적인 빵이다.

빵은 400g이 정량, 바게트는 60~70cm/250g이 정량이고, 불란서빵이라고도 한다.

'바게트' 자체는 '막대기' 라는 뜻으로, 풀네임인 '바게트 드 빵' 은 직역하면 '빵막대' 가 된다.

실제로 복수로 les baguettes라고 하면 젓가락이라는 의미가 된다.

널리 알려진 프랑스를 대표하는 빵

가스통 르노트르

Gaston LeNôtre, 1920~2009

프랑스 제과업계 대부

프랑스 요리에 폴 보퀴즈Paul Bocuse가 있다면 제과pastry chef에는 가스통 르노트르가 있다. 두 사람 모두 자신이 만든 요리학교가 있고 이 학교들은 세계적인 호텔 그룹 아코르accord에서 운영한다. 르노트르는 1920년 5월 28일에 프랑스 노르망디Normandie 지방의 베르네Bernay 근처에서 태어났다. 그는 어린 시절을 노르망디의 한 농가에서 보냈고 로칠드Rothschild 가문의 요리장이었던 어머니와 그랑 호텔의 소스 요리장이었던 아버지, 먹성이 좋았던 형 마르셀Marcel과 함께 살았다. 하지만 1933년에 그의 아버지가 병에 걸리자 가족들은 농가를 떠나야 했고 그는 부모님의 영향으로 제과사를 선택하게 되었다.

르노트르는 15세에 캉Caen의 학교에서 모든 직업 관련 과목의 시험을 좋은 점수로 통과하였다. 16세에는 훌륭한 스승 아래서 일하고자 파리로 갔지만, 1936년 프랑스는 경제의 쇠퇴기이자 실업의 시기였다. 결국 힘들게 제과연구실에 들어가게 된 르노트르는 그곳에서 빠르게 품격 높은 제과비법들을 배웠다. 그 후 제2차 세계대전으로 인해 고향으로 돌아온 그는 마르셀과 함께 제과요리장으로 일했다.

1947년, 르노트르는 도빌Deauville 근처 퐁토드메르Pont-Audemer에 첫 번째 제과점을 열었다. 이로서 르노트르는 위대한 제과 부문 개혁자로서의 경력이 시작되었다. 그는 담백한 빵과 과자를 좋아했고 오래 전의 요리법을 찾아내어 적용시켰다. 1957년에는 르노트르는 파리의 부유층 거주 지역인 오퇴이유Auteuil 거리에 가게를 열었고, 이는 큰 성공을 거두었다. 1960년에는 파티용 빵과 케이크를 배달해 주는 '파티 출장업'이란 새로운 업종을 창안해, 제과업 분야에서 르노트르 왕국을 구축했다. 르노트르 체인은 세계 12개국에 지점망을 구축, 프랑스 제과기술의 우수성을 세계에 알리는 홍보대사 역할을 해왔다. 그리고 1964년에는 그가 조직한 20여 명의 요리사가 트레퇴르 에 레셉시옹Traiteur et Réceptions 서비스를 고안해 냈다.

르노트르 제과학교의 심벌을 만든 과자

1968년 그는 파리 근처 이브린Yvelines에 제품 연구실을 개관하였다. 이로서 그는 이 분야에서 무한한 가능성을 열 사람으로 인정받게 되었다. 모든 구성원들이 연구에만 전념할 수 있는 연구실을 꿈꾸던 그의 오랜 꿈이 실현된 것이다. 그는 또한 1971년에 르노트르 제과학교를 열었고 전 세계의 전문가들이 제과기술을 배우기 위해서 이곳으로 몰려들고 있다.

르노트르는 프랑스 12인의 장인 중 한 사람으로 선정되었다. 그리고 이미 몇 년 전부터 그의 딸인 실비Sylvie와 함께 책을 쓰는 일에 전념하였다.

세계의 음식문화 서양의 디저트편

디저트의 개념은 서양요리의 메뉴 중 주요리가 끝난 후에 제공되는 과자, 과일 등의 단맛이 있는 요리코스를 이르는 말로 요리와의 조화가 중요하고 분량, 맛, 색채, 조리법 등이 중복되지 않도록 조정한다. 디저트의 재료는 달걀, 과일, 우유, 크림, 땅콩, 밀가루, 젤라틴, 설탕, 버터, 양주, 향료 등이다. 디저트의 분류로는 파이류, 과일류, 케이크류, 젤라틴류, 푸딩류, 아이스크림류, 셔벗류, 치즈류, 크레페류, 패스트리 등이 있다. 디저트는 프랑스어 'Desservir'에서 유래된 용어로 '치우다, 정리하다'라는 뜻이다. 선사시대에는 단맛이 나는 음식에 불과했으나, 고대에는 신을 모시는 봉헌제 때 사용했다고 한다. 16세기에 처음으로 스페인에 초콜릿이 만들어졌으며, 이후 유럽 전역에 퍼졌다. 현재와 같이 단 음식이 식사 뒤에 온 것은 비교적 근래이다.

세계의 유명한 디저트로는 이탈리아의 젤라토(아이스크림), 판나코타가 있고, 프

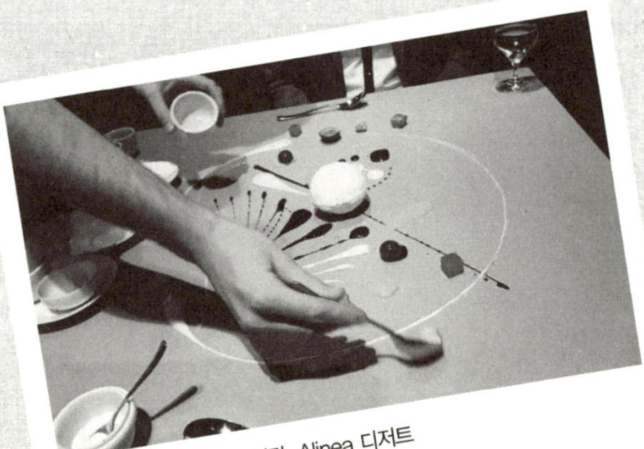

세계 최고의 분자요리 식당, Alinea 디저트

랑스의 크렘 브륄레, 마카롱, 다쿠와즈, 크레페, 슈 등이 있다. 영국은 푸딩, 스콘, 스페인에는 추로스, 러시아에는 전통과자 까르또쉬까가 있다. 동양에는 일본의 화과자, 중국의 두부화, 한국에 한과가 있다. 요즘 디저트는 고급스럽고 차별화된 제품을 선호하는 추세이다. 다이어트를 생각하는 젊은 여성층을 중심으로 밀가루와 크림을 적게 사용한 제품들의 선호도가 높고, 또한 웰빙과 건강에 관심이 높아지면서 건강 식재료인 고구마, 단호박 등이 들어가기도 한다. 즉, 인기있는 제품들의 전반적인 트렌드는 건강을 추구하며 고품질을 유지하는 것이다. 이에 따라 1인분 분량으로 사이즈가 작아지고 가니시를 더욱 보기 좋고 먹음직스럽게 하는 추세이다.

디저트의 역사 한눈에 보기

연도	내용
1381년	사과 파이 레시피가 처음 인쇄됨
1400년	꿀과 양념에 푹 적신 빵조각들로 생강 빵이 만들어짐
1600년	프랄린이 프랑스 귀족 장교에 의해 만들어짐
1700년	가운데에 크림이 있고 초콜릿을 토핑한 에클레르(Eclair)가 수백 년에 걸쳐 천천히 발전됨
1740년	컵케이크 레시피가 기록되기 시작함
1800년	레몬 머랭 파이(Lemonmeringuepie)는 19세기까지 발명되지 않았지만 머랭과 레몬 커스터드는 그 이전부터 흔하게 만들어짐

자료 : [네이버 지식백과]디저트의 역사(눈으로 먼저 즐기는 65가지 디저트 수첩, 2011. 11. 30., 김방호)

나카무라 가쓰히로

Nakamura Kasuhiro, 1944~

일본 최고의 요리장 나카무라 가쓰히로

나카무라 가쓰히로는 일본 홋카이도北海道 메트로폴리탄 에드몬트 호텔 명예 총요리장을 지낸 명실공히 일본의 최고 요리장이다. 그는 2008년 홋카이도北海道 도야코洞爺湖에서 G8 정상회의를 치렀을 당시 도야코 정상회의 총요리장을 지냈다. 또한 그는 일본인 최초로 《미슐랭 가이드》 별을 받은 프랑스 요리계의 선구자이자 그랑 셰프이다.

그는 키가 170센티미터로 아담한 체구이다. 에스코피에가 그러하듯이 작은 사람은 섬세한 맛을 내고 상대적으로 덩치 큰 사람은 둔하다.

남부 가고시마鹿兒島의 어부의 아들로 태어난 그는 고등학교 졸업 후 요리사의 길로 들어섰다. 26세가 되던 1970년 스위스를 거쳐 프랑스에서 본격적인 요리사 생활을 시작했다. 키 작고 머리 검은 동양인이 프랑스인 요리사보다 인정받기 위해서는 다른 사람보다 세 배 이상 열심히 일해야 한다는 게 그의 논리였다. 그는 하루 15시간을 주방에 서서 독하게 일했다.

그가 그랑셰프로 일하던 파리의 '르 부르도네'는 1979년 당시 미슐랭 가이드의 별 1개짜리 식당으로 평가되었다. 일본에 미슐랭 가이드의 존재조차 제대로 알려지지 않았던 시절이었다. 당시 그의 존재를 알아보고 스카우트 제의를 한 곳이 바로 한국의 롯데호텔이다. 나카무라 가쓰히로는 다음과 같이 이야기 했다고 한다. "어느날 롯데호텔 사장이 찾아와 한국에서 일해 달라고 했다. 일본 언론에서도 내게 아무런 관심을 가져주지 않던 시절이었는데… 고마웠지만 그때만 해도 프랑스 요리의 본고장에서 승부를 걸어보고 싶어 거절했다."

홋카이도 도야코 정상회의의 만찬 메뉴

- 옥수수와 철갑상어알, 훈제연어와 성게알, 양파 타르트
- 칠월칠석 전채요리(차가운 쇠고기 샤브샤브, 참치, 대합, 새우, 장어, 죽순, 순채 등 7가지 재료의 전채)
- 털게 수프
- 홍살치(생선) 소금 구이
- 양고기 스테이크
- 라벤더 꿀을 곁들인 모둠 치즈
- G8 판타지 디저트(무스젤리와 양갱 등)
- 커피와 과일사탕절임

와인

르 레브 그랑 크뤼 브뤼 라 쇨 글루아 샴페인

- 이소지만 준마이다이간조 사케
- 코르통-샤를마뉴 2005 루이라투르 화이트 와인
- 라지 캘리포니자 몬테 벨로 레드 와인

자료 : 중앙일보

그는 프랑스 생활 15년간 모두 11개 레스토랑에서 근무했다. 파리의 '레스카르고 몽테르귀유'에서는 프랑수아 미테랑 대통령을 두 번 서빙했다.

나카무라 가쓰히로는 1984년이 되어서야 일본으로 돌아왔다. 프렌치 셰프라 그런지 그의 일식 취향도 남다르다. 일본인들이 좋아하는 나토, 시오카라(소금에 절인 저장 요리)를 아주 싫어한다. 어릴 적 아버지가 잡아온 싱싱한 생선회를 먹고 자란 그는 일식당에서 나오는 회는 손도 안 댄다고 한다.

잘 구워진 프랑스식 바게트(미셸 루의 작품)

● 되도록 한 번만 실패해라 〈서울대학교병원 윤태진 교수 '아들아, 삶에 지치고 힘들 때 이 글을 읽어라' 중〉

노부유키 마츠히사

Nobuyuki Matsuhisa, 1949~

일본의 유명 요리장

노부유키는 미국 및 전 세계적으로 가장 현대적인 일본 요리Japanese Cuisine를 선도하는 요리사이다. 그는 일본의 동경에서 태어나고 자랐으며 고등학교 졸업 후 동경의 신주쿠 스시바에서 견습생으로 조리사의 길을 출발하였다. 20대 중반에는 페루로 이주하여 수도 리마에서 스시바를 오픈하고 그 때부터 외국의 문화와 지역 음식재료들을 자기의 독창성으로 재창조하기 시작했다. 그로부터 3년 후 아르헨티나의 부에노스아이레스와 알래스카에서 스시 레스토랑을 열어 대단한 성공을 거두었으나, 화재로 인해 레스토랑이 소실되어 일본으로 다시 돌아가게 되었다.

하지만 이러한 불운도 자기만의 스시sushi 세계를 열고자 하는 노부유키의 의지를 꺾지 못하였고, 1987년에 L.A.에 미국 내 첫 번째 레스토랑을 열었다. 스시에 대한 기존 관념을 뛰어넘은 노부유키는 곧바로 사람들의 입에 회자되기 시작하였고, 마침내 1987년 뉴욕 타임즈가 뽑은 세계 10대 레스토랑에 올랐다. 스시 조리사인 그는 1998년에는 L.A. 타임스 메거진이 뽑은 남부 캘리포니아의 떠오르는 스타로까지 선정되었다.

최근에는 영화배우 로버트 드니로Robert Deniro와 손을 잡고 1995년 뉴욕에 연 레스토랑은 제임스 비어드 재단James Beard Foundation으로부터 최고의 레스토랑으로 선정되기도 하였다. 2001년 서울의 신라호텔에서 공개된 노부유키의 메뉴는 더 이상 정통 일식 메뉴가 아니라는 것을 알 수 있다.

노부유키의 메뉴

캐비아를 곁들인 참치 타르타르

참치를 양파, 마늘과 함께 다진 후 캐비아(철갑상어알)를 그 위에 올려놓는다. 특별히 제작된 와사비 간장 소스와 함께 먹는다.

캐비아를 곁들인 참치 타르타르

자료 : Nobu The Cookbook.

서양 송로버섯과 유자간장 버터 소스를 곁들인 농어 요리

구운 농어를 서양 송로버섯 위에 얹고 유자간장 버터 소스와 함께 나오는 요리로 동서양의 절묘한 조화를 이룬다.

서양 송로버섯과 유자간장 버터 소스를 곁들인 농어요리

자료 : Nobu The Cookbook.

게리 댄코

Gary Danko, 1956~

캘리포니아의 퓨전 요리사

댄코는 캐나다Canada 국경 근처의 작은 마을 메세나Massena의 그리 부유하지 않은 집에서 태어났다. 6살이 되던 어느 추운 겨울날 그는 코가 빨개진 채 집에 들어와 어떻게 하면 몸을 녹일까 생각하다가 오븐을 사용해 요리를 하면 따뜻해질 수 있을 것 같아 쿠키를 구웠고, 그 후 요리에 빠져들었다. 그는 14살 때부터 근처 식당에서 접시닦이를 하며 어깨 너머로 요리를 배웠고, 유명한 CIA 요리학교에 들어가 정식으로 요리사 수업을 받았다.

덴코는 학교를 졸업한 후 당시 미국에서 유명했던 마들렌 카망Madeleine Kamman 여사의 레스토랑이 있는 뉴욕으로 가서 그녀의 문하에서 프랑스 정통 요리와 미국의 누벨 퀴진nouvelle cuisine을 접목한 독특한 방식을 배웠다. 그는 탁월한 독창성을 가졌고 1980년대 중반부터 유명해져서 여러 유명 레스토랑에서 요리장으로 근무했다. 그 결과 그는 에스콰이어 어워드Esquire Award 등의 상을 여러 차례 받았다. 1993년에 그는 캘리포니아식 퓨전 음식으로 캘리포니아 최고 요리사Best Chef in California로 인정받았다.

퓨전

퓨전fusion은 융해 · 융합 · 합병 등의 뜻으로 재즈음악의 영역에서 활발하게 시도되고 있다. 새로운 문화에 대한 관심, 다양한 가치를 추구하는 사회적 분위기로 서구문화에 비서구적 문화요소를 혼합하는 시도이다. 아울러 요리뿐만 아니라 음악, 미술, 패션 등 여러 장르에서 지속적으로 시도되고 있다.

음식에서의 퓨전은 '새롭고 고급스러운' 이미지를 부여하며 기존의 평범한 음식과는 차별화가 되며 시작되었다고 할 수 있다. 현대에 와서 전통과 외래가 만난 퓨전음식, 전통음식에 뿌리를 둔 기본을 요구하는 퓨전음식, 창의성을 요구하는 퓨전음식 등 음식문화의 중요한 장르가 되고 있다. 성공적인 퓨전음식이 탄생하기 위해서는 동양과 서양의 음식에서 사용하는 기본적인 조리법에 대한 올바른 지식과 기술이 바탕이 되어야 한다.

● 내가 받을 자격이 있는 것만 받아라 〈서울대학교병원 윤태진 교수 '아들아, 삶에 지치고 힘들 때 이 글을 읽어라' 중〉

찰리 트로터
Charlie Trotter, 1959~

2000년 미국의 최고 요리장

요리사들 중에는 전혀 다른 일에 종사하다 잠재해 있던 요리에 대한 열정과 욕구를 발견하고 요리세계로 입문한 사람들이 있다. 이들은 다른 요리사보다 늦게 직업세계로 들어왔다는 단점은 있지만 늦은 만큼 요리에 대한 사랑이 각별해 요리의 고전적인 틀에서 벗어나 예술적 경지에 이른다는 장점이 있다. 그런 예 중의 한 사람이 미국의 찰리 트로터Charlie Trotter이다.

그는 미국 위스콘신 대학에서 정치학을 공부하며 평범한 삶을 살았지만 요리에 대한 숨은 열정을 감출 수 없어 4년간 세계 곳곳을 돌아다니며 피나는 노력과 훈련을 했다. 그는 그 시절을 회상하며 이렇게 말한다.

"나는 모든 유명한 요리사를 찾아가 요리를 가르쳐 달라고 졸랐으며, 구할 수 있는 요리책은 다 탐문하였고 잘 알려지지 않은 요리법은 정신병자처럼 요리해 보고 유명 레스토랑을 방문하여 식사를 한 것만 하여도 셀 수 없을 만큼 많다. 이렇게 힘든 4년을 보냈다."

트로터는 신선하고 건강한 재료에 그의 영감을 덧붙여 맛나는 대작을 연출해냈다. 그가 미국을 대표하는 요리사로 자리매김한 이유 중 가장 큰 이유는 식재료를 고르는 세밀한 감각과 주의이다. 그는 미국 방방곡곡에서 내로라하는 상품을 공수하는데, 예를 들면 인디애나 주의 하얀 메추라기, 일리노이 주의 유기농법 토마토, 노스 다코타 주의 황소고기, 푸른 채소를 가꾸기로 유명한 존슨 농가의 채소 등 그의 식재료 선택은 까다롭기 그지 없다.

유명한 와인 잡지인 《와인 스펙테이터 *Wine Spectator*》의 음식 관계자는 "트로터의 요리법은 마치 재즈를 연주하는 뮤지션의 걸작을 듣는 것 같다."고 말했다.

트로터는 전문가와 대중 모두에게 인정받는 요리사이며 '모바일 트래블 가이드Mobil Travel Guide', '제임스 비어드 재단James Beard Foundation' 등 유명 기관에서 최고 요리장Best Chef과 최고 레스토랑Best Restaurant으로 뽑혔다. 또한 그의 레스토랑은 '2000년 미국 최고 레스토랑'의 영광을 차지하기도 했다. 그는 요리책과 TV 시리즈 외에도 「찰리 트로터의 요리 세계」라는 다큐멘터리가 제작될 정도로 존경받는 요리사이다.

방송을 하는 찰리 트로터

세계의 음식문화 미국편

미국의 국토 면적은 한반도의 약 42배 크기이다. 미국의 기후는 습한 동부와 건조한 서부로 나누어진다. 북동부는 대륙성 기후이고 남동부는 온대 및 아열대 기후, 캘리포니아지역은 지중해성 기후이다. 미국은 농 · 축 · 수산물이 풍부한 환경이다. 세계에서 가장 발전한 식품가공, 포장기술, 마케팅 및 유통체계를 갖고 있다. 종교는 국민의 32%가 기독교, 22%는 천주교, 2%는 유대교로 이루어져 있다. 미국 음식문화의 일반적인 특징은 육류 위주의 식생활을 한다는 것이다. 미국인들은 먹는 양이 많고, 단맛이 강한 후식과 콜라 같은 음료를 좋아한다. 식품 재료는 다양하지 않고, 강한 향신료를 사용하지 않는다. 음식은 미리 양념하지 않고 조리 후 소스를 얹어 먹는다. 오븐을 사용하는 조리법을 많이 사용한다. 전 세계 음식과 퓨전음식을 먹고 실용성을 중요시한다. 미국도 최근에는 능률과 건강을 고려한 건강식을 먹으려고 노력하고 있다. 동북부지역은 영국과 독일의 음식 특성이 강하게 나타나는 지역이다. 대도시가 밀집되어 있으며 세계 각국의 다양한 음식을 접할 수 있다. 추운 겨울에 캐서롤 요리, 걸쭉한 수프나 스튜를 즐긴다. 블루베리, 크랜베리, 옥수수, 감자, 콩, 토마토, 자주색 감자, 호박, 칠면조, 조개, 바닷가재 등을 이용한다. 중서부지역은 미국의 대평원으로 곡물과 과일이 풍부한 지역이다. 우유, 치즈, 칠면조, 돼지, 옥수수, 귀리, 사과, 감자, 양배추, 버섯 등을 이용한 음식이 많다. 서부지역은 초지와 목장이 발달했고 소와 말을 방목한다. 캘리포니아 주는 토마토 · 샐러드용 채소 · 사탕수수 · 딸기를 대량 생산한다. 소노마지역은 세계 최대의 포도 생산지로 미국 포도주의 90%를 생산한다. 알래스카지역은 연어와 각종 게를 많이 생산하고 하와이는 세계 파인애플의 40%를 생산하고 있다. 마지막으로 남부지역은 다른 지역보다 생선을 많이 먹고, 비교적 큰 생선을 이용하고 있다. 뉴올리언스지역은 매콤한 케이준요리가 유명하고 켄터키는 프라이드치킨, 옥수수 위스키인 버본으로 유명한 지역이다. 남부지역은 옥수수가루를 이용한 죽 · 빵 · 튀김요리를 즐긴다. 텍사스는 스테이크, 저키(jerky, 육포의 일종), 바비큐요리가 유명하다. 미국의 대표적인 음식에는 스테이크와 햄버거, 핫도그, 샌드위치, 샐러드 등이 있다. 미국 사람들은 파티가 생활화되어 있는데, 오전 10시경 또는 오후 3시부터 5시 사이에 여는 티 파티(tea party)가 있다. 가족 또는 가까운 사람과 거실, 식당, 정원 등에서 즐기며, 그 외에도 저녁식사 전에 짧은 시간 대화를 하면서 즐기는 모임인 칵테일 파티(cocktail party)와 점심, 저녁의 구별 없이 이용할 수 있는 뷔페 파티(buffet party)가 있다. 미국의 식사예절은 영국식 식사예절과 비슷하며 간편함과 자유로움을 추구한다. 오히려 영국 식사예절보다는 편안한 편이다. 스테이크를 먹을 때 포크는 왼손, 나이프는 오른손에 잡고 고기를 자른다.

두바이 드림을 일구어낸 한국 요리장

에드워드 권

Edward Kwuen, 1971 ~

두바이 드림을 일궈낸 한국의 요리장

세계의 인재와 돈이 몰리는 두바이에서 특급호텔 수석 주방장을 역임한 에드워드 권은 한국인 권영민이다. 대학에서 조리를 전공한 토종 요리전문가이다. 2003년 미국 요리사 협회가 뽑은 '젊은 요리사 톱 10' 에 선정되고, 2005년 중국 텐진 쉐라톤 그랜드 호텔 총주방장을 역임한 뒤, 2006년부터 페어몬트 호텔에서 수석 주방장을 맡고 있다. 그는 11개국 191명의 다국적 요리사 군단을 호령하며 '두바이 드림' 을 일구었다.

세계 정상급 요리사로 우뚝 섰지만 한국에서 그의 인생은 좌절의 연속이었다. 권씨는 대학입시에 실패하고 재수할 때 요리사로 진로를 수정했다. 그는 "고등학교 때 신부가 꿈이었지만 집안의 반대로 좌절됐다."며 "얼떨결에 요리사의 길에 들어섰다."고 고백했다.

집안이 유복했지만 고등학교 졸업 후 용돈을 직접 벌어 썼다. 아르바이트로 주방 일을 잠깐 했는데, 주방장이 "너 요리에 소질이 있는 것 같다."는 이 말은 그가 요리학과를 선택하는 동기가 되었다.

군을 재대한 권영민은 직장운이 좋아 졸업 동기 중 유일하게 서울 특급호텔 리츠칼튼에 취직했다. 2학년 1학기 실습이 끝날 때쯤, 그는 돈을 안

받고 그냥 일하겠다고 했고, 두 달 동안 교통비 3만 원만 받고 일을 계속했다. 그리고 주방장이 이를 기특하게 보아 리츠칼튼에 취직할 수 있었다.

남부러울 것 없었던 그는 2000년 도미를 결심했다. 양식을 제대로 배우려면 본바닥에 가야 한다는 의무감도 있었지만 한 호텔에서 20~30년을 일해 봤자 조리과장 정도밖에 할 수 없을 것이라는 생각 때문이었다. 당시 리츠칼튼 총주방장은 장 폴로, 그는 지금 7성급 호텔로 이름 높은 부르즈 알아랍의 총주방장이다. 장 폴은 그를 기꺼이 추천해 주었고 준비된 영어 실력으로 미국행 티켓을 잡을 수 있었다.

그는 신흥 휴양지로 떠오른 캘리포니아 하프문 베이 절벽에 문을 연 리츠칼튼 호텔에서 본격적인 요리수업을 시작했다. 하루 16시간씩의 강행군 속에서도 요리하는 기쁨으로 시간 가는 줄 모르게 살았다.

그런 에드워드 권의 모습은 미국 요리계에서 '빅 5'에 해당하는 실력자인 이 호텔 총주방장 살로몬의 눈에 띄었다. 살로몬은 "에드워드 너같은 독종은 처음 본다. 너를 통해서 아시아인에 대한 인식이 바뀌었다."라고 말을 하며 에드워드 권을 자신의 사단에 편입시켰다. 미국으로 건너갈 당시 2급 조리사second cook였던 그는 살로몬의 지도로 3개월 만에 파트장first cook으로 진급했고, 이듬해 부주방장sous chef로 진급했다. 10년 이상 걸리는 일을 단 2년 만에 해낸 것이다.

살로몬의 배려로 그는 뉴욕에 새로운 식당이 오픈하면 비행기를 타고 뉴욕으로 날아가 직접 음식을 맛보았다. 특히 살로몬의 추천으로 미국 최고의 레스토랑인 '프렌치 라운드리' 주방에 파견돼 일을 배우기도 했다.

자료 : 기사자료.

제임스 트레버 올리버

James Trevor Oliver or Jamie Oliver, 1975~

영국의 신세대 요리장

제이미 올리버는 한국에 팬클럽이 있을 만큼 요리세계가 특별하다. 그는 폴 보퀴즈Paul Bocuse와 마찬가지로 퍼브Pub(주-영국식 선술집 겸 식당)를 운영하는 아버지 밑에서 주방을 오가며 요리에 친밀감을 쌓았고 8살 때 처음으로 요리를 시작했다.

'네이키드 셰프naked chef(주-발가벗은 요리사)' 라는 그의 예명은 여러 가지 의미를 갖고 있다. 이 예명은 그가 어린 나이에 요리세계를 접했고 그의 음식 재료가 순수하고 단순하다는 사실을 함축하고 있다. 1999년에 BBC 방송에 나간 이후로 그는 순식간에 여성 팬들을 사로잡았다. 단기간에 스타덤에 오른 그의 프로그램은 여러 나라의 유선 방송을 통해 방영되었고, 그 결과 각 나라에 팬클럽이 만들어졌다. 그의 실용적인 요리는 따라하기 쉬워 많은 사람들이 그의 요리책과 TV 시리즈를 보고 한 번쯤은 따라했을 정도이다. 현재 아내인 줄스, 두 딸 포피, 데이지와 함께 런던에서 살고 있으며 런던 최고의 레스토랑으로 자리잡은 '피프틴Fiffeen' 을 운영하면서 영국 공영방송의 진행을 맡고 있다.

요리장의 책무와 업무

1. 요리장의 책무

- 조리 정책을 기반으로 주방의 제반 사항에 대한 관리 및 통제권이 있으며 모든 행정적인 업무를 처리한다.
- 식당지배인과 유기적인 관계로 영업 이익에 최선을 다한다.
- 고객 불평사항에 대한 책임이 있다.

2. 주요 업무

- 메뉴 작성 및 교육
- 신상품 개발 및 프로모션(Promotion) 실시
- 식재료 주문
- 주방인원의 지휘감독
- 시장조사
- 전문 조리기술의 전수
- 매출 및 원가관리
- 고객관리
- 주방 시설관리
- 화기 및 안전,위생관리에 대한 교육 실시

● 미친 사람은 더욱 무시하지 마라 〈서울대학교병원 윤태진 교수 '아들아, 삶에 지치고 힘들 때 이 글을 읽어라' 중〉

주방장

음식점 및 사업체 식당의 주방에서 조리 및 음식서비스를 총괄 관리한다.

- 교육수준: 9년 초과 ~ 12년 이하(고졸 정도)
- 숙련기간: 10년 초과
- 작업강도: 가벼운 작업
- 작업장소: 실내
- 작업환경: 위험내재, 고온, 다습
- 직무기능(자료): 비교
- 직무기능(사람): 감독
- 직무기능(사물): 수동조작
- 유사명칭: 요리사, 쉐프, 셰프
- 관련직업: 종사하는 곳에 따라 선박조리장, 열차식당주방장
- 고용직업분류: [5311]주방장 및 요리 연구가
- 표준직업분류: [2870]주방장
- 표준산업분류: [I561]음식점업
- 조사연도: 2012
- 수행직무

– 주방의 제반시설물 · 기물을 유지관리하고 청결상태를 점검한다.
– 조리사의 요리 · 가공업무를 지시 · 감독한다.
– 조리사의 근무일정표 및 근무상황을 관리한다.
– 매월 실시되는 식자재 재고명세표를 검토 · 확인한다.
– 수시로 주방을 순시하여 기계류 및 제반 시설물의 이상 유무를 점검한다.
– 음식재료를 사용하는 기구 및 장소의 청결을 관리한다. 주방 및 냉장고에 보관된 모든 식재료의 상태와 부패 여부를 확인한다.
– 각 영업장 및 연회에 필요한 식자재를 관련 부서에 청구한다.
– 구매 수령된 모든 식자재의 수량 및 상태를 검수한다.
– 조리사들에게 메뉴의 해석 · 기술시범 · 식중독예방 및 기본자세 등에 관하여 교육 · 훈련시킨다.
– 새로운 지식과 기능을 습득하게 되면 직원들에게 교육한다. 새로운 요리의 조리법에 대해 원가를 분석하고 가격을 산출하기도 한다.
– 출장연회 업무를 수행하기도 한다.

자료 : [네이버 지식백과]주방장(한국직업사전, 2016)

Part 04

기타 유명한 미식가와 요리 전문가 21인

1. 루키우스 리키니우스 루쿨루스 (Lucius Licinius Lucullus, BC 117~57)
2. 노엘 (Noël, 13C)
3. 몽티에 가족 (Les Monthier, 16c~17C)
4. 뱅상 드 라 샤펠 (Vincent de La Chapelle, 1690 or 1703~1745)
5. 니콜라 아페르 (Appert Nicolas-Francois, 1750~1841)
6. 장 자크 캉바세레 (Jean-Jacques-Cambacérès, 1753~1824
7. 샤를 뒤랑 (Charles Durand, 1766~1845)
8. 조제프 베르슈 (Joseph Berchoux, 1765~1839)
9. 뱅자맹 들레세르 (Benjamin Delessert, 1773~1847)
10. 라기피에르 (Laguipière, 18C)
11. 파를레 (Farley, 18C)
12. 클루에 또는 클로에 (Clouet or Chloé, 18C)
13. 므농 (Menon, 18C)
14. 레옹 브리스 (Léon Brisse, 1813~1876)
15. 앙리 네슬레 (Henri Nestlé, 1814~1890)
16. 샤를 몽슬레 (Charles Monselet, 1828~1888)
17. 니콜라 마르게리 (Nicolas Marguery, 1834~1910)
18. 프로스페 몽타녜 (Prosper Montagné, 1865~1948)
19. 퀴르농스키 (Curnonsky, 1872~1956)
20. 장 뒤낭 (Jean Dunand, 1877~1942)
21. 외젠 라크루아 (Eugène Lacroix, 1886~1964)

루키우스 리키니우스 루쿨루스
Lucius Licinius Lucullus, BC 115~57

루쿨루스는 고대 로마의 장군으로 '식탁의 예술'을 꽃피운 사람이다. 그는 화려한 모임과 전설적인 연회를 여는 것을 좋아했다.

노엘
Noël, 13C

노엘은 프러시아 황제 프레데릭 2세Frederic II를 위해 일한 프랑스 요리사이다. 그는 페리고르Perigore 출신으로 황제가 직접 시를 헌사하기도 했다. 그의 특기는 푸아 그라Foie gras 요리였다. 그의 아버지는 프랑스의 앙굴렘Angouleme에서 제과요리사로 일했는데 그는 푸아 그라의 비법을 아버지에게서 전수받았다. 플레이보이 카사노바Casanova가 그의 아버지를 직접 앙굴렘으로 찾아가 방문했다는 일화가 있으며, 그의 거위간 파테pâté 요리는 미국까지 수출되었다.

몽티에 가족
Les Monthier, 17C

아버지 몽티에Monthier는 루이 14세Louis XIV의 요리사였으며, 아들 몽티에Monthier는 루이 15세Louis XV의 요리사였다. 특히 아들은 루이 15세의 요리사들 사이에서도 선망의 대상이 될 정도로 당대 최고의 요리장이었다. 그는 엄청난 보수를 받았지만 왕을 위해 직접 일주일에 두 번만 저녁식사를 만들었다.

뱅상 드 라 샤펠
Vincent de la Chapelle, 1690 or 1703~1745

샤펠은 프랑스에서 요리를 만들었지만 체스터필드Chesterfield 백작의 요청으로 영국으로 건너갔다. 그는 《근대 요리 *Modern Cook*》라는 책을 썼는데 먼저 영어로 쓴 후 이를 프랑스어로도 발간하였다. 이 책의 요리법에는 국제적으로 인도의 양고기 카레 등의 혼합 향신료가 많이 등장한다.

니콜라 아페르

Appert, Nicolas-François 1750~1841

통조림 보관법을 개발한 요리사

아페르는 1750년에 프랑스의 샬롱쉬르마른Chalons-Sur-Marne에서 태어났다. 그는 유리병에 음식을 저장하는 방법을 발견하고 트뤼플이나 저장 토마토, 올리브 병조림을 개발하여 인류의 요리 역사에 크게 기여하였다. 지금까지 사용하고 있는 통조림 제조법도 1804년에 병조림에 이어 아페르가 고안한 것이다. 당시 그가 고안한 방법은 입구가 큰 유리병에 식품을 넣고 열탕에 담가 충분히 가열한 후 내용물이 뜨거워질 때 코르크cork 마개로 단단히 밀봉하는 아주 간단한 방법이었다.

1795년, 나폴레옹 황제는 군대에 공급하는 식품을 신선한 상태로 저장할 수 있는 방법에 대해 공개모집을 하였는데 아페르는 이에 자극을 받아 과거의 다양한 경험을 살려 14년 동안 실험에 몰두하여 식품을 병 안에 넣고 밀봉, 가열하여 저장하는 방법을 고안했고 1804년에 이를 발표하였다. 그리고 이러한 방법은 프랑스 정부의 인정을 받아 1만 2천 프랑의 상금을 받았다. 그 후 1810년, 영국의 피터 듀란Peter Durand은 값이 비싸고 깨지기 쉬운 유리병 대신에 양철을 오려 납땜한 양철용기를 사용했으며, 이 용기를 틴캐니스터tincanister라고 불렀다. 오늘날 통조림 제조에 사용되는

통을 캔can이라고 부르는 것은 이 캐니스터canister에서 유래한 것이다.

아페르는 그 밖에도 물을 풀어서 부용(주-맑은 쇠고기 수프)을 만들 수 있는 조각과 산성이 아닌 젤라틴을 추출하는 방법을 개발했으며 압력솥을 개량하였다. 그는 1841년 6월 3일 파리 근처의 마시에서 92세의 일기로 사망했다.

장 자크 캉바세레
Jean-Jacques-Cambacérès, 1753~1824

나폴레옹 왕정의 집정관이자 미식가

나폴레옹 왕정의 두 번째 집정관(주-프랑스의 집정 정부의 최고 행정관, 정원은 세 명이었음)이었으며 왕실 성당의 수장이었다. 그는 환상적인 식도락가는 아니었지만 식탁의 변천에 많은 변화를 시도했고, 식문화와 관련된 여러 가지 활동을 하였다. 그는 서양요리의 역사에 있어서 타이방Taillevent 다음으로 아름다운delicate 식탁을 차리기로 유명하였다.

● 능력 있는 매는 발톱을 보이지 않는다. 〈일본 속담〉

샤를 뒤랑

Charles Durand, 1766~1845

프로방스의 카렘

샤를 뒤랑은 1766년에 프랑스 프로방스Provence 지방의 알레Alès에서 태어났다. 프로방스의 카렘이라고도 불리는 그는 알레Alès, 님Nîmes, 몽플리에Montpellier 교황의 요리장을 역임했다. 1830년에는 《요리의 대가 뒤랑 *Le cuisinier Durand*》이라는 유명한 책을 썼는데, 이 책에는 888종의 요리법이 실려 있으며, 특히 과자 요리가 유명하다.

조제프 베르슈

Joseph Berchoux, 1765~1839

변호사이자 미식가, 시인

베르슈는 1765년에 프랑스 알프스 지역의 생생포리앙드레Saint-Symphorien-de-Lay에서 태어났으며, 변호사이자 미식가, 시인으로 활동했다. 그는 1800년에 〈나의 요리직업

Ma profession de foi en cuisne〉이라는 시를 썼는데 바텔François Vatel의 죽음을 묘사한 것으로 유명하다. 또한 1801년에 《미식법*Gastronomie*》을 발간하여 프랑스어에서 처음으로 '식도락gastronomie' 이라는 단어를 사용하였다.

뱅자맹 들레세르
Benjamin Delessert, 1773~1847

설탕을 발명한 식물학자

들레세르는 1773년 2월 13일 프랑스 리옹Lyon에서 태어났으며 프랑스 대혁명 시절에 영국으로 유학을 갔다가, 1790년에 파리로 돌아왔다. 그는 유명한 식물학자로 세계 최초로 사탕무에서 설탕을 만들었고 1802년에 설탕생산 공장을 세워 식문화 발전에 크게 공헌하였다.

라기피에르
Laguipière, 18C

라기피에르는 카렘Careme의 스승이었으며 카렘으로부터 '우리 시대의 가장 뛰어난 요리사' 라는 칭호와 존경을 받았다.

파를레
Farley, 18C

파를레는 18세기 유명 레스토랑 런던 타번London Tavern의 요리장이고 요리책을 쓴 최초의 사람으로 추정된다. 1783년에 그는 《런던의 요리 기술 *The London Art of Cookery*》을 출간했는데, 이 요리책은 체계적이고 우아하며 아주 영국적이다.

클루에 또는 클로에
Clouet or Chloé, 18C

클루에는 파란만장한 인생을 보냈다. 그는 1738년에 뉴캐슬New Castle의 공작인 토머스 펠름 홀러Thomas Pelham-Holler의 요청으로 영국으로 건너갔다가 루이 15세 시대 주불 영국 대사 아버메일 백작Comte d'Abermale의 요리사로 활약했다. 그런데 대사가 죽으면서 밀린 재료비가 그것을 주문했던 클루에의 빚이 되자 그는 도망하였으나 다시 영국으로 되돌아갔고 또 얼마 후 다시 영국을 떠났다. 이런 행동을 두고 후세 사람들은 아마도 그가 재료 구입에 너무 많은 비용을 썼기 때문이지 않을까 추측한다.

머농
Menon, 18C

머농은 생전에 두 권의 요리책을 펴냈다. 1746년에 나온 《부르주아 요리 *La cuisine bourgeoise*》, 1755년에 나온 《궁중의 저녁식사 *Les soupers de la Cour*》가 그것이다. 그는 뛰어난 저술 실력으로 19세기에 들어서면서 자리잡게된 '부르주아'라는 새로운 중산계층을 위한 책을 썼다.

● 인생의 고난은 인생을 한 발 더 발전하게끔 하는 기회이다. 〈어느 91세 노인〉

레옹 브리스
Léon Brisse, 1813~1876

19세기 중엽 브리스는 『레스토랑 *Restaurant*』이라는 요리 잡지를 창간하였고 요리 작가로 활동했다. 그는 프랑스 시골에서 자라다가 1850년에 파리로 상경하여 『리베르테 *La Liberté*』 신문사의 기자가 되었다. 그는 《브리스 남작의 간단한 요리》, 《브리스 남작의 365가지 메뉴 *Trois Cent soixante-six menus du baron Brisse*》, 《카렘 요리 *Cuisine en carême*》 등을 저술했고 당시의 식문화 발전에 크게 기여하였다.

앙리 네슬레
Henri Nestlé, 1814~1890

스위스 태생인 네슬레는 어린이 영양 문제에 관심을 가지고 1865년에 구운 밀, 우유, 설탕을 배합한 네슬레 영양식Farine Alimentaire을 만들어 세계적인 명성을 얻었다. '네슬레' 상표는 바로 그의 이름에서 딴 것이다.

1860년대에 유럽에서는 산모가 영양 부족 등으로 모유가 나오지 않아 아기가 성장하지 못하거나 심지어 목숨을 잃는 경우가 많았다. 스위스의 화학자이자 발명가인 앙리 네슬레는 이를 안타깝게 여기고 유아 사망률을 낮추기 위하여 아기들에게 엄마 젖 대신 먹일 수 있는 음식을 개발하기 위해 노력했다. 그 결과 1867년에 그는 모유와 비슷한 액체 성분에 영양 요소를 추가로 넣은 대체 수유식품 '페린 락테'를 개발하였고, 제네바 호반에 식품회사 네슬레를 설립했다.

네슬레의 설립자인 앙리 네슬레는 자신의 이름 Nestlé를 nest(둥지, 보금자리)로 상징화했고 이를 기업 브랜드로 사용해 오고 있다. 기업 브랜드뿐만 아니라 어미새가 새끼새를 감싸는 둥지를 형상화한 로고는 안전, 모성애, 애정, 자연, 가족, 전통을 연상시킨다. 이러한 발상은 식품, 특히 초기의 유아식에서 가장 적절한 연상이었고 이는 네슬레의 기업 이념을 표현한 것이기도 하다.

네슬레 회사 로고

샤를 몽슬레

Charles Monselet, 1828~1888

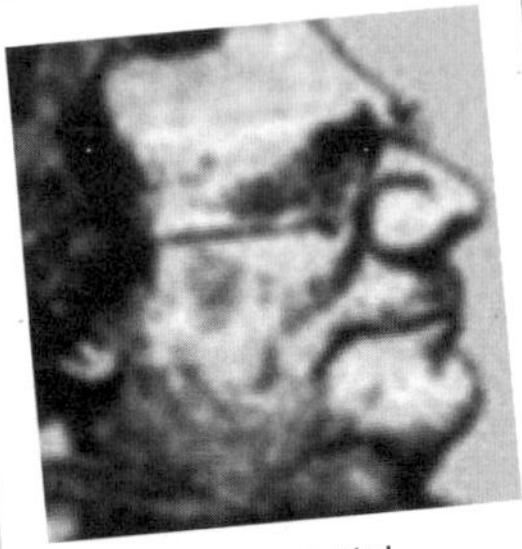

시를 쓰는 식도락 작가

몽슬레는 1825년에 프랑스 낭트Nantes에서 태어나 파리에서 사망했다. 그는 기자이자 작가로 미식에 관한 시를 짓기도 하였다. 그는 보들레르Baudelaire의 친구였으며 유명한 식도락 작가이기도 했다. 몽슬레는 《시를 쓰는 요리사 *La cuisiniere poetique*》, 《대식가 연감 *Lettres gourmandes*》 등 많은 식도락 서적을 남겼다.

니콜라 마르게리

Nicolas Marguery, 1834~1910

마르게리는 프랑스 요리장으로 1834년에 디종Dijon에서 태어났고 1910년 파리에서 사망했다. 그는 파리의 작은 식당에서 접시닦이로 일하다가 사장의 딸과 결혼하여 당시 유명한 식당 로세Rocher에서 요리사로 일했다. 그 후 1887년에 그의 이름을 걸고 레스토랑을 오픈했는데, 레스토랑 르 마르게리Le Marguery는 크게 성공하여 미식가들에게 유명세를 떨쳤다. 《라루스 미식 대백과사전 *Larousse gastronomique*》은 그를 '당대의 장식에 있어 자본주의 미식의 가장 높은 경지를 차지한 사람'으로 기록하고 있다. 그는 가자미Sole 요리로 유명했다.

프로스페 몽타네
Prosper Montagné, 1865~1948

몽타네는 《라루스 미식 대백과사전 *Larousse gastronomique*》을 의사인 곳샬크Gottschalk와 함께 편찬했다. 서문은 유명한 요리사 에스코피에Escoffier가 썼다.

퀴르농스키

Curnonsky, 1872~1956

향토요리에 관심을 가진 식도락 작가

퀴르농스키는 19세기 후반에 향토 요리를 다룬 《프랑스의 요리와 포도주》의 편집에 참여하였다. 식도락 작가인 그는 전 세계를 돌아다니며 지구상의 모든 요리를 식별하는 법을 연구하고 배웠다. 하지만 마르셀 루프와 함께 총 32권으로 된 《미식의 나라 프랑스 *France Gastronomique*》를 집필하던 중 루프의 갑작스런 죽음으로 28권만 출판하게 된다.

● 나는 말싸움을 하지 않는다. 말싸움에서 이겨도 상대의 생각이나 태도가 바뀌지 않기 때문이다. 〈사카모토 료마〉

장 뒤낭

Jean Dunand, 1877~1942

나폴레옹 황제의 전속 요리장

장 뒤낭은 콩데 왕자Prince de Condé의 요리장이었으며 또한 나폴레옹 황제의 전속 요리장이었다. 1800년 6월 14일, 그는 식량보급이 끊긴 전장에서 그 유명한 마렝고Marengo 닭 요리를 만들기도 하였다. 그는 나폴레옹이 유배될 때 함께 생트 엘렌Sainte-Hélène으로 갔다가 그곳에서 1942년에 병사하였다.

외젠 라크루아

Eugène Lacroix, 1886~1964

외젠 라크루아는 나폴레옹 3세의 궁정 요리사였던 나수아Nassoy에게서 요리를 전수받았고 1921년에 독일 프랑크프루트에서 최초로 푸아 그라Foie gras 요리 및 맑은 자라 수프Tortue claire soupe을 고안하여 세계적인 명성을 얻었다.

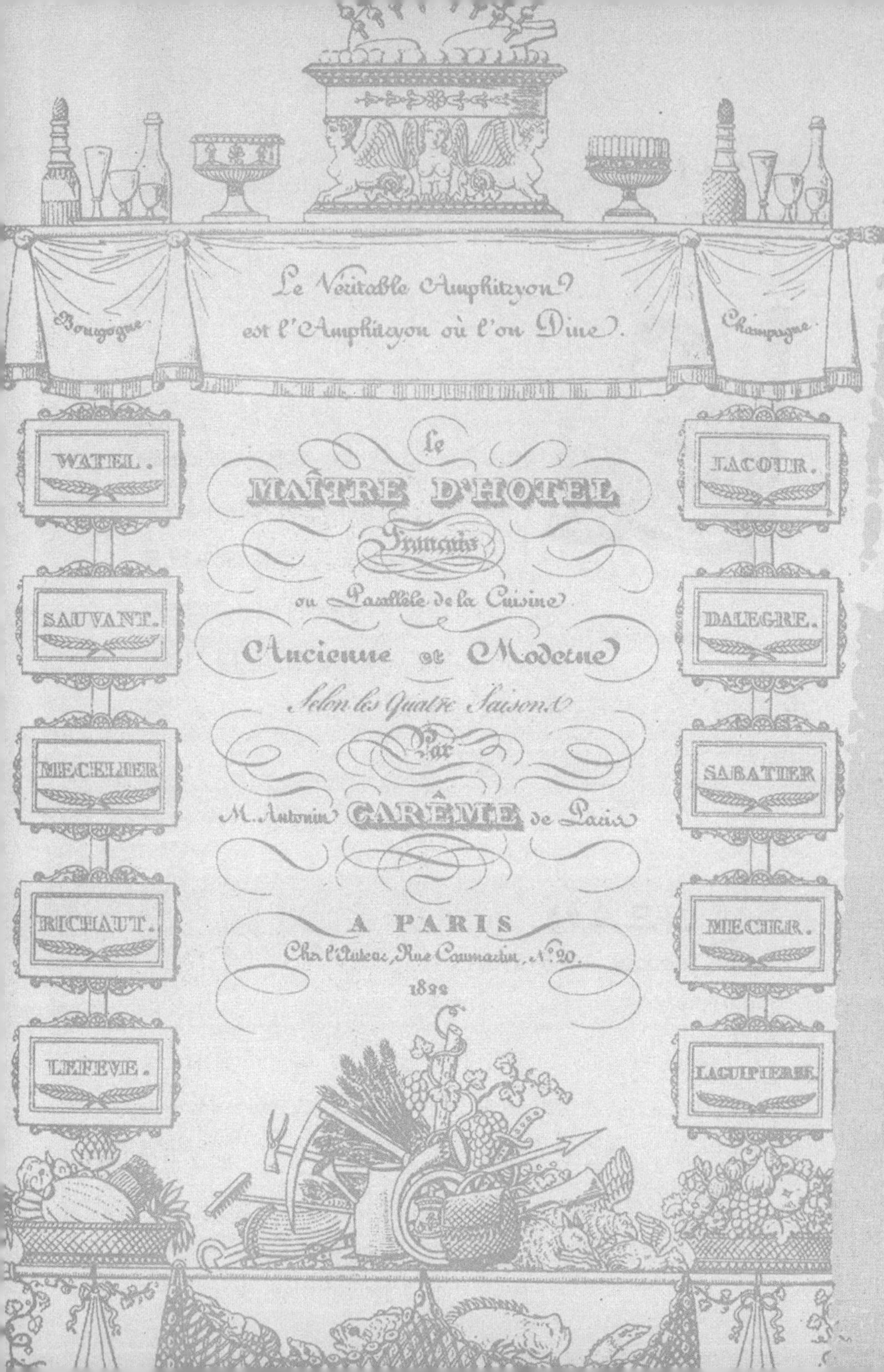
Le Véritable Amphitryon
est l'Amphitryon où l'on Dîne.

Bourgogne

Champagne

WATEL.

SAUVANT.

MECELIER

RICHAUT.

LEFEVE.

LACOUR.

DALEGRE.

SABATIER

MECHER.

LAGUIPIERE.

le
MAÎTRE D'HOTEL
Français
ou Parallèle de la Cuisine
Ancienne et Moderne
Selon les Quatre Saisons
Par
M. Antonin CARÊME de Paris

A PARIS
Chez l'Auteur, Rue Caumartin, N.° 20.
1822

부록

한국의 조리명장과 조리기능장

1호(2000) 한춘섭(1945 ~)
2호(2001) 박병학(1947 ~)
3호(2002) 이상정(1953 ~)
4호(2003) 강현우(1957 ~)
5호(2004) 정영도(1952 ~)
6호(2008) 운운술(1953 ~)
7호(2009) 이병우(1955 ~)
8호(2012) 서정희(1968 ~)
9호(2013) 이철기(1951 ~)
10호(2014) 박효남(1961 ~)
11호(2016) 김송기(1960 ~)
12호(2017) 조우현(1965 ~)
13호(2018) 박대순(1971 ~)

조리명장

대한민국의 '조리명장'은 조리산업 현장이나 동일 분야에서 20년 이상 종사하면서 장인 정신이 투철하고 뛰어난 기능과 함께 기술 발전에 공헌한 인물에게 부여하는 공식적인 칭호이다. 한마디로 조리의 기술적 능력과 인격을 함께 갖춘 이 시대 최고의 조리장이다. 대한민국 정부는 1986년부터 명장 제도를 도입해서 운영하고 있으며, 명장에게는 명장 증서와 함께 휘장 및 일시장려금 2,000만 원이 지급된다. 명장으로 선정된 이후 동일 직종에 근무하는 동안 매년 기능장려금 95~285만 원이 연도별로 차등 지급되고, 그 외에도 해외산업시찰 등 각종 특전이 주어진다.

명장 1호 한춘섭 韓春燮, 1945 ~ , 양식

한춘섭 명장은 강원도에서 태어나 자연의 풍성함 속에서 어린 시절을 보냈고 스무 살 이후 상경하여 경양식점 종업원으로 조리 인생을 시작해서 대한민국 조리 명장 1호까지 오른 사람이다. 그는 이외에도 한국조리사회 명예회장, 특급 호텔 총주방장 협의회 부회장, 조리기능장 협의회 고문, 국가기술자격 검정 기능장 감독위원, 기능경기대회 심사위원 등 수많은 직책을 맡고 있으며 현재 한국관광대학 교수로 활동하고 있다. 그는 대통령상을 비롯해 '올해의 조리인상' 등 많은 상을 수상했고 1999년부터 '서울 국제요리축제', '서울 세계음식박람회'의 추진위원장으로서 우리 음식문화 발전에 크게 기여하고 있다.

대한민국 조리명장 1호

한 명장은 조리의 분야에서 최고의 명예와 권위를 인정받았지만 미각을 잃어버려 절망했던 어려운 시절도 있었다. 서양음식을 전공한 그는 "모든 음식은 소스에서 시작하고 소스로 끝난다."는 지론을 가지고 서양음식들의 소스를 연구하여 다양한 재료를 섞어 국내 순수 소스를 개발하는 데 열중하고 있다. 그는 국산 재료에 이 소스만 넣으면 음식의 독특한 맛을 낼 수 있다고 생각하여 특별히 조리기술이 없는 사람일지라도 한식의 맛을 낼 수 있게끔 하려는 것이다.

이처럼 그는 개인적 노력과 함께 다양한 방법을 통해 한식의 세계화에

앞장서고 있다. 지금은 타이 음식이 세계인들의 입맛을 돋우고 있지만 한 명장은 초기의 타이 음식에 대해 "나도 먹기가 힘들 정도로 맛이 별로였다."고 회고한다. 그는 타이 음식, 일본 음식이 세계화된 데에는 국가적인 지원이 있었기 때문이라고 말한다. 한식의 세계화도 국가적 차원에서 시도될 성질이지만 아직은 미온적인 입장이다. 누군가는 이러한 한식의 세계화 운동에 나서야 한다는 생각에 1999년 '조리인의 날'을 제정하고 2000년부터 세계 음식박람회를 개최한다.

명장 2호 박병학 朴炳學, 1947 ~ , 일식

대한민국 조리명장 2호

국내의 몇 안 되는 복요리 기능장인 박병학 명장은 2001년 대한민국 기능명장으로 선정되었다. 조리 직종에서 기능명장이 탄생한 것은 두 번째이며, 일식 분야에서는 처음이다. 박 명장은 16세에 처음으로 요리를 시작해서 1970년대 초 서울의 도큐 호텔과 당시 최고의 명성을 날리던 일본요리 전문점 이즈미, 신라 호텔의 아리아케 등을 거쳐 롯데 호텔에 입사해서 20년 이상 근속하면서 요리팀의 책임자 역할을 해왔다. 그는 세종대 사회교육원 동양조리 담당 강사를 역임하고 경희대 호텔관광 조리과학과의 겸임교수를 맡았으며, 현재는 신흥대 교수로 재직 중이다.

박 명장은 탄광촌이 밀집한 문경에서 3살 때 아버지를 잃고 어머니 슬하에서 9살 위인 형과 함께 가난한 어린 시절을 보냈다. 그는 철이 들면서 더 넓은 세상으로 나가겠다는 결심을 하고 상경하여 타향살이의 어려움을 겪던 끝에 당시 일본과의 외교 수립으로 한 · 일관계가 눈에 띄게 발전되는 것을 지켜보면서 일본 요리 공부에 본격적으로 뛰어들었다. 처음에 그는 생계수단으로 일식 조리사의 길로 발을 들여놓았지만 일단 조리사로 들어서고 나서는 일식 요리의 매력에 흠뻑 빠져들게 되었다. 그는 힘든 시절을 딛고 일어서서 스스로 이루어낸 노력의 결과로 눈에 띠게 왕성한 활동을 하고 있으며 그런 만큼 조리사로서 최고의 자리에까지 오르게 되었다. 그러나 그만의 남다른 노력이 없었다면 힘들고 고된 과정만이 있었을 뿐 오늘과 같은 명장의 자리까지는 오르지 못했을지 모른다.

박 명장은 40년 가깝게 일식 조리사로 일하면서 쌓아온 노하우를 이용하여 일본요리 서적 출간에도 힘을 쏟았고 《기본 일본요리》(1995), 교육부 제 6차 실업계 고교 교과서의 외국조리 중 《일식요리》(1998), 교육부 제 7차 실업계 고교 교과서 《관광조리》(1999) 등을 집필하였다.

명장 3호 이상정 李相正, 1953 ~ , 양식

인간 승리의 주역인 이상정 조리명장은 2002년 9월 노동부와 산업인력공단의 공인 조리 분야 명장으로 선정된 인물로서 '대한민국 조리명장 3호' 이자 '창작 조리의 달인' 으로 칭송된다. 그는 명실공히 한국의 프랑스 요리 최고의 실력자이다. 그는 중학교 졸업이라는 최종 학력으로 접시닦이부터 시작하여 조리사로 일하면서 고등학교를 졸업하고 대학에 진학해서 호텔관광 외식경영 석사학위를 취득했다. 그는 경기대학교에서 박사학위를 취

대한민국 요리명장 3호

득한 후에 대학 교수의 자리에 올랐다.

이 명장은 수상경력도 화려하다. 그는 국제 요리대회에서 우수한 성적으로 여러 차례 입상을 했고 2002년에는 대한민국 '올해의 명장(조리 부문)'으로 뽑혔다. 또한 1991년 제1회 서울 인터살롱 요리경연대회에서 금상을 받은 것을 시작으로 국내외 조리경연대회에서 수십 개의 상을 휩쓸었다. 2002년에는 노동부에서 인증하는 조리명장으로 선정돼 조리 분야의 최고 반열에 올랐다. 이 명장은 "현장에서 터득한 조리기술과 음식에 대한 철학을 학생들에게 전해 훌륭한 요리인을 양성하는 데 남은 생을 바치겠다."고 포부를 밝혔다. 그는 부산 해운대 메리어트호텔 총주방장을 거쳐 부산의 영산대 조리학부 전임교수와 서정대를 거쳐, 현재는 청운대학교에 교수로 재직 중이다.

명장 4호 강현우 姜鉉又, 1957~ , 한식

삼성 에버랜드에서 조리실장으로 일하고 있는 강현우 명장은 대한민국 조리명장 4호이다. 정부가 조리부문 명장을 뽑은 것은 올해가 4번째로 호텔이 아닌 일반 기업체 소속 조리사가 국내에서 가장 우수한 조리사로 인정받기는 강 명장이 처음이다. 그는 중학교를 졸업하자마자 "밥은 안 굶고 살겠지." 하는 막연한 기대 하나로 주방에 첫 발을 디딘 후 급식 사업체에서 경력을 쌓다 보니 전공인 한식부터 일식, 양식, 중식, 복어 요리까지 못하는 음식 분야가 없다.

강 명장은 1982년에 삼성 에버랜드 유통 사업부에 입사하여 20년 넘게 조리에만 몰두해 왔다. 입사 이후 독학으로 부산대 산업경영학과 교육과정을 이수하고 오십 세를 코앞에 둔 2001년에는 이탈리아의 조리학교 ICIF를 졸업하는 만학열과 도전 정신을 발휘해 내실을 쌓아온 것도 오늘날 조리명장이 된 기반이 되었다. 그는 "음식은 배움에 끝이 없다."고 말하면서도 "지금까지 조리 공부에만 매달리느라 변변한 취미 하나 없다."고 말했다. 그는 생선 요리가 전공이며 생선 요리 중에서도 복어 요리가 가장 자신 있는 분야라고 밝혔다.

대한민국 요리명장 4호

강 명장은 명장의 영예를 안았지만 생활은 달라진 것이 없다. "한때는 예약제 레스토랑을 여는 꿈도 있었지만, 지금은 현재 일에 만족하고 있다."면서 "앞으로 고객과 사회를 위해 더욱 봉사하고, 후배 육성에 힘을 기울이고 싶다."는 것이 강 명장의 계획이다. 그는 2008년 영산대학교 한국식품조리학과교수로 영전하였다.

명장 5호 정영도 1952 ~ , 양식

프레지던트 호텔에서 조리 분야의 출신으로 이사의 타이틀을 따낸 정영도 명장은 대한민국 5호 조리명장으로 선발되었다. 정 이사는 조리명장의 반열에 오른 기쁨을 호텔 직원 모두와 나누고 싶다고 소감을 밝히며 주위

대한민국 조리명장 5호

의 부러움을 사고 있다.

정 이사는 경북 포항 출신으로 1969년에 처음으로 요리와 인연을 맺었다. 그는 고등학교 과정을 간신히 마친 후 너무 배가 고파 접시닦이로 취업한 대전시 유성구의 한 관광호텔에서 인생의 운명을 결정하였다. 그는 손님들이 남긴 밥을 먹으면서 주방장의 어깨너머로 요리를 배웠다. 또 요리를 배우기 위해서라면 어떤 부당한 대우도 모두 이겨냈고 이런 성실함을 바탕으로 요리보조로 승격하여 1973년에야 처음으로 손님상에 오르는 요리를 만들 수 있었다.

정 이사는 이후 퍼시픽 호텔, 앰배서더 호텔 등에 스카우트되었고, 63빌딩 식당을 총괄하는 대생 기업(63시티) 주방장 등을 거쳐 2000년에 지금의 프레지던트 호텔 부장급으로 자리를 옮겼다. 그는 2004년 노동부가 선정하는 요리 명장에 뽑히면서 국내 최고의 자리에 올랐고 접시닦이를 시작한 지 35년 만에 조리사 출신이 임원이 되는 영광도 누렸다. 그리고 2005년에는 동탑 산업훈장을 품에 안았다.

정 이사는 지금까지 조리 인생을 살아오면서 그 세월이 늘 순탄치만은 않았지만 끝없는 인내와 수련 과정이 결국 그를 조리명장으로 만든 원동력이 되었다. 그 동안 그가 국내 요리산업 발전에 기여한 공로도 적지 않다. 그는 매년 개최되는 각종 요리대회에서 심사위원으로 활동하면서 물심양면으로 후배 양성에 공을 들이는가 하면 직접 경연대회에 참여해 새로운 요리들을 선보이는 등 늘 연구하는 자세를 잃지 않고 있다. 특히 정 이사는 일평생 조리인생에서 배우고 익힌 노하우와 조리기술을 정리한 《식품조리 재료학》(2003) 책을 발간해 한국 조리기술 분야를 한 단계 높였다는 평가를 받고 있다. 지난 2002년에는 문화관광부 장관으로부터 한국 조리문화 발전에 공헌한 기여로 표창장을 수여받기도 했다.

명장 6호 문문술 文文述, 1953 ~ , 양식

대한민국 조리명장 6호

일찍이 고교시절부터 요리로 진로방향을 정하고 지금까지 요리 분야에서 최고가 되기 위해 노력한 문문술 명장은 30년 이상 요리 분야에 종사해오면서 1996년에 조리기능장을 취득했고 롯데 호텔, 청와대 수석주방장, 메이필드 호텔을 거쳐 현재 서정대학교 교수로 재직하면서 조리기능의 우수성을 펼쳐 보이고 있는 장인이다.

특히, 그의 뛰어난 조리 실력은 1998년 4월부터 청와대 주방 책임자로 발탁되어 인정받았고 외국 대통령 등 국빈 방문 시 만찬에서 우리음식으로 식단을 개발하여 제공함으로써 우리 음식문화의 우수성을 알리는 데 기여한 바가 크다.

또한 문 명장은 국내 최초로 1989년 1월 프랑스 리옹에서 개최된 '보퀴즈 도르Bocuse d'or 세계요리경진대회'에 한국대표로 개인전에 출전하였다. 1991년도에는 한국관광공사가 주관한 제1회 서울 국제 요리대회에서 더운 음식 부분 금상, 찬 음식 부문 은상을 수상하는 등 각종 대회에서 수상 경력도 화려하다. 한편 그는 롯데 호텔 근무시절 호텔 내의 생산성관리지도자로서 직원들의 생산성과 직원자질을 크게 향상시켜 1995년, 전국 품질분임조 경진대회에서 대통령상 은상을 수상한 요리경영인이기도 하다.

그는 현재 서정대학 교수로 재직 중이다.

명장 7호 이병우 李炳雨, 1955 ~ , 양식

대한민국 조리명장 7호

2010년 8월 12일 롯데호텔 서울 조리 분야를 총괄하고 있는 총주방장 이병우 이사가 2010년 대한민국 '조리명장'으로 선발되었다.

대한민국 명장 제7호 이병우 이사는 1982년 롯데호텔에 입사해 지금은 롯데호텔 서울, 잠실월드, 제주, 울산 등 전 체인의 호텔 주방 총괄 책임을 맡고 있다.

그는 요리인으로는 처음으로 지난 2009년 12월 정부로부터 '석탑산업훈장'을 수상했으며, 국제기능올림픽대회를 비롯해 세계적인 요리대회의 메달리스트 제조기로 통한다.

또한 후학 양성에 관심이 많아 호텔에서 일하는 직원 중에서 재능이 보이는 젊은 요리사를 선발하여 교육을 통해 국제기능올림픽에서 동양인 최초로 요리 부문 메달(2009년 금메달, 2001년 은메달)을 획득할 수 있게 지도한 것은 물론 1990년대 초 일찍이 독일 세계요리올림픽과 싱가포르 살롱 퀼리네르Salon Culinaire 대회 등 국제적인 요리대회에서 한국 대표팀을 승리로 이끌었다.

그리고 퓨전 요리와 슬로우 푸드를 한국에서 가장 먼저 소개하고 한식 세계화에 앞장서며 추진위원으로 활동하는 등 국내 요리업계에 큰 반향을 일으킨 인물 중 한 명으로 손꼽힌다.

요리사로서의 경력과 사내외 수상 실적, 조리 분야 발전 기여도 등 종합적인 심사를 거쳐 선정된 그는 특급호텔 유일의 조리명장으로, 1986년부터 시작돼 명장 반열에 오른 최고 기능인 496명 중 조리 분야 명장은 올해 선정된 이병우 명장을 포함해 단 7명뿐이다.

명장 8호 서정희 1968 ~ , 중식

서정희 명장은 부산기계공고 2학년 때 가정형편이 어려워 주말과 방학 때 중국집에서 철가방을 들고 배달 아르바이트를 한 것이 계기가 되어, 벌써 32년째 중국 요리사의 길을 걷고 있다. 고등학교 졸업 후 부산에 소재한 중국 요리집 주방에서 7년 동안 일하며 중국 요리 전반에 대한 기술을 익혔고, 이후 20평 남짓한 가게를 임대해 10년 동안 경영하면서, 1998년부터 추석, 설 명절에 중국 본토를 방문하여 중국 요리를 공부하면서 실험하고 발전시켜왔다. 2002년부터는 부산 동래구 온천동에 고급 중식당 〈아방궁〉을 개장해 배달영업을 하지 않는 전문 중식

대한민국 조리명장 8호

당으로서 품격과 맛있고 창의적인 중국 요리를 만들어내는데 심혈을 기울여 장사가 잘되었다.

그의 조리기술이 인정되어 2005년에는 조리기능장을 취득했고, 중국 요리사로서 완벽한 지식을 갖추기 위해 지역대학의 조리학과에 입학해 조리지식과 기능을 익히는 한편, 대학원 석사과정까지 마쳤다. 그동안의 연구 성과를 모아 중국 요리책 3권을 펴냈고, 팔보오리탕, 새우녹즙면말이칠리, 참마튀김, 전복장어 4건의 특허를 취득했으며, 중국요리 발전과 표준화된 조리법 전수를 위해 부산에서 '중식발전연구회'를 창립해 조리기술을 전수하고 후배조리사들이 산업기사와 조리기능사 자격을 취득하는 데 도움을 주고 있다. 이런 노력이 인정되어 2010년에는 소상공인경진대회에서 국가산업발전에 이바지한 공로로 국무총리 표창을 받았고, 2011년 6월에는 중국 요리사로는 처음으로 '신지식인'에 선정되었다. 2011년 8월, (사)한국조리사회 부산시지회장을 맡은 뒤에는 향토기업체인 (주)무학등의 후원을 주선해 어려운 형편에서 조리공부에 매진하는 조리전공 학생들에게 연간 1천 만 원의 장학금을 전달하고, 부산지역의 음식관련 축제나 행사 때 요리대회 대회장을 맡아 적극 참여하고 봉사하는 등 나름대로 부산외식문화 발전에 이바지해왔다. 그는 또 평소 음식은 서비스와 봉사라는 생각을 가지고 있던 차에 IMF 경제위기를 겪은 뒤 빈곤가정이 늘어나고 결식아동들이 생겨나자 동래지역에서 중국음식점을 운영하는 이들을 모아 '중식봉사협회'를 창립해 음식을 대접하는 나눔 봉사활동을 18년째 한결같이 펼쳐오고 있다. 또한 지역사회를 위해 고생하는 전·의경 부대원과 부산 53사단 군장병들, 해군사관학교, 농촌지역 어르신들을 위한 짜

장면 대접을 지금도 변함없이 해오고 있다. 서 명장은 국가와 지역발전에 30년 동안 조리인으로서 노력한 결과 2012년 대한민국 요리명장에 선정되었으며, 2013년 소상공인경진대회에서 대통령산업포장증을 받으면서 2015년 3월부터는 경남정보대학교에서 교수로 재직하면서 경성대학교 대학원에서 외식경영학박사 학위취득을 하였다. 그는 대한민국 소상공인의 한 사람으로서 진정한 인간 승리를 하였다고 자부한다. 대한민국의 명장으로서 그 이름에 걸맞게 온 힘을 다해 후학들에게 기술을 전수할 생각인 그는 세계 요리들의 체계적인 교육과 전수를 위해 요리박물관을 설립하려는 계획을 평생의 꿈으로 간직하며, 삶의 마지막 순간까지 주방에서 음식을 개발하고 조리기술을 전수하는 데 전력을 다할 생각이다.

자료 : 대한민국 명장회 http://kmasterhand.or.kr

명장 9호 이철기 1951 ~ , 양식

대한민국 조리명장 9호

2013년 대한민국 조리명장으로 선정된 이철기 명장은 어린 시절 어려운 가정형편으로 상급학교 진학을 뒤로한 채 유명한 요리사가 되겠다는 포부를 안고 서울로 상경하였다. 서울의 유명한 음식점에서 요리사로서의 기초를 닦기 시작한 그는 당시 종로 4가의 한정식 집 '백합정'과 신촌의 '거구장'에서 요리사의 꿈을 키웠다. 두 식당에서 10년간 궂은일을 하며 요리에 눈을 뜬 그는 친한 선배의 도움을 받아 호텔 식당으로 자리를 옮길 수 있었다. 열심히 일한 덕분에 그는 1978년 프라자 호텔에서 일하게 되었고, 1978년~1996년까지 쉐라톤 워커힐 호텔에 근무하면서 프랑스 요리 전문가가 되었다. 특히 관광 외식산업에 관심을 가지고 한국 음식의 세계화를 위해 노력한 그는 '요리 외교관' 역할도 톡톡히 해냈다. 2001년에는 (주)삼정인터내셔널에서 총주방장으로 근무하면서 조리과정 및 주방 동선 개선 등 효율적인 주방 환경, 주문식 뷔페 메뉴 개발, 디저트 제공 시 워드 페인팅(디저트용 접시에 계절과 고객 특성을 살린 문구를 만들어 넣는 것) 활용, 양식 세트 메뉴 코스 단축 등으로 매년 인건비 절감과 1억 원 이상의 매출 증대에 크게 기여하였다. 2005년 조리기능장에 오른 그는 계절별 특별 메뉴 개발, 우리나라 식자재를 이용하여 내 · 외국인의 입맛에 맞는 퓨전요리 개발을 위한 조리표준 매뉴얼 작성 등 한국 음식의 관광산업화 및 세계화에 기여한 공로로 문화부 장관상을 수상하는 등 요리에 대한 열정은 자타가 인정할 정도이다. 그가 만든 퓨전요리로는 '들깨를 넣은 된장소스와 송어 절임', '유자소스와 해산물 샐러드', '홍삼 간장소스와 양갈비구이' 등이 있다. 또한, 조리 품질 개선과 안전사고 예방에 노력한 공로로 2006년 식품의약품안전처장 표창, 서울 세계관광음식박람회 조리사 기능경기대회에서 노동부 장관상을 받았다. 이외에도 1992년 싱가폴 FHA 국제요리경연대회에 한국대표로 참가하여 금메달을 수상하는 등 각종 국제요리대회에서 10여 차례 수상을 기록하였다. 2008년 8월부터 2012년 6월까지 엘비젼 총주방장으로 있을 때에는 은탑 산업훈장(2011)을 받았으며, 2013년 국내 9명의 조리명장 중 유일하게 프랑스 요리 부문 명장으로 선정되기도 하였다. 그는 요리에 대한 열정뿐만 아니라 사랑의 시신기증운동에도 동참하여 부부 모두 연세대학교 의과대학에 사후 시신 기증을 서약함으로써 베풂과 나눔을 통한 사랑의 실천에도 앞장서고 있다. 또한, 2003년부터 홀트아동복지회 회원으로 가족 모두 참여하여 미혼모 자녀 및 해외입양아의 초기 보호자 역할을 하는 등 사회봉사활동에도 솔선수범하는 진정한 기능한국인이다. 이 명장은 "요리를 처음 시작하던 무렵에는 요리사를 천대하는 세간의 인식으로 심적 고통이 많았다."면서 "그러나 천직인 요리를 하는 동안은 즐겁고 행복했고, 지금도 그렇다."라고 말한다. 또 "최고의 요리사가 되는 길은 겸손한 마음과 즐거운 마음으로 끊임없이 노력하는 것"이라는 조언도 아끼지 않는다.

자료 : 2017 기특한 기자단 장유성 기자

명장 10호 박효남 1961 ~ , 양식

대한민국 조리명장 10호

한식과 양식, 프랑스 요리 전문가인 박효남 명장은 학력이 아닌 기술과 능력으로 최고의 셰프 자리에 오른 자신의 경험을 바탕으로 후배들에게 '기술과 능력을 가진 사람 또한 사회의 리더가 될 수 있다' 고 말한다. 강원도 고성 두메산골에서 유년시절을 보낸 그는 어린나이에 농사일이 바쁜 부모님을 대신하여 친구들과 함께 소여물 주는 일을 도왔다. 이때 그는 친구들에게 감자로 간식을 만들어주며 요리에 점차 재미를 가지게 되었다. 주변에서 흔하게 접할 수 있었던 감자를 이용해, 자신만의 감자요리 방법을 연구하곤 하였다. 이후 그는 중학교 졸업장과 요리자격증만 들고 주방문을 두드렸다. 주방의 막내로 일을 시작했을 때, 그가 처음 손질한 재료도 바로 감자였다. 주방에 산더미같이 쌓인 감자를 깎기 시작하며 그는 요리사로서의 기술을 배워나갔다.

박 명장은 주방의 뜨거운 열기 속에서 최고의 요리사가 되기 위해 요리 기술을 연마하였다. 뜨거운 주방의 열을 못 이겨내고 온도계가 멈추는 일도 생겼다. 호텔 주방 보조에서부터 차곡차곡 실력을 다져온 그는 전 세계 힐튼 호텔 최초 현지인 총주방장으로 올라서기까지 했다. 끊임없는 노력으로 기술을 쌓아온 박 명장에게는 최연소 이사 승진, 요리사 최초 프랑스 정부 농업훈장 수여 등 항상 '최초'라는 단어가 뒤따랐다. 자신이 하고 싶은 일을 찾아 기술을 닦기 위해 특성화고와 전문학교에 진학한 후배 숙련기술인들이 꿈을 실현할 수 있도록 많은 도움을 주고 싶다는 그는 35년간의 요리 인생을 지내오며 기술과 능력으로 요리 분야 최고의 자리에 올라, 2014년도에는 요리 분야 대한민국 명장으로 선정되었다. 요리 분야 최고의 자리에 오른 그는 유명 글로벌 호텔 총주방장 자리를 떠나 세종 호텔의 총주방장이 되었다. 글로벌체인 호텔에 뒤지지 않는 국내 호텔을 만들고 싶었기 때문이다. 더불어 후배 숙련기술인 양성을 위해 최근 세종사이버대학교 교수로서 강단에 서서 학력 없이 기술과 능력만으로 요리 분야 최고의 자리에 오른 그의 현장 노하우를 학생들에게 아낌없이 전수하고 있다.

자료 : 2016년 고용노동부 보도자료

명장 11호 김송기 1960 ~ , 양식

대한민국 조리명장 11호

은은한 조명과 화려한 인테리어의 레스토랑을 지나 복도 문을 열면 철제 선반 사이로 물에 잠긴 야채, 밀가루 포대 등이 보인다. 주방 복도를 몇 차례 꺾어 안쪽의 사무실 문을 열면 1982년 입사 이래로 35년간 롯데 호텔에 몸담아 온 총주방장 김송기 명장을 만날 수 있다. 지금처럼 셰프가 젊은 이들의 꿈이 아니던 시절, 남자가 앞치마 매면 큰일 나는 줄 알았던 시절, 김 명장은 조리학과를 나와서 호텔 주방으로 들어갔다. 처음에는 이 길이 나의 길이라는 생각도 없었고 1~2년만 해보다 안 되면 다른 일을 하자고 생각했다. 그런데 일을 하다 보니 어려움도 있었지만 재미도 있었고, 학교에서 배우는 것보다 현장에서의 즐거움을 더 느꼈다. 마침 86아시안게임, 88올림픽 등을 통해 요리사가 각광받기 시작했고, 국가 차원에서 요리를 지원하는 등 사회문화적으로 요리사의 위상이 달라졌다. 우리는 주방장을 '셰프' 로만 알고 있지만, 트레이닝에 들어오면 서드쿡, 세컨쿡, 퍼스트쿡을 거쳐 섹션셰프, 어시스턴트 섹션셰프, 헤드셰프, 수셰프, 어시스턴트 수셰프 등 총주방장에 오기까지 11단계를 거쳐야 한다. 롯데 호텔에서 부산과 울산에 호텔을 세울 때, 김 명장은 지방 근무를 자청하여 오픈 프로젝트를 진행하기도 하였다. 구매부터 메뉴, 주방 레이아웃, 직원 교육, 컨설팅 등 호텔에 들어가는 레스토랑 관련 전 분야를 다 섭렵하였고, 서울과 다른 지방 분위기도 느낄 수 있었다. 그렇게 한 번씩 내려갔다 오면 스스로도 부쩍 성장했다고 느꼈고, 주변에서도 그렇게 느꼈다. 지금은 호텔을 오픈한다고 하면 서로 내려가려고 하지만 그때만 해도 지방 발령은 좌천과 다름없었기에 김 명장의 행보에 의문을 가지는 사람도 많았다고 한다. 하지만 김 명장의 성장을 지켜본 사람들은 지방 근무를 자청하게 되었다. 그가 직장 문화를 바꾼 것이다. "변하려면 주변이 바뀌는 게 아니라 자기 몸통이 바뀌어야 해요. 한 곳에 안주해 있으면 변하기 힘듭니다." 하지만 이렇게 당당하게 말하는 그도 직장생활에서 가장 힘든 순간이 언제였냐는 물음에, 사이사이 결단을 내려야 했던 순간들이 힘들었다고 말한다. 부산 호텔로 자청해서 가겠다고 했지만, 막상 부산역에 홀로 내리자 '연고도 없는 여기에 나는 왜 왔지? 돌아갈까?' 하는 막막함이 앞섰고, 일을 할 때도 매 순간 '직원 트레이닝에 성공할 수 있을까? 오프닝을 차질 없이 할 수 있을까?' 같은 걱정이 앞섰다. 하지만 그 두려움의 순간들이 그를 키웠고, 남들이 가지 않으려는 길을 갔던 게 결과적으로 좋은 선택이었다.

요리사 분야의 명장이 되려면 한 파트만 알아서는 안 되고 모든 요리를 알아야 한다. 김 명장은 처음에 양식당으로 들어와 데판야끼를 하는 일식당에서 2년, 한식당(무궁화)에서 1년, 카페 가드니아와 라쎄느(뷔페)까지 거의 모든 업장을 거쳤고, 전두환 대통령부터 현 문재인 대통령까지 모든 국빈 만찬에 나갔다. 지금까지 요리 분야에는 11명의 명장이 있는데, 그중 5명이 롯데 호텔 출신이라고 한다. 다른 호텔에 비해 롯데 호텔은 자기계발을 장려하고, 여유가 있는 편이라 지방에는 롯데 호텔 출신의 교수들도 많고, 현재 근무하는 500여 명의 요리사 중 기능장만 50명이 넘는다고 한다.

물론 직장의 분위기도 한몫 했겠지만 김 명장의 부지런함도 타의추종을 불허한다. 지금까지 6권의 요리책을 출간했으며, 특허도 5개나 땄다. 오디된장, 김천 포도로 만든 스테이크 소스, 여주 소스 등 우리나라 각 지역의 특산물로 만든 요리들이 특허를 획득했다. 또한 그는 석 · 박사과정을 밟으면서 명장을 준비했고, 2011년에 기능장을 땄다. 나이 먹어 공부하는 게 쉽지 않지만, 시동을 한번 걸면 그 뒤로는 쭉 할 수 있게 된다고 한다.

자료 : 웹진 〈다들〉 https://webzine.smile.seoul.kr

명장 12호 조우현 1965 ~ , 양식

대한민국 조리명장 12호

조우현 명장은 한국의 식재료와 요리법을 응용한 요리를 개발하여 국가대표 감독으로 요리 올림픽, 월드컵에서 수상하였다. 국내 재료와 이탈리아 음식을 접목한 퓨전요리 기술 보유, 대체 식량인 곤충요리 개발 등 꾸준한 메뉴 연구개발 중인 그는 우수숙련기술자(고용노동부, 2015), 우리 농산물 요리 경연대회(농림축산식품부, 2016) 대상 등 다수의 경연에서 입상 경력을 보유하고 있다. 또한 숙련기술 관련 특강, 숙련기술과 관련한 출제위원, 지역사회단체 봉사활동도 하고 있다. 그는 1992년~1995년 그랜드힐튼 호텔, 1995년~1997년 (주)태극당 외식사업부, 1999년~2006년 (주)한그림 외식사업부를 거쳐 2005년 서울특별시장 표창장 수상, 2008년 독일요리올림픽 국가대표 은 · 동상 수상, 2013년 농림축산식품부 장관상 수상, 2014년 룩셈부르크 요리월드컵 국가대표 은 · 동상을 수상하였다.

자료 : 대한민국 명장회 http://kmasterhand.or.kr

명장 13호 박대순 1971 ~ , 한식

박대순 명장은 고용노동부에서 정한 우수 숙련기술자로서 국내외 요리대회에 출전하여 금메달 등을 수상함으로써 한식의 세계화 및 대한민국의 위상을 높이는 데 힘쓰고 있다. 또한 기능경기대회 등 국내외 요리대회 심사위원으로도 활동하고 있으며, 식문화 개선 및 음식문화의 대중화를 위해 노력하고, 사회 취약계층을 위한 꾸준한 봉사활동뿐만 아니라 후배들의 멘토 역할도 하고 있다.

대한민국 조리명장 13호

조리기능장

조리기능장은 대한민국에서 조리기능계 기술 자격의 등급 중에서 가장 높은 최고 등급이다. 기능사 1급 자격을 얻은 후에 기능대학을 졸업하고 7년 이상 실무에 종사한 사람으로서 국가기술자격법에 의하여 경력 심사나 실기 시험에 합격한 사람에게 주어지는 자격이 기능장이다. 아래의 조리기능장 명단은 조리기능장을 취득한 날짜순으로 작성된 것이다. 매년 500명 이상이 시험을 치며 1년에 2회 실시하고 한회에 약 1~20여 명이 합격을 하고 있다. 2019년 12월 31일 기준 임성빈 외 600여 명의 조리기능장이 배출되었다.

다음의 명단은 기능장 자격검정 취득년월을 기준으로 한 순서이다.

대한민국 조리기능장 600인(2019년 12월 31일 기준)

임성빈, 김희근, 오영섭, 이순옥, 이인성, 한춘섭, 한형우, 김두석, 문동일, 강현우, 김지연, 박미숙, 박병학, 조용범, 한복진, 김경덕, 문문술, 정계임, 최민경, 권오천, 김문정, 봉준호, 송청락, 유명곤, 이광일, 이충신, 조재철, 이보순, 이숙영, 추상용, 김성옥, 박순늠, 이상정, 이우숙, 이재상, 임관택, 임홍식, 양명순, 염진철, 윤석호, 윤옥희, 위경춘, 주종찬, 정현숙, 김보성, 김성국, 김재숙, 고승정, 노수정, 문창희, 신두임, 이기엽, 이권복, 이동순, 이정희, 오순덕, 정수근, 홍영한, 신용은,

오미영, 이상범, 정영주, 김옥란, 김유선, 손영진, 유경민, 윤경섭, 이동기, 이동열, 정순영, 조우현, 주덕성, 한성만, 이세희, 이종필, 임인숙, 장명하, 정운석, 천덕상, 김동수, 김종옥, 이경희, 이봉춘, 이수철, 전정원, 한병렬, 안종철, 서민석, 김화준, 정수식, 복혜자, 유태일, 복종대, 허 정, 안형상, 장록기, 김영옥, 강옥구, 김충호, 백영란, 진영일, 김봉곤, 김병필, 이교찬, 이동길, 이선호, 전경철, 전태홍, 차 원, 강명숙, 김용숙, 김호석, 박홍섭, 윤인자, 양만배, 최경묵, 하태기, 백은진, 서정희, 안선홍, 양동호, 이세희, 장철호, 장형심, 정재한, 조성용, 최영진, 김기륜, 김상태, 김찬성, 송수익, 이재현, 이철기, 주인숙, 허영욱, 변재옥, 김덕희, 김경수, 김윤자, 박영숙, 박점선, 송태정, 안정희, 이경래, 전순주, 차계환, 최영준, 최진흔, 최재정, 최혜숙, 탁인환, 배은자, 이우철, 양행선, 정광열, 최진환, 김광오, 김양천, 서상석, 윤수선, 이동근, 최봉순, 김억찬, 김정미, 문혜자, 박범우, 박인수, 방종찬, 백승달, 차경옥, 최상대. 이홍균, 이태영, 조성순, 이만식, 김명숙, 이무형, 김동인, 류지나, 허정희, 김성근, 최성웅, 전기수, 이병국, 권병돈, 박경태, 김홍두, 김정순, 장상준, 김경환, 박종희, 이현석, 임윤희, 김창열, 김민혼, 임미자, 박노운, 이정기, 김준희, 박진수, 장귀수, 김명수, 이형수, 김세한, 김종귀, 이병우, 김성훈, 김은영, 이정희, 박보석, 조은주, 조미나, 김민아, 이용주, 이정애, 장용현, 박희숙, 김명숙, 김진종, 김정태, 공석길, 구원, 김기택, 김복님, 김성열, 김수희, 김형진, 박경재, 박종록, 배재두, 서보상, 신미경, 이성숙, 이성희, 이윤호, 이승철, 여경옥, 장순호, 김성구, 김종희, 안경애, 엄유희, 왕철주, 이동욱, 이순란, 이윤선, 한은주, 문영희, 최영호, 조영희, 김세환, 안경희, 표길택, 조영숙, 백원희, 전연규, 김동희, 박금기, 이성자, 임상희, 전미향, 정주혁, 이동석 외

조리기능장 시험정보

1. 응시자격: 응시자격에는 제한이 있다.

기술자격 소지자	관련학과 졸업자	비관련학과 졸업자	순수 경력자
• 동일(유사)분야기능장 • 산업기사 + 5년 • 기능사 + 7년 • 동일종목외 외국자격 취득자	해당직무분야 산업기사 또는 기능사자격취득 후 기능대학 기능장과정 이수자(예정자)	폐지	9년(동일, 유사 분야)

※ 관련학과: 전문대학 및 4년제 대학 이상의 학교에 개설되어 있는 조리학과, 조리과학과, 호텔조리과, 식품영양학 등(동일직무분야: 식품가공)

2. 시험과목 및 검정방법

구분	시험과목	검정방법 및 시험시간
필기시험	공중보건, 식품위생 및 관련 법규, 식품학, 조리이론 및 급식관리	객관식 4지 택일형, 60문항(60분)
실기시험	조리작업	작업형(5시간 정도)

3. 합격 기준: 필기 · 실기 – 100점을 만점으로 하여 60점 이상

4. 필기시험 면제: 필기시험에 합격한 자에 대하여는 필기시험 합격자 발표일로부터 2년간 필기시험을 면제한다.

자료 : [네이버 지식백과]조리기능장(자격증 사전, SS 직업문제연구소 편집부)

참고문헌

1. 국내문헌

고봉만 외 15인, **프랑스 문화예술**, 악의 꽃에서 샤넬 No5까지, 한길사, 2000.

김광오, 푸드코디네이터의 양식요리에 관한 중요도 평가, **경기대학교 석사학위논문**, 2003.

김광오 외, **코스별 서양요리**, 교문사, 2011.

김광오 외, **푸드코디네이트**, 교문사, 2005.

김복래, **프랑스가 들려주는 이야기**, 대한교과서, 1999.

김복래, **프랑스왕과 왕비**, 북코리아, 2007.

김원일, **정통서양요리**, 기문사, 1994.

김태형 외, *The Professional Chef*, 서울외국서적, 2004.

김형곤, **미국의 음식문화**, 역민사 1999.

다니엘 뷜루, **젊은 요리사를 위한 14가지 조언**, 월간조선사, 2006.

로버트 엘리엇, 유희수 옮김, **문명화 과정 : 매너의 역사**, 신서원, 1995.

마귈론 투생-사마, 이덕환 옮김, **먹거리의 역사(하)**, 까치, 2002.

만 프레드 베버 외, 이수호 옮김, **미각혁명가 페란 아드리아**, 들녘, 2008.

맛시모 몬타나리, 주경철 옮김, **유럽의 음식문화**, 새물결, 2001.

박현정 외, **키친 로망**, 시공사, 2008.

벵자맹 주아노 외, 김인호 옮김, **두 남자 프랑스 요리로 말을 걸어오다**, 한길사, 2004.

브리야 사바랭, 홍서연 옮김, **미식예찬**, 르네상스, 2006, p.22.

쓰지하라 야스오, 이정환 옮김, **음식 그 상식을 뒤엎는 역사**, 창해, 2002.

아니 위베르 AH, 클레르 부알로 CB, 변지현 옮김, **미식**, 창해, 2000.

유애령, **식문화의 뿌리를 찾아서**, 교보문고, 1997.

윤경화, **푸드데코레이션**, 대가, 2010.

이안 켈리, 채은진 옮김, **천재 파티시에 프랑스의 요리의 왕**, 말글 빛냄, 2005.

장 프랑수와 르벨, 한선혜 옮김, **요리솜씨의 역사**, 에디터, 2004.

전희정 · 이효지, **서양음식**, 교문사, 1996.

제이미 올리버, **제이미 올리버의 편안한 요리**, 삼성출판사, 2005.

조리교재발간위원회, **조리체계론**, 한국외식정보, 2002.

진양호, **서양조리입문**, 지구문화사, 1996.

최수근 외, **디저트의 이론과 실제**, 형설, 1998.

최수근, **프랑스요리의 이론과 실제**, 형설, 1993.

최수근 외, **요리와 소스**, 형설, 2003.

크리스토퍼 허버트, **메디치 가 이야기**, 생각의 나무, 1999.

킴벌리 위더스푼 외, 김은조 옮김, **세기의 쉐프 세기의 레스토랑**, 클라이닉스, 2005.

호텔 신라 서비스교육센터, **현대인을 위한 국제매너**, 김영사, 2002.

호텔 신라, **조리직무교재**, 호텔 신라, 1997.

Katie Stewart 저, 이성우 외 4인 역, **식과 요리의 세계사**, 동명사, 1999.

민영민, **영한대사전** , 랜덤하우스 1991.

브리태니커 세계대백과사전 제 23권, 한국브리태니커사, 1994.

월간식당, 2008년 12월호.

이희승, **국어대사전**, 민중서림, 1994.

정총송, **세계식품조리사전**, 문화사, 1997.

2. 국외문헌

Blond, G. et G., *Festins de tous les Temps. Fayard,* 1976.

Bocuse, P., *La Cuisine du Gibier-Bocuse. Flammarion,* 1994.

Bocuse, P., *La Cuisine du Mars. Flammarion,* 1976.

Brugel, M., *Histoire et Identites Alimentaires en Europe.* Hachette, 2002.

Chapel, A., *La Cuisine, c' est beaucoup plus que des Recettes.* Robert Laffont, 1980.

Chapel, A., *Les Recettes Originales de Alain Chapel.* Robert Laffont, 1980.

Dominique Spiess, *Encyclopedie des vins de Frannce,* Edita S.A., 1993.

Ducasse, A., *Spoon Food & Wine.* Conran, 2002.

Michel and Albert Roux, The Roux Brothers on Patisserie, QED, 1993.

Elbaz, S., *Restaurant de la Tour d' Argent.* Media France, 1985.

Fabienne Labeyrie, *Le Foie Gras,* Robert Laffont, 1989.

Favre, J., *Dictionnaire Universel de Cuisine Pratique.* Omnibus, 2006.

Flandrin, J. L., *Histoire de L' Alimentation.* Fayard, 2005.

Guerard, M., *La Grande Cuisne Minceur.* Robert Laffont, 1976.

Nicolas de Rabaudy, *la Haute Cuisine Française,* Minerva, 2000.

Rabaudy Nicolas, *Plus grands Chefs du Monde.* La Haute Cuisine Francaise.

Minerva, 2000.
Jacob, J.-P., *Les Recettes*. Emblematiques, 1985.
Loiseau, B., *Cuisine en Famille*. Albin Michel, 1997.
Matsuhisa, N., *The Cookbook*. Kodansha, 2001.
Meneau, M., *Musee Gourmand*. Chene, 1992.
Pariente, H. et De Ternant, G., *La Fabuleuse Histoire de la Cuisine Fançaise*. O. D. I. L, 1981.
Pothier, P., *Maxim' s Cent ans de Vie Parisienne*. Robert Laffont, 1990.
Poulain, J.-P., *Histoire de la Cuisine et des Cuisniers*. Editions LT, 2004.
Rambourg, P., *De la Cuisine a la Gastronomie*. Audibert, 2005.
Robuchon, J., *Cuisine Actuelle*. Macmillan London, 1991.
Robuchon, J., L' Atelier de Joel Robuchon. Hachette, 1996.
Robuchon, J., *Le meilleur & le plus simple de Robuchon*. Robert Laffont, 1992.
Robuchon, J., *Ma Cuisine pour Vous*. Robert Laffont, 1986.
Roux, A. and M., *The Roux Brothers Cooking for Two*. M. Patermac. 1991.
Rowley, A., *Les Français à Table*. Hachette, 1997.
Rowley, A., *La Fête Gastronomique*. Culture et Societe, 2005.
Sers, P., *La Cuisine avant 1914*. Sers, 1984.
THURIES Megazine
Toussaint-Samat, M., *Grande et Petite Histoire des Cuisiniers*. Robert Laffont, 1989.
Troisgros, P. et M., *Petits Plats des Troisgros*. Robert Laffont, 1985.

3. 기타, 인터넷 사이트

구글(http://www.google.co.kr/)
국민일보(2006-7-10)
국민일보(2001-10-12)
네이버(http://www.naver.com/)
뉴시스통신사(2008-6-17)
다음 백과사전(http://enc.daum.net/dic100/topView.do)
다음(http://www.daum.net/)
동아일보(2004-11-30)
서울경제신문(2003-09-14)

요리사랑(http://www.yorisarang.com)
위키백과(http://ko.wikipedia.org)
조선일보(2006-10-17)
진정한 조리인의 꿈(http://cafe.daum.net/chefstyle)
찰리트로터(http://www.charlietrotters.com/)
체스오브북(http://chestofbooks.com)
푸드스타일리스트(http://cafe.daum.net/foodstylist)
한국조리기능장회(http://www.kcmca.net)

찾아보기

ㅁ

ㅂ

ㅅ

ㅇ

ㅈ

ㅎ

A-Z

책을 마치며

진정한 요리인

나는 한 사람의 요리를 사랑하는 조리인으로서 아무나 진정한 요리인이 될 수 없고 또 되어서도 안 된다고 생각한다.

주위에는 흔히들 학업이나 사업에 실패한 사람들이 "요리나 해볼까?" 하고 왔다는 이야기를 자주 듣는다.
그때마다 나는 너무도 가슴이 아프다. 자기 직업에 자부심을 갖지 못하는 사람들이 어떻게 자기 요리에 긍지를 느낄 수 있을까?

투철한 직업의식만이 예술적 요리를 창조해 내리라 나는 믿는다.
진정한 조리인이란 항상 배우며 연구하고, 창조해야 하며 그 사람의 적성에도 맞아야 한다. 또한 손님의 목숨을 담보로 음식이 약이 되게 할 수도 있고 또 독이 되게 할 수도 있는, 즉 맛을 지휘하는 신성한 직업이 바로 우리 조리인이다.

조리인에게 있어서 건전한 사고방식과 건강한 육체, 또한 항상 청결함에 대한 위생 관념은 수백 번 아니, 수천 번을 강조해도 지나치지 않는다.
또한 조리인은 회사의 비싼 식자재를 이용하는 한 사람으로서 언제나 검소하고 아끼며 또 재활용하는 자세가 필요하다. 하지만 그것을 이유로 비싼 식자재의 사용을 두려워한다면 그 또한 훌륭한 요리사가 될 수 없을 것이다.

2010년 겨울 호텔 신라
주방장 김광오

스타 셰프 110인의 생생한 삶과 세계음식문화

위대한 요리장 110인의 인물로 본

세계음식문화

2020년 2월 26일 초판 인쇄 | 2020년 3월 6일 초판 발행

지은이 | 김광오
펴낸이 | 류원식
편집부장 | 모은영
책임진행 | 이유나
본문편집 | 우은영 디자인 | 이수미
홍보 | 이솔아 제작 | 김선형
영업 | 정용섭 · 송기윤 · 진경민
출력 · 인쇄 | 현대미디어 제본 | 과성제책
펴낸곳 | **교문사**

주소 | (10881)경기도 파주시 문발로 116
전화 | 031-955-6111 FAX | 031-955-0955
홈페이지 | www.gyomoon.com E-mail | genie@gyomoon.com
등록 | 1960. 10. 28 제 406-2006-000035호

ISBN 978-89-363-1923-6(13590)

* 잘못된 책은 서점에서 바꾸어 드립니다.
* 값은 뒤표지에 있습니다.

요리는 억압되지 않은 표현의 자유를 준다 _바람돌이 요리는 사랑이다 _요리보고 할수록 어려운 것 그게 바로 요리 _킹콩 조리사의 길 만들어서 가느냐, 아니면 만들어진 길을 가느냐? _조리인 요리는 끊임없는 노력의 산물 _hyodoya 조리는 예술 그 자체 _한잔의 커피 요리는 나를 표현하는 또 다른 방법이다 _리틀쉐프 요리는 하면 할수록 정이... _조리사 요리란, 열정, 노력, 꿈 그리고 사랑이다 _와인무스 요리는 바로 교감이다 _진정한요리인 눈과 입과 귀를 모두 즐겁게 해주는 것, 바로 요리 _내인생요리 정성이 들어간 음식, 그것처럼 아름다운 것은 없다는 것이 제 지론이자 현실이지요 _붉은 여우 나의 요리에 단 한 사람이라도 웃을 수 있다면... _맛사냥 음식은 사랑 _취미요리 나의 요리에 행복해 하는 사람들의 얼굴을 떠올려 보라 _겸둥설이 음식을 내 가족에게 주는 음식이라고 생각하며... _여행 행복하세요 칼을 잡는 그날까지, _요리를 사랑하는 젊은이 강미니 한 접시의 요리처럼 살맛나는 세상을 만들자 _김소희 훌륭한 지도자는 모험을 통해 성장하고 상처를 통해 남을 이해할 줄 아는 사람이다. _정직한 조리사 불의를 보고 분노할 줄 알아야 한다... _칼있으마 객관적 이룸보다는 주관적 지향을 위해 _요리하는그넘 요리를 진심으로 합시다! _두손 한가득 노력하여 이룰 수 없는 것은 없다 _딜리버리 요리로 당신의 마음을 전한다면, 그것이 정말 맛있는 요리가 아닐까? _강주형 마음을 담은 요리 그 이상의 것은 없다 _전햄 요리를 하는 것도 중요하지만 맛있게 먹는 것이 더 중요하다 _니모 재료가 되는 동식물에게 미안함과 감사의 마음을 갖자 _춘화 조리사는 끊임없는 연습과 노력 인내의 세월이 필요하다 _요리도사협회 내 손끝에 환상의 맛이 있다 _ICARUS 정성어린 마음으로 사랑을 담아서 _남리 바라는 것 없이 진심을 전하는 법... 요리 _주니어 쉐프 맛을 위한 요리보다 몸을 위한 요리 _광모둥이 요리는 행복을 만드는 것! _바늘찾기 노력은 재능을 뛰어넘는다! _링고 정성이 빠진 음식은 조미료가 빠진 음식 _안녕요리야 요리는 99%의 노력과 1% 사랑이다!!! _정우영 정성이 담긴 한 그릇의 음식을 당신에게 올릴 때까지 _이미숙 조리사의 본분을 항상 잊지 말고 처음 마음가짐으로 끝까지 변하지 말자! _中國chef 머리로 요리하는 것이 아니고 가슴으로 요리하자 _김성한 내 모든 정성을 다해서 요리하는 것 _카페모카 세상 모든 어머니들의 마음으로 요리하자!!! _밥.알.하.나 천천히 가는 것을 두려워 말고, 가다가 중지하는 것을 두려워합시다 _큰누나 열정은 성공을 위한 티켓... _천진심 진정한 조리인의 희망서가 탄생되길 기원합니다!!! _아이스하나 음식을 독과 약이 되게 할 수 있는 바로 신성한 직업...조리사 _요리사랑 거만은 조리하는데 있어서 불 필요한 단어이다 _신선로 나를 사랑하는 것처럼 요리를 사항한다면... _롯데껌 언제나 노력하고 또 노력하는 조리인이... _진정한 조리인 요리사의 꿈~~현실로 다가 오라~!!! _대마왕 자만보다는 부끄러움을 아는 조리사가 될 수 있을까 _olio 뒤돌아 보지 말고, 열심히~ _ann 코블가다 요리사라서 행복해요 _주방장 NO Pain NO Gain _창현 조리사들이여! 항상 맑은 생각을 하라! 그것이 조리에 시작이다! _춤추는 초밥 시작은 미약했으나 그 결말은 장대하리! _요리人 타고난 것은 없다 끊임없는 노력뿐 _0905 완성된 음식은 조리사의 마음과 정성이다 _안성우 음식은 요리사의 마음을 담는 그릇 _요리해요 맛을 변치 말기 위하여 초심을 버리지 마세용 _요리바다 최고가 되는 그 날을 위해... _프레지에 음식은 칼로 만든 게 아니라 마음, 정성으로 만드는 것 _foodstylist 음식을 나누는 마음, 곧 사랑입니다 _아라 인생에서..추억을 남길 수 있는 멋진 요리를 만들어 보세요 _추억의요리 요리란..단어에 담긴..멋진 요리들 알고 싶지 않습니까? _추억의요리 사람에게 행복을 주는 요리사 되시길 _좋은사람있으면소개시켜줘 마음으로 할 수 있다면 그보다 행복할 수 없습니다 _BofB 요리엔 정과 사랑이 있다 _chef Have a Passion on the Cuisine...!!! _whatachef 요리는 삶이다! 항상 곁에 함께 하고 있다! 그러므로 우리는 맛과 더불어 건강을 위해 바른 먹거리를 만들자! _갈색푸들 행복이 가득한 요리 널리 퍼뜨릴 수 있길... _장보석 포기랑 김치 담글 때 하는 말이다...포기란 없다... _곰잠이 사랑하는 마음으로 요리를 대하자!! 항상 언제나 _구름돌 피할 수 없다면 즐겨라!! _조써 나보다 더 좋아할 요리를 만들고 싶다 _황눈이부었네 명예는 정직한 수고에 있다 _I♡slim 줘니 내가 만든 음식을 맛있게 먹는 것만으로도 행복을 느낍니다. _유령boss 요리는 내마음 속에 식지 않는 불꽃이다. _카푸치노 꿈을 꾼다면 그대로 밀고 가라 _꿈!요리사 실패를 두려워 하지 말자. _첫눈같이하얀 요리는 거짓말을 하지 않습 니다. _하와이안펀치 요리사란? 음식을 만들고 조리하여 다른 사람에게 행복을 안겨주는 사람 _내꿈은요리사 진조인은 쓴맛 단맛 짠맛 신맛 그리고 눈으로 보는 맛을 낼 줄 알아야 합니다. _sunny 나를 표현할 수 있는 속 깊고 진솔한 방식~요 리! _Keziah 요리, 오감이 빚어 낸 최고 경지의 예술 _upjohn 요리를 하는 분들에게 희망과 지침서가 되길 바랍니다......!!파이팅!! _벤자민 프랭클린 맛있는 요리의 비법은 바로 사랑이다. _정우영 요리는 단순히 배를 채우기 위한 게 아니라 또 하나의 창작 예술이다. _정훈 나의 요리를 먹는 사람의 미소가 나의 가장 소중한 보물이다... _하얀바다 요리인에게 주는 열정과 정성이 담긴 선물 _순돌이 맛을 창조해 내는 예술가 그 이름 조리사 _최고요리사 부드러운 말 한마디 미묘한 향이로다. _고현 인생의 맛을 맛있게 ,, _중용 요리사의 생각은 입으로 나오는 것이 아니라 손끝에서 나온다 _퀴지니에 맛있는 요리,, 인생을 더욱 기쁘게 해주는 행복 한이름 _안석진 먹기 위해서 살아서 행복하다 _강우석 마음대로는 안 되지만... 진정한 조리인이 되려면 자존심을 지키며, 자기의 맛을 만들어야... _쭝지 혼자 꾸는 꿈은 단지 꿈일 뿐이지만 함께 꾸는 꿈은 바로 현실이다 _손끝의 묘미 나를 먹여 살리고 싶다 _고구마 사람을 행복하게 해주는 마술 _토리 나의 빈자리가 티나는 조리사가 되자. _애기 음악은 청각을....미술은 시각을...요리는 미각을 자극하는 예 술이다. _같이서기 요리는 변화시키는 마술과 같다. _별땅 의사는 병을 고치지만 요리사는 병들기 전 사람의 심신을 지킨다 _Lino.20대 우리 음식으로 세계를 재패한다. _v李洙蓮v 친구와 함께 만드는 음식 속에 우정도 싹튼다 _나의